红/十/字/文/化/丛/书

池子华总主编

中国红十字运动史料选编
（第十八辑）

池子华　戴少刚　主编

合肥工业大学出版社

图书在版编目(CIP)数据

中国红十字运动史料选编. 第十八辑/池子华,戴少刚主编. —合肥:合肥工业大学出版社,2023.9

(红十字文化丛书)

ISBN 978-7-5650-5929-2

Ⅰ.①中⋯ Ⅱ.①池⋯ ②戴⋯ Ⅲ.①红十字会—史料—中国 Ⅳ.①D632.1

中国国家版本馆 CIP 数据核字(2023)第 150825 号

中国红十字运动史料选编(第十八辑)

池子华　戴少刚　主编

责任编辑	孙南洋	
出版发行	**合肥工业大学出版社**	
地　址	(230009)合肥市屯溪路 193 号	
网　址	press. hfut. edu. cn	
电　话	人文社科出版中心:0551-62903200	
	营销与储运管理中心:0551-62903198	
开　本	710 毫米×1010 毫米　1/16	
印　张	19.75	
字　数	344 千字	
版　次	2023 年 9 月第 1 版	
印　次	2023 年 9 月第 1 次印刷	
印　刷	安徽昶颉包装印务有限责任公司	
书　号	ISBN 978-7-5650-5929-2	
定　价	68.00 元	

如果有影响阅读的印装质量问题,请与出版社营销与储运管理中心联系调换。

《红十字文化丛书》总序

150 年前，高举人道主义旗帜，旨在促进人类持久和平的红十字运动在欧洲兴起并迅速走向世界。100 多年来，红十字会为世界和平与发展做出的巨大贡献有目共睹，因而日益受到世界各国、各地区的欢迎，已发展为与联合国、奥委会并称的世界三大国际组织之一。究其原因，乃其所奉行的七项基本原则——也是红十字文化的内核——涵盖了世界上各种不同文化的共同点，能为文化和制度不同的国家和地区所接受，故而具有强大的生命力。

100 年前，红十字运动东渐登陆中国。在其中国化的发展过程中，红十字会不断吸取中国传统文化的精髓，茁壮成长，逐步形成了"人道、博爱、奉献"的文化内涵，并成为中华文化的瑰宝之一。

百余年来，红十字运动在波澜壮阔的实践中积累了丰富的经验，也留下了许多教训。经验与教训需要上升为理论；也只有理论才能更好地指导红十字事业持续、健康发展。学界、业界对此都进行了持续的关注。

2005 年 12 月 7 日，苏州大学社会学院与苏州市红十字会携手合作，成立全国首家红十字运动研究中心，旨在通过学界和业界的联合，推动和加强红十字运动的理论研究，探究红十字运动中国化的过程与特色，凝练红十字文化价值，探求红十字运动在构建国家软实力和促进中华民族伟大复兴中的地位与作用。同年 12 月 9 日，中国红十字会总会也提出："确定一批研究课题，组织专家学者开展对国际红十字运动及中国红十字运动的深入研究。"[①] 由此，学界、业界共同开展了对红十字运动的学术研究与理论探讨。

多年来，红十字运动研究中心除通过专业网站（http://www.hszyj.net）

---

① 中国红十字会总会：《关于加强和改进宣传工作的意见》，红总字〔2005〕19 号。

发布和交流学界、业界动态外，已出版研究成果数十部；帮助一些地方红十字会建立与高校的合作，搭建平台，共同开展研究；举办了首届红十字运动与慈善文化国际学术研讨会；培养了一批专门研究红十字运动的生力军；积累了大量的学术资料。中心主要研究人员还借助在各地讲学的机会，传播重视红十字运动研究的理念。正是在红十字运动研究中心的引领之下，红十字运动研究在中华大地上呈现出生机勃勃的发展态势，并取得了丰硕的成果，"新红学"① 呼之欲出。仅以 2011 年为例，各地以纪念辛亥革命 100 周年为契机，纷纷整理、编辑出版了地方红会百年史；有的红会还与高校合作组建相关研究中心，等等②。通过这些方式，有力地推动了红十字运动研究向更深更广的方向发展。

当今世界正处于大发展大变革大调整时期，多极化、全球化深入发展，科学技术日新月异，各种思想文化交流交融交锋更加频繁，文化在综合国力竞争中的地位和作用更加凸显。2011 年 10 月 18 日，党的十七届六中全会通过的《中共中央关于深化文化体制改革推动社会主义文化大发展大繁荣若干重大问题的决定》，提出要推动社会主义文化大发展大繁荣。11 月 7 日，教育部发布了《高等学校哲学社会科学繁荣计划（2011—2020 年）》，强调要大力提升高等学校人才培养、科学研究、社会服务、文化传承创新的能力和水平。12 月 7 日，全国人大常委会副委员长、中国红十字会会长华建敏在中国红十字会九届三次理事会上提出："要深化理论研究，充分挖掘红十字文化内涵，推进红十字文化中国化，广泛传播人道理念，在全社会推动形成良好的道德风尚。"③ 红十字"文化工程"已然成为红十字会总体建设目标之一④。进一步加强与拓展红十字运动理论研究，尤其是对红十字文化中国化的研究，已成为历史与现实的呼唤。

---

① 在 2009 年 4 月于苏州大学召开的"红十字运动与慈善文化"国际学术研讨会上，红十字运动研究中心主任、江苏红十字运动研究基地负责人、苏州大学教授池子华指出，经过 100 多年波澜壮阔的实践发展和学术界呕心沥血的开拓性研究，在人文社科领域构建一门"新红学"——红十字学，条件已经具备，时机已经成熟。见池子华：《创建"红十字学"刍议》，《中国红十字报》2009 年 4 月 17 日。

② 池子华、郝如一：《2011 年红十字理论研究之回顾》，《中国红十字报》2012 年 1 月 3 日。

③ 《中国红十字会九届三次理事会召开》，《中国红十字报》2011 年 12 月 9 日。

④ 池子华：《"文化工程"应成为红十字会总体建设目标之一》，《中国红十字报》2009 年 12 月 11 日。

有鉴于此，红十字运动研究中心继续发挥高等学校与业界合作的优势，汇聚研究队伍，科学选题，出版一套《红十字文化丛书》，弘扬有利于国家富强、民族振兴、人民幸福、社会和谐的思想和精神，凸显红十字文化在中国文化园地中的地位，使红十字文化在神州大地上更加枝繁叶茂，促进中国红十字事业可持续发展，推动红十字文化的国际交流。

《红十字文化丛书》的出版，得到了中国红十字基金会、江苏省红十字会、苏州大学社会学院、上海市嘉定区红十字会、浙江省嘉兴市红十字会、江苏省盐城市盐都区红十字会等单位的鼎力支持，也得到红十字国际委员会东亚地区代表处及中国红十字会总会的关心和指导，在此谨致衷心感谢。

池子华

2012 年 6 月于苏州大学

前　言

　　《中国红十字运动史料选编》是红十字运动研究中心推出的大型资料汇编，本书是这一系列中的第十八辑。该书在时间断限上为1947年的1月至4月，即中国红十字会全面进入抗战胜利后的"复员时期"。在此期间，中国红十字会继续开展人道救助、伤兵救护、医疗卫生、组织建设等工作并取得了较好成效。该资料辑主要依据中国红十字会主办的《红十字月刊》杂志，从中辑录中国红十字运动的相关史料。本书的辑录工作按以下原则进行：

　　一、已出版的资料选编，如中国红十字会总会编的《中国红十字会历史资料选编（1904—1949）》，红十字运动研究中心编的《〈申报〉上的红十字》《〈大公报〉上的红十字》《〈新闻报〉上的红十字》《红十字在上海资料长编》等，如有重复，不再收录。

　　二、辑录资料依据内容分为专题论综、康乐文勺、分会园地、青年红友、内外大事、杂俎六个专题。每个专题内，除个别资料为阅读方便而前后衔接外，其余均按时间先后顺序排布，且每条资料后注明资料来源。

　　三、辑录资料按原文照录，按原意进行分段并按现行规范加上标点符号。明显的错字在"［　］"中纠正，多字、少字用"（　）"表明，无法辨认的字用"□"表示。

　　本书的整理完成是红卜字运动研究中心团队成员集体劳动的结晶，潘林林负责资料搜集、录入、校对，商东惠负责资料整合、校对，全书由池子华、戴少刚审稿、定稿。由于编者水平有限，错漏之处在所难免，还请读者批评指正。

目　录

青年红友

内外大事

杂　俎

专题论综

红十字青年会员组织的新动向

胡兰生

红十字青年会员组织自从第一次世界大战时期开始以来，会员人数已经有了惊人的进步。据红十字会国际联合会红十字青年部的报告，一九四六年已有红十字青年会员组织的红十字会五十一个，共有会员三千二百万人！因为青年是未来世界的主人翁，所以红十字会国际联合会召开各国红十字会代表举行咨询会议（一九四五年五月十五日至十一月二日在日内瓦举行）时，与会各代表几乎一致认为，推行红十字青年会员运动，确系灌输红十字会的博爱人道思想和根绝战争、保障和平的最彻底、最有效的方法。各国红十字会代表咨询会议有三十九个红十字会的代表五十九人参加，一共举行过二十四次讨论会。其中关于红十字青年会员组织的讨论，则有三次。我在那几次讨论会里，因为情不自禁地想到中国在抗战时期的痛苦，所以对于灌输青年博爱和平、提倡合作和服务的红十字青年会员组织的问题，更加发生兴趣。当时我即表示，红十字青年组织值得我们大大提倡，使青年从实际的服务中获得博爱和平的熏陶。这种方法最为自然、最为合理，因之也是最易见效。我并说道，原子弹虽已结束了战争，但是更为可怕的武器，可能接踵着出来，又将摧毁已有的和平。所以，凡是阻止战争重起和保障和平的种种措施，均为中国人民所绝端欢迎。经过了许多代表的发言和讨论，最后通过下列三个建议，送给红十字会国际联合会的理事会采用：

（1）本会议建议应由各国红十字会推行直接而有力的国际合作教育方案，以红十字会本身的行动作为模范，使人民了解文明社会之持续实有赖于国家间的充分的互相了解。此种方案，尤须侧重灌输于红十字青年会员。其尚未有红十字会的国家，亦须采用适当步骤，以同样有效之教育灌输青年。

（2）本会议愿提请各国红十字会注意，红十字青年会员组织，不仅应予维持，且须进一步与其他青年组织（如童子军）谋取协调与合作。

（3）本会议认为红十字青年会员组织，系世界青年密切联系之最好方法，故凡促进国际合作及青年联系所用之方法，愿见其日趋发达。其中如国际学校通讯，不但应予恢复举办，且须大规模推进。各国红十字青年杂志，尤须促进交换。本会议并以为，影片系向儿童灌输红十字会理想之最好最有教育价值之工具。

后来，红十字会国际联合会第十九届理事会在英国牛津举行（一九四六年七月八日至二十日），我和捷克代表柯萨氏（Dr. Kozak）同任红十字青年小组委员会的主席。我们对于今后红十字青年会员的训练问题，更有了进一步的讨论。讨论中对于三个原则上的问题，大家获得综合的意见。这些意见可说是红十字青年会员组织新动向中的指针。

第一个问题是红十字青年会员组织应该是一种普遍的青年运动，还是一种少数的团体组织？对于这个问题，小组委员会综合的意见以为，两种方式各有其长短和利弊，应该互相调和，彼此观摩。红十字会国际联合会对于任何一国红十字会组织青年的工作，不管青年会员人数的或多或少，都不宜有强制的规定。每一个红十字会均得自由采用各种方法，适应其特殊的环境及需要。有些国家的红十字会，青年会员人数多至数十万或数百万人，红十字青年会员组织已显然是一种广泛的青年运动了。但其训练是否深刻，是一个值得反省的问题。所以，这些红十字会应该多向组织小而训练精的红十字会学习。换言之，各种经验的交换，殆为必需，而且需要交换得彻底。同时，那些采取紧密和小规模的组织及不通过学校而组织红十字青年团的红十字会，也当拓展他们的工作，并充分利用别国红十字会所得的经验。我以为，如果广泛推行红十字青年会员组织而无损于其训练的实际功效时，红十字青年会员组织自以大规模推动为是。

第二个问题是红十字会青年会员组织的使命，应以教育为主呢，还是服务为主？这个问题经过小组代表审慎讨论之后，以为两者兼是。换言之，红十字青年会员组织的使命为一种实践性的教育，就是用服务来达到教育的目的，非如一般的教育，仅系教喻式的教育。各国代表均表示，愿尽量向红十字青年组织以及精湛的各国红十字会学习，同时对于青年会员众多的各国红十字会，亦认为其个别训练虽有待改进，而集体组织所生的教育影响，值得珍视。尤其青年会员改变对于成年人及本地社会之观感，其教育作用特别可贵。

第三个问题是红十字青年会员组织，不论它的人数多少，都是在学校教师的领导下进行开展，这样是不是有发生和红十字青年会员必须自愿的原则相悖或相离的可能？换一句话说，红十字青年会员组织是不是可以避免强制的发生。小组讨论的结论以为，红十字青年会员组织不得稍有强制性存在。无论个别会员或团体的成立，均须出于青年的自愿自主，但红十字会的红十字青年部应以种种方法使所有青年或儿童均有加入和服务的机会。

小组委员会于获得以上三项原则上的同意后，旋即讨论促进红十字青年会员活动的方法。各国代表均以为，红十字会国际联合会的红十字青年部的组织人员和工作均应从速加强，俾其发生领导和联系的作用，间接促进各国红十字青年会员活动的进展。按照联合会红十字青年部的一九四五——一九四六年工作报告及一九四七——一九四八年的工作计划，该部工作包括视察（Missions）、研究访问（Study Visits）、青年会员及青年领袖会议、国际学校通讯、其他国际活动。各国间交换聘用青年会员及其领袖、设立国际中心、举办宿营、灾难及意外的国际救助、出版物、影片及一切展览物品之交换，暨与其他国际性教育文化及青年组织的联系等，均须加强。因之，小组委员会建议，扩大现有组织，增加专门人员，充实预算，并建议于一九四七年召集各国红十字青年会员组织的负责人开一国际会议，共同商讨推进事宜。又鉴于发育时期的青年，一部分仍在学校继续求学，一部分或已离校就业，这两种青年的需要和情形都不相同。因此，小组委员会建议，应予分别组织并予以不同的训练。

根据上面各项建议，十九届理事会通过下列五个决议案。这五个决议案，自然更启示今后红十字青年会员组织的趋向了。

（1）已有红十字青年部之各国红十字会，应立即增加其人员经费及组织，使红十字青年运动能吸收全部学校儿童，接受红十字会真正理想的熏陶，而为社会、国家及世界服务。

（2）未有红十字青年部之各国红十字会，应即开始组织。惟组织之先，应尽量获得教育当局之准许。各国红十字会于决定及推行红十字青年部之组织及活动时，尤须尽量获得学校及教师之充分合作。

（3）红十字青年会员组织应特别着重健全发展青年之心理体格及其精神，俾其胜任履行红十字会人道博爱理想所寄之任务。

（4）红十字会青年会员组织应负之责任，旨在发展各国青年有关增进国际合作及亲善之活动，俾于消灭战争发生之原因有所贡献。

（5）红十字会国际联合会应鼓励各国红十字会于必要时设置专门部门，适应已离学校而尚未加入为成年会员的青年之需要。

综合以上两次国际会期的观感，红十字青年会员组织，行将为红十字会平时积极工作的最主要的一个节目，它将以实际服务达到博爱和平的目的。第一当使青年认识服务社会或为他人服务之意义与重要；第二当使青年养成健康生活之习惯；第三养成青年对于社会担负责任的观念；第四则为加强各国红十字青年会员部之间已有的合作情谊，发展为伟大的国际亲善。但在推行之初，一方面固然要推展成为一个广泛的运动，他方面并须不放松个别的服务训练。换言之，我们提倡红十字青年运动，必须切切实实，不可徒拥偌大会员人数的虚名。我们应与各国红十字青年会员部多多联系，并与国内教育当局、学校当局，暨教师们多多合作。将来红十字青年运动基础奠定之后，并应把职业青年单独组织，庶几配合全世界的红十字青年运动，为保障和平促进文化，尽我们最大的力量。

（原载于《红十字月刊》1947 年第 13 期）

红十字青年会员组织之目的和活动

袁可尚

本文首先检讨红十字青年会员组织之目的、原则、组织系统及实际进行组织之方法，其次述及此项组织之发展及其工作。自从一九二二年红十字会国际联合会成立红十字青年会员部以来，红十字青年会员的国际活动年年在推进之中。故本文以此殿之，借于红十字青年会员活动，得获全貌。

一、红十字青年会员组织的目的及原则

组织的目的

红十字青年会员组织的目的，是在那［哪］里呢？一言以蔽之，是在养成青年为健康而有活力之人民，灌输红十字精神，使青年们随时具备服务和帮助邻人的能力，并陶铸其于人类的善意和同情。一般教育机关都以理论或教条，叫青年应这样、别那样。往往教者谆谆，听者藐

貌，其甚者反而激起青年的恶感，不肯率尔就教。红十字青年会员训练，则准（备）对此种弊端，而予以实际行动，使之从卫生和服务的实际工作中，得到真正个人和社会两利的训练。所以红十字青年会员训练，实际是一种社会教育的最后完成。为欲达成这个使命，红十字青年会员训练，系从儿童入学之时开始，并在学校中实施之。红十字会之立场，及其提倡红十字青年会员训练的方法，可以说是和学校相辅而相成的。不过红十字会的志愿，比学校更为广大。学校所施于学生者，为立世之智识和能力，并发展其智慧，而红十字会则欲发展青年的社会意识和博爱思想。红十字青年会员训练的特点，一方面固是一种实践的教育，所谓即行即知之教育是也，但同时还是一种自愿、自发、自治、自律的教育。这种自动自成的教育，又是红十字会青年会员训练的另一特色。红十字会利用各种卫生和服务训练，导使青年认识社会一体之意识，激发青年自愿之意志，一生为社会服务，以尽其社会一份子之天责，而实现人类博爱的理想社会。这就是红十字青年会员训练的目的。

组织系统

学校是青年红十字会员的发展地。学校的构成分子，在年龄、体格、智慧三方面都相类似，而在家庭和环境方面却又不尽相同。因为学校兼有上述的纯一性和殊歧性，所以更容易促成青年的组织和工作的发展。有了以学校为单位的红十字青年团，然后汇合成为红十字青年组织。红十字青年组织虽为红十字会的一部分，但为实现它独特的使命起见，各国红十字会均有红十字青年中央委员会的组织。这个红十字青年中央委员会，除由红十字会总会人员参加外，其他社会人士，如学校校长、教师团体之代表、卫生专家、青年团体之代表，均亦邀入参加。各国红十字会的总会会长为本会之当然会长，但实际工作之推进，仍系由专人负责。此人大致兼具有教育家与实行家的长处，并肯以全部时间与精神付与此项事业。各国红十字会青年中央委员会均行制定法规，以资各校青年团之统一准则。红十字会国际联合会曾制有标准法规，各国红十字会均模仿采用。中央委员会所制定的法规，仅作原则上的规定，而其详细条文，则由各个青年团自行增充订立之。此种法规对于基本青年组织（学校青年团）、各地红十字会青年委员会委员及中央委员会间之关系及收费之办法标准及分配，大致均有特殊之规定。中央委员会之主要责任，为鼓励青年红十字组织之设立及发展，沟通青年红十字组织间之接触，解答各地红十字青年会员委员会所提出之问题与困难，并监视红十字精神之运用与尊重。各地红十字青年会员委员会之组织，亦如中央委员会，由红十字会各地分会、教育家、卫生专家等人充任。其任务为促进本区内青年红十字会员团之发展，并以同情并指导的地位协助其工作之开展，惟绝对不应损害青年会员之自发、自动性。此种地方委员会之代表应与教育家及学校当局觅得密切联系，俾青年红十字青年团得在各学校内组织发展。

基本组织之如何开始

地方委员会之代表应自各学校之教师中选择得力人员，负责组织学校青年会员团并指导工作之推进。此事自须出之慎重。选择时尤应注意其朝气蓬勃与堪任长期指导两点。他如自动和实践的精神、组织的能力，并与学校当局的感情融洽，亦均为抉择人选的条件。此一指导工作者，尤须明了红十字青年团之自动、自发、自治、自律之精神，对于青年会员，有善意指导之责任，而绝无强制或主动的权力和需要。故彼之责任实为监视青年会员是否符合红十字精神而工作，得将其不需要之因子除去，并将青年会员因缺乏经验而生之错误行为诱免之。

被邀请负责发动学校红十字青年会员团之教师，应自其本人所担任之一级学生，劝导加入为红十字青年会员，同时并与其他教师商导各级学生之参加。然后，指导学生组织青年会员团，使其成为一有服务能力之组织，自行制定工作纲要及其实施步骤，并将工作分配于各个会员，并自动约束各个会员之行动遵守所订规章。在开始之时，彼似不妨代为指定学生一人作为该团团长，但稍后青年会员团组织健全，即应由该团全体会员自选团部之各种干事人员，如团长、秘书、会计等，举行定期会议，负责推进工作，管理经费等事宜。此等干事人员复须与地方委员会及其他学校红十字青年会员团作经常联系。

二、青年红十字会员组织的发展

先锋组织

红十字青年会员组织，完全成熟于第一次大战结束之一九一八年。但在此之前，这种思想和小规模的组织，已经在各国陆续出现了。譬如一八九二年在罗马举行第五次国际红十字大会时，意大利莫赖维省的妇女委员会（Ladies Committee of the Province of Moravia）已经提出红十字会工作须与学校青年谋取联系的建议。当时赞成这个提议的人虽亦不少，但议案却未获通过。不过若干有远见代表，以为该建议意义深长，终有一天会被大家注意的。一八八五年布加利亚开始组织了青年社会服务团体。一八九六年西班牙拟开始征求学生会员，旋被西班牙、美国间的战争发生而计划未得实现。南非战争发生时，加拿大昂达利的圣曼丽城（St. Mary, Ontario, Canada）已有学校青年为红十字会工作。彼等在教师领导之下，组织枫叶社（The Maple Leagues）。枫叶社可说是近代红十字青年会员组织的前锋。一九〇六年旧金山大地震时，青年亦奋勇协助成年人担任救济灾难的工作。瑞典的学校儿童自一九〇九年起，即为红十字会制造衣服及被单等用品。在一九二二年红十字青年会员部成立之前，从事协助红十字会工作之学校有三百个之多。第一次世界大战发生，学校儿童从事为红十字会协助的工作者，更是风起云涌了。澳大利亚之新南威尔士的学校儿童成立了一个团体，同时加拿大沙加起环的学校儿童，也有同样服务团体的组成。至在美国，因为总统威尔逊的号召，更有数目庞大的学校儿童参加军人慰劳工作。

红十字青年会员组织的发展

一九一八年，红十字青年会员组织已在澳大利亚、加拿大和美国正式成立。一九一九年，最早的两种红十字青年杂志在澳大利亚及美国出版。据一九三八年的报告，全世界已有三十个红十字会发刊红十字青年杂志四十三种。国际通讯始创自欧洲儿童向美国儿童表示感谢的通信，其后形成为红十字青年的一种主要活动。一九二四年有三十二个红十字（会）举办，全年交换达四千次。一九三七年举办国际通讯者，五十个红十字会，数达八千三百次。第一次欧洲（世界）大战和约缔结之后，美国红十字青年会员首先对欧洲儿童作大规模的战后救济事业，并派遣许多青年会员随同成年会员亲赴欧洲各国分发救济物资。美国红十字（会）青年部的这一举动，引起了欧洲各国的红十字青年会员组织（的注意）。他们在经济和精神两方面都受到美国红十字（会）青年部的协助。一九二二年，各国红十字青年组织即增至二十一个。同年，红十字会国际联合会全体理事大会无异议地通过了各国红十字会应组织红十字青年部的建议。美国红十字（会）青年部创导在先，红十字会国际联合会响应在后，这使全世界的红十字青年组织蓬勃开展。一九二三年，美国红十字（会）青年部结束了它的巴黎的办事处，红十字会国际联合会成立红十字青年部，接替了前者的工作。美国红十字会青年部的工作，便渐渐收缩，变为美国红十字会的一部分。不过，他们仍从全国儿童基金中拨出经费，供给若干欧洲儿童，推行社会及教育工作。自一九二二年以后，红十字青年组织开展，据红十字会国际联合会红十字青年部的统计，二十余年来，会员人数递加至六倍以上。

（一）历年红十字青年会员组织及会员人数表

一九二二年	二十一国青年会员 五，七一三，一〇〇人	九年间增加七百万人
一九三一年	四十九国青年会员 一二，五九二，八〇四人	
一九三七年	五十三国青年会员 一六，八八三，七四二人	
一九四二年	四十九国青年会员 二四，五四八，〇二九人	九年间增加一千六百万人
一九四六年	五十一国青年会员 三二，〇〇〇，〇〇〇人	

（二）一九四六年五十一国红十字青年会员组织的会员人数

据红十字会国际联合会向牛津会议提出之报告，一九四六年五十一国中已有青年红十字会员者三十八国，未据报告者六国（哥伦比亚、多米尼亚、高塔梅拉、洪都拉斯、尼加莱葛、萨拉佛多），已有报告正在组织而会员人数未明者有荷兰及中国〔据月前统计，我国已有青年会员十万三千九百（一）十人〕，正在改组中会员人数不明者五国（日本、菲列宾、葡萄牙、乌拉圭、维尼雪拉，惟维尼雪拉之公立学校学生按规定均为青年会员）。上述三十八个国家之青年会员，共计三千二百万人，兹按人数多寡列表如下：

美国	一八，五〇〇，〇〇〇
意大利	四，八〇〇，〇〇〇
苏俄	三，五〇〇，〇〇〇
法国	一，〇〇〇，〇〇〇
印度	八八〇，七八〇
加拿大	八七四，二〇〇
捷克	七〇〇，〇〇〇
波兰	四〇〇，〇〇〇
匈牙利	三二八，六〇〇

土耳其	三〇〇,〇〇〇
希腊	三二〇,〇〇〇
布加利亚	二〇〇,〇〇〇
犹哥斯拉夫	一七二,〇〇〇
暹罗	一〇〇,九〇〇
罗马利亚	一〇〇,〇〇〇
澳大利亚	九五,七五三
英国	九一,六五〇
考斯立加	六九,五〇〇
南非	六〇,〇〇〇
比利时	五九,〇〇〇
墨西哥	五〇,〇〇〇
新西兰	三〇,〇〇〇
瑞典	二二,〇〇〇
荷属东印度	一九,五〇〇
阿根庭	一八,〇四〇
智利	一五,七五〇
巴拉圭	一五,四〇〇
巴鲁	一三,〇〇〇
古巴	一三,〇〇〇
挪威	一一,〇〇〇
爱尔兰	五,八八九
布加维亚	五,〇〇〇
瑞士	四,〇〇〇
丹麦	三,〇〇〇
埃及	二,七〇〇
巴拿马	二,五〇〇
冰岛	一,四〇〇
犹开杜	一,〇二〇

（三）青年红十字会员之国际通讯

一九三八年	六，六九二件	
一九三九年	五，一六二件	（本年秋季第二次大战开始）
一九四〇年	二，四五一件	
一九四一年	一，二七四件	
一九四二年	七三四件	
一九四三年	四三一件	
一九四四年	五七七件	
一九四五年	一，〇六六件	
一九四六年	一，三四七件	（自一月至六月之统计）

从以上三表，可见红十字青年会员的发展。据红十字会国际联合会红十字青年部的意见，以为一九四六年虽已有红十字青年会员三千二百万人，但与五十九个红十字会国家之学校儿童一万万五千万人比较，红十字青年会员仍不过占百分之二十云。由此可见，红十字青年之发展，可待努力之处正复无限！

三、红十字青年会员的工作

红十字青年会员的工作，主要地来说，不外乎卫生、社会服务和青年国际合作三项。兹分别说明如下：

卫生训练

各国红十字青年会员组织，均订有卫生要则（Health Rule），并实施卫生运动（Health Game）。其办法除将其意义由教师或青年会员中之领袖向全体青年会员阐释，使每个会员均能明了健康要则之意义，并以团体之力量，践履健康运动及健康生活。如此日久，不但个人健康必有所裨益，即学校、社会及民族，均亦将受益不浅。每个青年会员，严格履行个人卫生，促进家庭卫生及校内外之卫生，视此为每个人的责任，则红十字青年之卫生训练，庶几近于完成。

（1）个人卫生：应训练红十字青年会员维持个人身体之清洁，经常洗澡，时时更换内衣，早晚刷牙，时时洗手及清洁指甲，洗头并梳头；当心手上、足上的破损；保护眼睛，离开游泳池时把眼睛洗干净，眼睛发炎时应即请医生治疗；应自备个人手绢，不可借用他人，即自己的兄弟亦不可借用其手绢；在游泳池内应紧紧闭嘴；用自己的杯子喝水，用自己的刀叉及匙箸；喷嚏及吐痰将嘴及鼻用手绢掩住，不随地吐痰；口腔内不要含物；夜间开窗睡觉；种痘以防天花。

（2）家庭环境：应训练红十字青年会员扫地之前必须开窗洒水；用开水洗碗；家中如有病人，病人用碗，分开洗涤；食物必须富有营养并烹调合法；残羹剩物倒入有盖垃圾箱以免蚊蝇飞集；无论屋内屋外均须维持整齐干净。

（3）环境卫生：应训练红十字青年会员扑灭苍蝇、老鼠及其他害虫之幼虫；掩埋兽尸，烧毁残余什物；查看公共饮水池是否污浊，挖掘水沟以利排水，及维持街道清洁。

（4）卫生宣传：利用幻灯举行卫生演讲，布贴卫生标语，分发卫生书刊并作家庭访问。

（5）防疫工作：若在本区或附近区域发生疫疠时，红十字青年会员尤须遵守以上健康要则，并实行其他必要的预防措施，如注射防疫针、劝导他人注射。发现病人时，通知卫生当局，和病者隔离。饮用煮开之水，焚化吃剩食物，不吃生菜。鼻腔及喉头施行消毒、厕所溅拨〔泼〕石灰水、死水（池）中倒入汽油并不食有□之水产等，尤为必须。

社会服务

红十字青年会员之社会服务，如对于儿童、学校及社会之服务，均可由会员决定。其主要之点，厥为促使青年自觉其周围环境的需要，特别是在灾难或特别紧急情况发生之时，能发挥服务社会的力量。由教育的观点来看，这种服务工作，最好由青年会员自己发觉而自动推行，并且应该不要依赖成人的力量，自己合作去做。

（1）对于学校儿童的服务：如供给衣服、学校用具、医药及牙科治疗；购置玻璃及外科治疗器械、学校药品箱，布置校园；设立饮食供应部，添置洗涤设备；提倡校内洗澡，设立淋浴室；分发水果、牛乳及鱼肝油；设立游戏场、夏令营、疗养室、隔离室、诊疗室、药房、图书室、阅览室等；收抚病儿及孤儿，医治病童及虚弱儿童；访问在医院中的病童，残废留养院的盲童、聋童及孤儿院孤儿；设立木作厂、钉书厂及缝纫班。

（2）对于学校的服务：环境清洁，布置课堂，整理并美化学校内部，援助经费困难之学校。

（3）对于家庭的服务：帮助母亲照料家务及小孩，照料弟妹，照料年迈之老人。

（4）对于社会的服务：协助促进街道、广场及公园清洁；在乡村中设置饮水处；帮忙老人、贫苦家庭、失业及战争残废人士；访问各种救济机关内之不幸者并予以馈赠；为盲人服务，预防路上意外之发生；急救，设立急救药械站；保护并培植森林区，种植果树；参加防痨、防疟、禁止酗酒及灭蝇等运动；参与灾难救济工作；与地方机关合作帮助大家庭中之母亲及妇女。

（5）对于国外之服务：参与国外灾难救济工作，慰问并汇寄捐款。

年龄较长之青年会员工作

以上卫生及社会服务工作，应酌视青年会员之年龄，而酌予不同的分量。故对于十四岁或十五岁以上之青年，尤可使之担任下列各项工作：

（1）心理及身体健康：开设卫生、看护病人、看护小孩、急救及安全、烹饪及家庭经济等训练班；体育及游泳训练；举行户外运动，如假日营、户外游戏及开辟艺圃等；举行防止社会疾病（肺病、性病及酗酒）之运动；举行防止地方病及疫疬（如水沼之填平、蚊卵之扑除、鼠类之驱灭）之运动，注意环境卫生；扑灭色情文学及下流娱乐，创办图书馆及阅览室，举映电影，组织音乐及戏剧团。

（2）社会服务工作：为医院及疗养院添置病床，负担医药费及住院费，组织假日露营，馈赠食品及衣服，供给外科用具、假肢等；收养孤儿及老人，研究社会组织及本国社会立法，举行工作讨论会，制作本国美术及工艺、缝纫及木作。

（3）灾难救济：使之于平时对于本区可能发生之灾难预先有所认识，组织各种救护队，于平时举行演习或表证。紧急灾难中，青年会员引导难民疏散至安全区域，担任联络通讯工作。在灾难区域之外，设立难民招待所，收容已与成人失掉联络之小孩于难民家庭或夏日营内。分发学校用具及玩具，学校饮食部供给难民饮食。在难民招待所及托儿所内服务，征集蔬菜，洗涤碗箸，餐桌侍应，婴儿看护，征集捐款、衣服及食物，缝制衣服，制造简单家具。紧急时期已过，灾民陆续返回时，青年会员可任清洁街道，帮助妇女清理家屋，洒泼汽油于死水池内，购送学校用品及书籍，分送种子及菜苗，馈赠燃料、食物及衣服，供给学校饮食部以资金，父母外出工作时代为看顾其儿童，捐款重建其公用设备。

（4）协助红十字会促进红十字会工作：研究红十字会历史，传播红十字会理想；举行表证及展览会、专题演讲；参加国际会议，赴国外访问，参加国际灾难救济；订阅外国红十字青年会员杂志；参加红十字周或红十字日。

青年国际合作

青年国际合作之一项最具体工作为推行国际学校通讯。此项通讯非个别青年会员间的通讯，乃是集体的交换纪念册。其目的为使国际学校间的红十字青年会员能够彼此联系，产生真实的认识，收到合作同情的效果。因此纪念册的准备，需要会员间的合作，并且可以训练会员对于历史、地理、文字等能力，所以特有教育的价值。国际学校通讯的编制，须守下列五个原则，即，第一是须自动的，不可由教师命令去做；第二，其内客［容］须着重红十字青年活动；第三，首次通讯须有纪念册，单用信是不好的，而且信件亦只限于收到后表示感谢或其他必须时用之；第四，纪念册之外另附礼品，可偶然为之，但不能喧宾夺主，每次均须礼品；第五，收到的纪念册为青年会员的集合财产，无论教师和会员个人均不须［许］擅自取去。除了国际学校通讯外，红十字青年会员在国际节日，如圣诞日、新年，或别国的纪念日，举行馈赠，亦有意义，均可举办。

四、红十字青年会员的国际活动

红十字会国际联合会红十字青年部的活动

自从一九二二年红十字会国际联合会成立红十字青年部以来，红十字青年会员的国际活动便开始活跃起来。该部的功用即在联系各国红十字会，协助各国红十字会青年活动之推进，供给彼此间交换见解与经验之机会，并促进各国红十字青年组织理想和工作的普遍实现。自一九二二年以来，由该部发起之技术讨论性国际会议有：

（1）一九二三年召开东欧及中欧各国红十字青年大会于维也纳，决议各国红十字会应普遍交换红十字青年会员杂志。

（2）一九二五年召开教育家会议于巴黎，讨论红十字青年运动之教育价值。

（3）一九二六年召开红十字青年会员杂志的编者会议于巴黎，决议由该部发行编者参考资料月刊一种，以供各国红十字青年会员杂志编者之用。

（4）一九二七年假比利时不鲁舍尔红十字周，召集红十字青年部主持人与教师，商议组织红十字青年会员委员会共同推进工作。

（5）一九二九年召集红十字青年会员部主持人与国际学校通讯负责人开会于日内瓦，决议该部发行学校通讯秘书参考公报一种。

（6）一九二三年召集红十字青年会员部主持人开第一次研究会议于巴黎。

（7）一九三七年召集第二次研究会议于巴黎。

（8）一九三七年召集远东区红十字青年会员大会于东京。

除以上技术性会议外，其他国际性或区域性之红十字青年会员大会，自一九二二年以来，多由该部发起及参与其事。一九三〇年，在不鲁舍尔举行之第十四次国际红十字大会中，该部曾提出议案，关于红十字青年会员与红十字会及国际红十字之关系，曾予确定。这是国际红十字大会史上第一次有关红十字青年会员的决议。到了一九三四年东京举行的第十五次国际红十字大会时，红十字青年会员特别委员会便出现了。事先并经通知各国红十字会，务须派遣红十字青年会员组织的专家参加出席。同时，红十字会国际联合会的青年会员部因受多年来罗氏基金会的协助，不但在一九二五至一九三三年间召开了多次的会议，而且得以出版许多书刊、宣传资料和访问交换等工作。一九三二年，该部发起国际招贴比赛会，二十二个国家的青年组织参与竞争，结果十三个国家的十六个青年会员获胜得到奖品。除此之外，国际联合会对于国际教育团体的合作，使各国的教育界均能彻底认识红十字青年会员训练的真谛和贡献，其功劳是无所讳言的。

主要的国际会议

在红际［十］字青年会员的国际活动中，下列几桩事实，特有意义，兹简列如下：

（1）第一次国际红十字青年会议于一九二四年召开于捷克首都伯莱格。时值捷克红十字会和平运动（Red Cross Truce），除由［有］捷克各地学校的青年会员外，匈牙利、布加利亚、罗马里亚及犹哥斯拉夫等各派代表两人参加，即由大会的青年会员向捷克国会提出反战和平的呼吁。

（2）一九二六年拉德维亚举行红十字青年会员大会的年会后，一九二七年举行波罗德海区红十字青年会员大会。除拉德维亚外，尚有爱沙尼亚及立陶宛的红十字青年会员代表参加与会。

（3）一九三〇年的第十四次国际红十字大会，青年会员代表首次出席。是年国际红十字大会举行于不鲁舍尔，红十字青年会员代表以纪念册互相赠送。

（4）东京一九三七年的第十五次国际红十字大会中，红十字青年会员担任欢迎及协助出席大会之代表工作，亦为活跃，参加红十字青年会员集会者五千人。

（5）一九三五年不鲁舍尔举行红十字周展览会时，比利时红十字青年会员数千人与其他各国红十字青年代表参加集会游行。

（6）一九三五年美国红十字青年会员部为美加两国之学校创设国际

红十字青年会员广播制度，日本、巴拉圭、伦敦、巴黎、纽约等地红十字青年会员均利用广播器向美加两国儿童致意。

（7）一九三六年巴尔德海及北欧国家之国际红十字青年会员大会开会于拉德维亚首都利加城（Riga of Lativia），八国红十字青年会员之代表参与盛会，是为第一次国际红十字青年会员大会。

（8）一九三九年国际红十字青年会员大会开会于瑞典的斯笃柯姆城，是为第二次国际大会。

（9）一九四六年第三次红十字青年会员大会仍在斯笃柯姆召开，是为第二次世界大战以来的第一次大会。

战时救济活动

自从第二次世界大战开始，红十字青年会员组织的国际活动，如国际会议、交换访问、研究访问等，虽被迫暂停，但红十字会国际联合会的出版书刊，却照常供应。尤其是各国红十字青年会员组织间的国际救济活动，因战争的关系而更趋于活跃。各国红十字青年会员不但为红十字会募集捐款，医院用敷料及用品，难民救济物资，如衣服、玩具及军人慰劳物品等，且于外国遭受战争灾害之儿童，亦有极踊跃之捐输。如美国红十字青年会员于一九四一年六月以前，已捐助战争救济基金之款项达二十万元。此项捐款分送法国、希腊、波兰、英国、芬兰、中国作救济之用，并有衣服十万件送往欧洲救济。自美国参加战争以至一九四一年（底），青年会员捐助红十字会者达五十万元，加拿大红十字青年会员，亦有全国红十字青年战时基金之征集。至一九四一年止，该项捐款已达五十万元，购买各种救济物资，分送海外之难民及疏散儿童，慰劳军人，购置救护车及活动膳厅以供海外服务之军人应用。匈牙利红十字青年会员与匈牙利红十字会合作，供给救济物资，自行采集各种果品，制造大量果浆，以供波兰难民之用。波罗的海各国红十字青年会员亦纷起救济波兰。澳大利亚、纽西兰及南非各国的红十字青年会员，亦以大批的织物及衣服送往海外供给军人及平民。红十字会国际联合会为救济芬兰儿童起见，曾向各国红十字会发出呼吁，结果各国红十字青年会员均慷慨捐输。比利时红十字青年会员响应举行自节周，单独捐款一百五十万法郎。日内瓦红十字青年会员以各种礼物赠与法国及学童、流浪儿童。诸如此类的国际救济活动，事例甚多，不胜枚举。总之，因战争灾难的救济，红十字（青）年会员的国际活动，因此而更趋积极了。

（原载于《红十字月刊》1947 年第 13 期）

英国红十字青年会员的组织（上）

于恩德

红十字青年运动，开始于第一次世界大战期间。当时一些热心的青年，从事缝制衣服，捐募金钱，来救济欧洲战区的儿童。他们制成的衣服和捐募的金钱，由红十字会来分散。因此，一般人感觉到儿童们对于红十字会的工作，有了重要的贡献。

红十字青年的组织，首先产生于加拿大。加拿大的儿童们组织了一个红十字青年会员部作为加拿大红十字会的一部分，他们所做的工作，由会中予以认可。紧接着，其他许多的国家，都仿照加拿大的做法，纷纷成立红十字青年会员部。入会的人数也迅速的［地］增加起来。其中成绩最著者为澳大利亚与美国。截至一九三九年止，全世界已有五十一个国家成立了青年会员部，入会的青年男女超过了二千五百万人。无论在战争期中或战后，他们决心要在救济苦难的工作上有分［份］。这种决心，已有事实上的表现，而且他们认识到这种工作，只有在红十字标志下，才能有最好的成就。

当红十字会国际联合会在日内瓦、巴黎、不鲁舍尔等地举行国际会议时，也曾促进红十字青年运动。由参加会议的各国红十字青年会员部的代表们，互相商讨，交换意见。

一九三〇年在不鲁舍尔举行国际会议时，决定承认红十字青年会员部为红十字会组合［织］的一部分。因此，各国的红十字青年会员部与其所隶属的国家红十字会，获得了同等的国际地位。

一九二四年，英国各学校中创立红十字青年的组织，当时各学校的课程中加入了卫生学一科。到了一九四三年，英国红十字青年的组织已有了二千四百个以上的少年部和青年部。

红十字青年运动理论上的基础，建立于服务人群、促进健康、加强国际友谊观念上，而各国红十字青年的组织，确能遵守这些原则，促其实现。因此谈到红十字青年的组织，必注重下列几点：

（1）红十字青年会员部与红十字会本身相同，为一种志愿的组织，没有勉强性。

（2）红十字青年会员，无种族、宗教上的区分，一切青年皆得加入。

（3）红十字青年的组织，没有任何教育上的学说，但它的主张可以适合于各种学校与团体。

（4）红十字青年的组织，可以帮助学校教师或团体领袖，训练青年人成为好公民。

（5）红十字青年组织，特意少订规条，以免限制红十字青年的活动力。

简括的［地］说，红十字青年运动的目标有四：

（1）使会员学习如何增加自己和他人身体上的健康。

（2）发展会员服务人群的理想。

（3）养成会员成为良好公民的条件。

（4）促进会员国际友善的观念，并认识其他国家的真相。

以上所述，仅系红十字青年组织的起源和它的目标的概括。现在再来谈一谈英国红十字青年组织的内容。

英国红十字青年的组织，分为少年与青年两部。

任何一个学校或青年团体中，都可以组织红十字青年的少年部。组织时，应先向英国红十字青年会员部登记，取得入会表册，填妥后寄还该部主任。每一个少年部有一个指导员，由教务主任或训育主任充任。如此可以使这个组织成为学校生活的一部分，而不与学校的活动发生冲突。外设干事一人，负实际活动的责任，由指导员派人充任。其人选不限于青年会员，成年会员亦得充任，但更换指导员或干事时，应通知红十字青年会员部总部主任登记。

少年部的会员，不分性别，但会员入会的资格，有下列的限制：

（1）曾有三次帮助他人的行为。

（2）能知两种简单绷带术。

（3）知晓七项卫生守则。

（4）仪容整洁，头发修整，两手清洁，牙齿刷净，经检查合格者。

少年部会员最少应有六人，最多数，无限制。凡年满六岁至十四岁之男女儿童，均得加入少年部为会员。任何一个少年部人数过多时，则其中十二岁以上的儿童，可另组织高级组，配高级部徽章。但有时儿童不属于任何团体，因此可组织不属任何团体的少年部。组织此种少年部时，亦应向总部取得登记表，其成立的条件应由红十字青年会员部委员会予以审核，认为满意时方准成立，但其指导员必须是红十字会的一个职员或会员。委员会的决定系属最高的决定，不得更改。

凡男女儿童于愿加入少年部为会员以前，应先晓得一点红十字会的历史和它的活动，并明了做一个红十字青年会员有服务他人、增进会友健康和幸福的责任，并于举行入会式（时）宣读誓约。入会式之举行，虽无绝对之规定，但各少年部之指导员，于颁发会员徽章时，仍以举行仪式为妥。

誓约文如下：余今加入红十字青年部为会员，誓以至诚，服务国家，忠心企求健康之增进，随时救助他人之苦难。谨誓。

宣誓外并应宣读红十字青年祷文。

至于未入学校而在家读书的儿童、残废的儿童，以及不能加入任何少年部的儿童，得加入为家庭会员。其服务方式也很多，如为医院搜集书报、编织衣物、出售手工凑集金钱，并在自己居住地方附近找寻机会，帮助那些急需救助的人。他们应当晓得红十字青年誓约和卫生守则。借着红十字青年季刊，他们可以知道世界各国红十字青年活动的消息，以及英国红十字青年活动的消息。此项季刊，于他们入会后，每季得一册。他们也可以购买红十字青年徽章佩带［戴］。入会时亦应向总部取得入会单填寄。当他们向总部缴给订款后，并应报告他们在过去一年中所做到的服务事项。

会员入会后六个月，服务成绩优良，并按时参加训练，即发给服务奖状。此项奖状由红十字青年会员（部）总部发给。请求奖状时，应将申请人之姓名及入会之日期，详细填明。

每一少年部如连续参加红十字青年的组织满了五年，并于五年内完成各项服务工作，可得一个五年服务奖状及一星章，嗣后每满三年即可再得多加一个星的星章。

凡少年部或青年部的会员，于紧急情况或遭遇危急之际能有英勇的行为，经人证明者，可得一大奖章。此项奖章应由少年部或青年部之指导员，填写申请书，向区域指导员申请，再由区域指导员转呈总部核发。

每个少年部应于每年六月一日缴付常年会费。凡在三月一日至六月一日期间加入者，均以次年六月一日为缴费有效期间。会费数目并不甚多，尚不敷赠发各种小册子之成本。其应缴之会费如下：会员人数在五十人以下者缴二仙令六辨士，一百人以下者缴五仙令，一百人以上者缴七仙令。每个少年部例届缴费之期，即由总部发给空白年报表式，由指导员填写，并于填妥后随缴会费寄还。

少年部申请登记入会时，可得下列各种印刷品：会员名册、卫生守则卡片、卫生指导片（为年龄较大之会员用）、卫生讲话（为青年工人及失学儿童）、卫生单张、红十字青年歌、红十字青年杂志样本及红十字青年故事。各单位如欲多得上列末三项印刷品，可照价购买。

各国红十字青年会员部大多数均出版青年会员期刊，分赠日内瓦红十字会（国际）联合会及其他各国红十字青年会员部，作为彼此联络之重要工具。其内容不外图画、卫生故事、戏剧、名人故事、各国风俗习惯、会员活动及一般与青年会员有兴趣之消息。期刊内之文字，可以自由互相引用。因此，青年会员期刊又成为各地会员互通声气之工具。

少年部会员不必穿制服，但可以配徽章及腕章，女会员可戴红十字帽。此外，青年会员因年服务卓著成绩者，得配各种奖章。

红十字青年会员组织之动机，原为实现服务之理想，而一个青年会员必须有健全之身心，才能去实行服务。因此，青年会员的卫生训练，也就是要使他们能有适合服务的资格。其中第一要件，即使每一个会员都能注意到本身的健康。由于每个的会员个人行为可以引起其他儿童的仿效，也可提高他们健康的标准，所以红十字青年运动成功，大半由于青年儿童之肯负责任及个人之实际行动。

英国红十字青年之少年部会员，虽不勉强参加各项训练，但在六岁以上的儿童，总希望他们能知道七项卫生守则，并能认真的［地］遵守，而这些卫生守则，是借着单张、戏剧、诗歌等方式，使儿童学到的。此外按照儿童的年龄，分别予以各种训练。九岁的儿童学基本卫生课程，十一岁的儿童习急救及家庭看护，十二岁的儿童习卫生、操练、母仪等。

关于少年部会员的活动，分述如下：

（一）安全训练

防避行路意外灾害。根据统计，每年有很多人于行路时受到意外的灾害，特别是青年儿童为多。所以，应当训练儿童们注意行路的安全，养成他们行路时谨慎的习惯，并使年龄较长的男女儿童组织街道巡护队，帮助年龄较幼的儿童安全通过街道。红十字青年会员们，应予以鼓励肯接受行路规则的训练，以防意外灾害，使国家的青年儿童因行路所受的伤害得以减少。英国皇家交通安全协会印发许多种单张小册，作为安全训练，并按年级订有安全训练课程。其次在家庭内，青年会员不仅知道在发生灾害时如何急救，也应当晓得如何预防家中发生灾害。最要者，应使儿童不与沸水、火柴、毒物等接近。壁炉及窗户应有防护设备，油布、地毯破裂处应加修补，楼梯栏杆破毁者应加修理。

（二）红十字青年戏剧

青年儿童特别爱好戏剧，他们由训练演剧及正式演出得到很大的快活，并发展他们演剧的天才，同时可以获得卫生智识。剧本均系特别为红十字青年儿童编写的，而将急救、家庭看护、卫生守则等编入剧本内容中。此外，演木偶剧、朗诵卫生诗歌、讲述卫生故事、张贴卫生单张、讲述红十字会员史等项，均为红十字青年之可能活动。

（三）国际通讯

借交换通讯，引起红十字青年儿童对于其他国家人民生活习惯之兴趣。

（四）筹款活动

筹款活动之方式甚多，如编织衣物、帮助农家、种植园物、收获农产、制造玩具、搜集书报等均可采用。

（未完）①

（原载于《红十字月刊》1947 年第 13 期）

红十字会工作技术之三：
如何发动中小学教师倡导红十字青年工作

吴耀麟

一

红十字会征求青年会员，其对象以在学儿童青年为主，故青年会员实即学生会员，集中于学校领域，其入会手续类多以集体加入为标准。三十五年度国内各地征募运动，遂必与教育行政当局联络，聘请各校校长为征求队长，并不惜多方借助教育局之实际协助指导。以学生人数集聚，中小学教师热心其事，而会费较轻，易于负担，故征求成绩多能满意，人数较多。重庆、汉口如此，上海、南京亦然。据本会月刊第十二期以［已］发表统计，三十五年度全国各地已征得会员一九七，三七一人中，青年会员为一二一，一三七人，占三分之二。此乃复员以后红十字会之新气象，亦即红十字会之新生命线所在。

吾人常谓新时代之红十字会工作，在增进健康、预防疾病、减轻灾难。盖以预防胜救济，以积极代消极。惟其如此，故着眼于新生一代之国民，供给充分之学习机会，锻炼其身骨，激励其心志，组训教导、自

---

① 续篇在《红十字月刊》1947 年第 21 期，第 12–13 页。

发自治兼程并进，从而养成良好习惯，培养做事能力，发挥博爱牺牲精神，了解红十字会之伟大意义。行有余力，即献身服务。良以红十字会尽量倡导各种社会服务，有待大量之热心人士各尽其可能志愿参加服务。青年人富同情心，乐于学习，勇于牺牲，儿童尤富可塑性，耳闻目染，心体力行，稍加向导，所获至多。加以学校环境，适宜于无数卫生保健工作之实施与训练，红十字青年运动以学校为尾闾者以此。

就目前世界各国情况而言，已一致公认红十字青年之教育价值。其本身并不附会任何一种教育学说，但得由任何种类学校所采用，足以增益学生之活力，而有助于实际教学。广而言之，实足以配合学校教育、社会教育、健康教育、品性教育、公民教育之需求，而集其大成。然而，红十字青年运动之成败关键，视中小学教师能否尽力赞助与否而决。美国红十字青年运动之普及发展，青年会员（一）千九百万人，占学校儿童总数百分之七十，其成功实建筑于中小学教师之同情支持。英国红十字青年训练之精到彻底，服务成绩优异，亦系教师努力所造成。故发展红十字青年训练，首在争取学校教师之自动的、志愿的赞助于实际的、活跃的合作，迨无异议。

吾人深知一国之盛衰，教育之建设至为重要，而各国教育成败利钝，中小学教师之努力尽责是赖。红十字青年训练工作，既以学校为主，当必求学校教师之精神支持，领导行动，贡献意见，研究方法。负红十字会行政之责者，给予便利，多予鼓励，随时指导，协助进修。于是获得无数健全之干部，而整个事业之繁荣可期。我国红十字青年运动，尚在萌芽时期，欲其发扬光大，对于如何发动中小学教师从事倡导，乃为当务之急。本文所见，聊供参考而已。

二

开垦红十字青年园地，既恃［视］学校教师为园丁，所为何事？如何进行？如何分工？何时实施？何来经费？均为应决问题。兹先分析红十字青年运动努力所在，盖均为适应十八岁以下青年儿童实际需要之活动计划，举例如左：

甲、康乐活动

（一）一般的卫生

（1）校内、家中、工作上的、户内的卫生

a. 使房间空气充足、整洁；b. 使光线及阳光进来；c. 不在地板上吐痰；d. 咳嗽、喷嚏时掩口；e. 足有汗或足受湿时应即换鞋；f. 试充实沐浴洗盥设备。

（2）户外的卫生

a. 清洁街道；b. 保存乡村之美；c. 不随意倒垃圾。

（二）个人卫生

a. 早晨洗面、头及耳部，睡前洗脚；b. 常剪指甲；c. 开窗睡觉；d. 早晚刷牙，饭前洗手；e. 每周至少入浴一次；f. 多食水果、蔬菜；g. 仅饮洁净之水或牛奶；h. 每日必作户外游戏；i. 坐立宜直；j. 勿使尘埃及手指入口。

（三）健康游戏

多作［做］有益健康之游戏，每日记录进度。

（四）健康剧本

作简单之戏剧编演。

（五）学校营养站

供应走读学生以热汤热饭，有时由校园供给自己生产蔬菜，有时由学生轮流带来配料。

（六）急救班，母亲班，看护病人

由有资格之教师教练，使知学校发生意外时之处置，家人生病时之注意，或照料弟妹。当备一种急救药箱或简单药物，俾使在校或远足时使用。

（七）运动场

协助建设运动场地，使儿童能安然享受。

乙、服务计划

（一）学校服务

A. 组织学校图书馆；b. 布置学校环境；c. 协助派遣学生享受夏令营活动；d. 为贫人解决医药问题，招待用膳；e. 分发衣服、鞋子或学校用品；f. 学校清洁运动及装璜［潢］；g. 作远足之设计；h. 选择贫苦儿童之学校致送礼物；i. 为学校制拖鞋。

（二）校外服务

a. 开缝纫会制衣服；b. 征集及修补衣服；c. 编织毛衣；d. 预备粮食及玩具赠送儿童；e. 酌量帮助孤儿及老人；f. 为跛足儿童预备手杖；g. 在医院济助儿童住院；h. 书籍、花果或菜蔬赠送医院；i. 与医院、孤儿院、老人院，或类似机构之负责人接洽供给游艺节目；j. 特制书籍赠送盲者；k. 善待动物；l. 协进公共安全，例如遵守交通规则及消防等；m. 协助防虐［疟］运动，灭蚊、赠药、拨［泼］油；n. 灭蝇运动；o. 协助防火警告；p. 参加红十字会救济工作与"红十字节"；q. 参加母亲节之庆祝会。

（三）筹集基金

a. 开展览会，出卖劳作品（刺绣、毛线物、木工、金工、革工、编制、瓷工）；b. 种花卖花，种菜或药材出卖；c. 搜集空瓶、锡罐、锡纸、车胎、废纸、羽毛等出卖；d. 畜养家禽、兔子、蜜蜂；e. 作零碎工作获得少许金钱；f. 在校内作一搜集箱。

丙、国际交谊

（一）国际的学校通讯

a. 各国红十字青年团体采用纪念册方式交换通讯。每一纪念册包括赠送者之友谊信件、学校之叙述、本国及其团体活动之叙述。良好之纪念册以照片愈多愈佳。b. 自制各种手工或本国服装之玩偶可与学校通讯纪念册同时寄发。c. 一个红十字青年团体可用此种方式与一个或十二个国家联系，除联络感情，促进互相间之友谊，对于地理、历史与现代国家文字之了解有助，同时亦为学校图书馆有价值之资料。

（二）红十字青年杂志

各国之红十字青年组织，各有其杂志，内容包括故事、问题、图画、活动、国内外红十字青年消息，使读者阅后可以明了友邦小友之工作与理想。现在有二十八个国家出版三十七种红十字青年杂志。

丁、国际救济工作

红十字青年在救济他国工作中亦负担一部分，除可能之物质的捐助，亦常送致同情之讯息与友谊，安慰受难者。此种救济工作及慰问，足使世界红十字青年会员之友谊日增。

以上所列，摘自国际红十字会联合会出版之 *THE JUNIOR RED CROSS*（*WHAT IT IS WHAT IT DOES*）小册子。举例之事，均易实行，而大部分为中小学教师力能胜任指导之责任。以康乐活动言，大部为任何小学教师所期望于儿童而应负责督促实行者。以服务设计言，此乃系目前中小学校应当努力施行，以辅助学校教育之不足者。而国际交谊工作，发动儿童青年与国外学校儿童通讯，慰苦济难，借以推广视界，发挥人类同情善意，亦为极富教育价值之事。凡以教育为职业者，对于红十字青年工作，举一反三，思过半矣。

三

然则，以我国学校情况而言，所为何事，固可依照环境及实际需要酌量办理。其目的固同为实现"服务"之铭言，同情并扶助需要济助之人。自己享受健康之生活，亦即可享受快乐有用之生活，并学习去了解并喜欢友邦男女儿童。运用之妙，事在人为。如何推进，如何分工，则必须发动中小学教师负起倡导职责，或负组织行政事务之责，或任讲授、指示、领导活动之劳。若干人牺牲一部时间与精神，分工合作，凡事极易进展。

在现行教育制度中，中小学均有体育、劳作、公民、音乐、童子军等课程之专人或兼任教师。彼等均学有专长，其中年少英俊服务热心者尤多。苟负学校行政之责者能力加提倡，负起组织行政之责，彼辈分负训练之责绝非难事。能如是，则康乐活动也，服务设计也，学校通讯也，个别工作也，团体集会也，均可获得适当之指导人员。而学校方面对于训育工作也，课外活动也，卫生检查也，保健工作也，可作有系统之实施。有此种基层领导人员而外，各地红十字会理事会中，应有一二理事对于青年工作有兴趣者，负责主持红十字青年工作。必要时组织红十字青年小组委员会，而红十字会总会亦设专处课及委员会主掌其事。

事实上，各国红十字会之青年训练工作，系由全国及当地红十字会发动各种运动负责供给资料，以使学校教师参考使用以作实际指导。各国所采用以取得教师之合作与帮助，其办法举例如左：

（一）出版物

（1）红十字会出版红十字青年杂志及小册子。后者为大部宣传资料、各团体新闻、制作学校通讯之方法、各种作业之指导等，而在红十字青年杂志中，往往有教师之负，教师索引专栏。例如，匈牙利与美国之红十字青年杂志中，均有教师指导一页，内容有通告、集会纪录、心得介绍及各种活动之建议等。比利时、加拿大、古巴、丹麦、英、美以至印度等国，均有红十字青年之书籍，可供社会人士参考。

（2）国际红十字会联合会出版定期刊物有 *Material for Editors of Junior Red Cross Magazines* 及 *School Correspondence Secretaries Bulletin*，此外已出版有关红十字青年书籍甚多。

（二）集会

（1）红十字会时常举行各种集会，通知各学校教师参加会议、座谈，如保加利亚、匈牙利等国按月举行。

（2）定期举行会议，如澳大利亚，如英国等均有举行。

（3）举行各种讲习班，分科训练专门技能，以便学成后转教青年儿童，英、美、澳国均常期举行。美国红十字会往往在中小学教员夏令学校，在各州大学校或各师资训练学校中举办各种专科训练。

（三）竞赛

（1）各国红十字会多有在师资训练学校，或师范学院学生，或现任中小学教师中主办各种竞赛。其主要者莫如征文，题目着重有关红十字青年之理论之发挥或征求故事、诗歌、剧本等。

（2）在师资训练学校中举行制作学校通讯纪念册比赛。

（3）尽量运用工作竞赛方式。

（四）奖励

（1）有若干国家之红十字会，对于学校教师领导红十字青年工作卓著成绩者给予奖状。

（2）对于领导红十字青年工作之指导人员，颁给奖章。例如，法国有特制徽章，专发教师领袖；英国对于有成绩之教师颁赠感谢章"Thanks token"；匈牙利教师会颁赠金、银、铜三种纪念章，教育部对于红十字青年工作优良之指导人员亦颁发证书；而印度对于服务二年及五年以上者分别给予证书或徽章。

（3）给予实物奖励或各种纪念物品。

（4）给予参观旅行或访问友邦之机会。

四

或曰：红十字青年训练工作，既必赖中小学教师之义务领导，诚以彼辈待遇之微薄，生活之忙迫，就以小学教师功课既多，家庭事务亦不分劳，温饱之不足，焉有余力从事份外工作？诚然，中小学教师待遇微薄，生活忙迫虽为事实，惟教师中仍多年少有为，热心教育，无家庭之累，乐意作课余服务之青年。尤以体育、童军教师及一般小学级任导师，能牺牲时间，义务服务者固大有人在。视乎红十字会本身之宣传鼓吹，各教师之志愿响应联络，仍可溶［融］为巨流耳。

既有志愿服务领导此红十字青年活动之人，则全国之整个计划，一地之工作计划，以至每一团体之活动指导，应由红十字会负责供给资料，按月按季依时节供给。周末例假为领导活动之时，每日课余休息时间亦可利用，而每年夏令假期稍长，实为一绝佳之机会，寒假亦然。至活动之地点，则家庭也、校园也、课室也、公共场所也，以至各社会团体、各青年儿童活动之场，均无非红十字青年活跃之所。换言之，举凡吾人日常生活之所，在之均所利用者也。

最后谈及红十字青年团体之经费问题，均以自足自给为原则。家长及热心人士之捐输，儿童集体经营之收获，团体筹措之所得，与乎儿童节省果饵之资，教师个人与学校之量力辅助，量入为出，务期以最少之经费获得最大之成效。而发动中小学教师从事开垦此项青年工作，为当务之急。

（原载于《红十字月刊》1947 年第 13 期）

生老病死谈

冯玉汝

昔印度释迦摩尼，因感人生一世，"生""老""病""死"，"功""名""利""禄"，一切俱空，遂不惜牺牲皇室尊严，出家修道。盖古今中外，虽有不老之方，却无不死之人，而"老""死"相因于"生""病"。我人如对此生老病死，无正确之观念与充分之了解，则懦怯者，将不免颓唐敷衍；奸狡者，将益增贪残纵肆。爰谈管窥，就教于读者之前。

婴儿呱呱坠地，出自娘胎，生命即与之俱来，而此生命将后之如何，则在其本身之造就。"人生以服务为目的"，中山先生早有所示，而"生活之目的，在增进人类全体之生活；生命之意义，在创造宇宙继起之生命"，中山先生言尤确切。如此则我人善体斯意，则人世间一切困难艰辛，俱不足畏。衰老病死，更何能阻止生之进展？

胎教云者，太偏礼教，惟在医学观点，生前之检查，孕期之营养、运动，与一切卫生事项，如无适宜之处理，即足影响大小之生命，与其生活之苦乐。至婴儿及孕产妇疾病等等，均括入"病"项说明。

本文所述，偏于"老""病"及"死"，俾关心民族健康者，聊资参考。兹先言"老"：

凡一切生物，生活于相当之时间。一切机能，新陈代谢。代谢不已，自然退化，衰老现象随之发生。而衰老之后，紧随死亡。人类不愿死亡，故人类亦不愿衰老。但古今中外，虽用种种方法求延年益寿，然直至輓今，仍无法不入坟墓！而所谓"返老还童"之术，以手术移植动物或人之生殖腺至另一人之身，以刺戟体内之内分泌，使衰老病人，恢复其青春之活力，惟亦仅能奏效于一时。盖所移植之生殖腺，极易为人体所吸收，而终止其作用。故"返老还童"术之实施，仅能延长数年之寿命，而无法致人于永年。至我国所谓之修炼神方、成仙秘诀，则更荒谬无稽，不足置信。

言及衰老之原因，似可分为两种，即一"自然之衰老"，二"不自然之衰老"。所谓自然之衰老，就生理学解释为：

（1）因人体之脑细胞及各种器官之重要细胞，工作太久，损失自身之抵抗，或减少工作之效能，以致精神逐渐迟钝，五官失其作用，遂发生衰老现象。

（2）因脑细胞逐渐代谢消失，一切器官之抵抗力量逐渐退化。骨骼、血管以及肌肉组织，逐渐变硬变脆，或失去弹性。内脏各器官，亦随"退行变性"。以致运动失调，消化障碍，吸收及排泄困难，遂发生衰老现象。

（3）因人体之内分泌，以睾丸腺之内分泌减退，或竟停止，以致全身各种机能减退，而发生衰老现象。

（4）因人体新陈代谢之障碍，致体腔或体液中时时积聚过剩之废物，因而障碍各种细胞及细［组］织之活动，遂渐形成衰老现象。

（5）因人体各种细胞及组织，受血液中种种细菌及毒素之侵袭，以及由于外伤不断的［地］破坏，俱能产生"退行变性"而形成衰老现象。

（6）因脑细胞及各脏器之主要细胞，由于过度及长期工作而退化、消失，逐渐补充以低级细胞或结缔组织，因而机动减退，形成自然的衰老。

以上所述各种衰老的原因，多为人类其不易避免，然我人之老，亦多有其"不自然之老"之原因在。盖据法人伏洛诺夫博士所报告，"人类之寿命，普通有一百四十年。因动物之寿命等于其成长时期之七倍，而人类成熟时期为二十年，故应活一百四十岁。"又据蒯格列博士在理论上证明，"人类之寿命有延长至二百四十年之可能。"但其所不然者，盖一切不自然之现象，渐渐使血液及各细胞之抵抗力毁灭。又因社会的状况不合于健康之条件，而一般之人更缺乏卫生常识，无卫生习惯，以及饮食方法不合等等，俱为人寿短促之原因。故"未老先衰"及"未老先白头"者，其为不自然之"早老"，固不待言！

据一九二一——一九二五年各国人寿之统计，其平均年龄（全国人寿之平均数），丹麦为六〇点三岁，英国为五五点五岁，法国为五二点二岁，日本为四二点一岁，我国则仅为三〇岁。而一九二五年以后，我国更以大战、饥馑、传染病流行等，人民之死亡率更大，如确切统计，或更不及三十岁矣！

因人寿之短促，故为社会服务之年限亦短。而普通人自出生之日起，至少须经过十五年至廿年之教养，始能为社会服务。则以平均年龄，减去教养岁数，即可为社会服务之年限。据上统计，丹麦人及英法（人）为社会服务之年限均有四十年以上，日本亦有二十八年，而我国则仅有十至十五年。以此我人费去十五年至廿年教养之苦心，而仅能获得十至十五年为社会服务之时间，其与丹麦、日本等国相较，则相差在十三年至三十年以上！若国人寿命可及丹麦，则社会服务年限，人可增加三十年以上。以此三十年服务之代价，生产之成绩，若以四万万人计算，则所得为几何？故为社会经济计，为民族向上计，为国家繁荣计，俱应加紧设法，延长我人之寿命，以延长我人社会服务之年限。然则我人之年寿，为何若是之短促，则不可不谓由于不自然之衰老。所谓不自然之衰老，原因虽多，但其主要者如下：

（1）因受帝国主义者之政治与经济的压迫太甚，及我政治之未上轨道，以致农村破产，民生凋敝，盗匪充斥，哀鸿遍野。而管教养卫，政府无力；衣食住行，不能周全。他则种种精神上及物质上之刺戟，生活受其极度之压迫，寿命如何不致其短促！

（2）因受频年内战、外战之影响，政府精力多用于军事，而使教育及卫生两大政濒于垂危，而人民贫苦，既为一般现象。要有余力以自求营养之改善，体质之增进，环境卫生之讲求，疾病传染之预防，以是则未病者不能求其无病，已病者不能求速愈，已愈者不能令其休养，甚至带病工作，过度疲劳，身心萎弱，日见其甚。他则流离转徙，惨绝人寰。目睹者，忧心如捣；身受者，生死不得。以之人民之心，不流于颓丧，即趋于享乐。加之毒品充斥，春药盛行，衣、食、住、行、性，无一不变为慢性自戕之道。焉得不早见衰老，早短寿命！

以上所述，乃为发生衰老之主要原因。我人既知其所以如是，自应加以注意，设法避免，而求"老当益壮"，加倍努力。盖年龄上有相当的延长，学识上即有更多之研究，技术上有更多之训练，事业上有更多之经验，德行上有更多之修养，其造福人类亦必有更多之贡献。否则，年龄正壮，精神先衰，或更出师未捷，身已先死，为如何惨痛之事！

老之种种，已如上述，兹再言"病"：

人不分老幼智慧，凡有生命，常难免疾病，病须休养而无法工作。就个人言之，疾病缠绕，不但失去生产能力，更因医药消耗，时间浪费，损失精神及物质。就社会言之，疾病分子占了多数，则社会日趋贫穷，民生日趋凋敝。多种畸形、残废，及精神衰弱者，俱能降低社会之生产能力，而陷国家于贫困，民族于不振。至各种传染病之流行，更可使整个社会，沦为崩溃。举其要者，如十六世纪黑死病流行于英格兰，使全英人口减少三分之一。又十九世纪末叶，法国开辟巴拿马运河，由于恶性疟疾之流行，先后数年，死者达一万数千人以上，致功亏一篑，让与美国。而我国云南等省之瘴气，据卫生署调查，亦系恶性疟疾。因此种疟疾之流行，减低工作能力，为我国西南国际路线甚久完成之一种要因。此外如土著民族之日趋消灭，红黑人种之日渐式微，原因虽多，然为传染病之蔓延，医药卫生之缺乏，确足使此种民族渐归于淘汰。以上事实，俱足证明疾病影响于国家民族之大。再关于我国之疾病，因其发生之区域，及传染之情形，依次述之入［如］后：

（1）黑热病，又名胚块。由北平蔓延南下至江苏北部淮海一带，患者甚夥，且因之死亡者，大多为幼孩青年。

（2）麻风。以广东患者最多，全世界患麻风者约三百万人，我国占其三分之一。

（3）疟疾。长江下游及东南沿海各省，以及西南山岳地带，如四川、云南、贵州、广西诸省，流行最广。亦以青年壮丁，特易传染。加以连年天灾兵祸，及壮丁征调，难民迁移，更使之蔓延益广。

（4）霍乱。在我国流行最烈，尤以民国二十一年之流行区域连二十二省，三百零二城市。且每隔数年，即尔流行，实为我民族寿命之甚大威胁。

（5）鼠疫。宣统二年流行于华北及东三省，死者六万余人。民国五年，流行于蒙古、绥远、山西、陕西等省，死亡一万三千余人。民国九年及十六年再度流行于东四省，二十年流行于山西、陕西，二十四年先后流行于福建、浙江、新疆等省。抗战期间，曾传日本散播鼠蚤等物，而福建、浙江不断流行。按鼠疫一病，现仅我国及印度时有发现，而川、黔等省鼠类特多，如不注意而致其大流行，则前途实不堪设想！

（6）痢疾。民国廿一年大流行于山西、河南、江西、江苏，达二十二省，二百零二县。二十二年流行于湖北一带，达数十县。二十三年流行于江西前方作战部队及难民集聚之区，蔓延甚速。

（7）脑脊髓膜炎。二十一年流行于山西、河南、福建、江苏等十九省，一百一十八县。二十二年流行于江浙两省，达数十县。二十四年流行于广西全境。按本病普通侵犯乳儿及幼儿，尤以男孩为多。十五岁以下之幼童患者，占本病百分之五十，其死亡率达百分之六十以上。

（8）天花。民国廿一年，流行于山西、江苏、江西、四川、河南、察哈尔等十五省，一百一十七县。二十二年，流行于福建等省，一百余市县。

（9）伤寒、副伤寒、斑疹伤寒、回归热等病，则更时常流行。抗战期间，新兵及难民之死于此者，则为数极夥。

（10）除以上各病外，肺结核之传播于我国，数足惊人。据查统计，我国每万人中，有肺结核者，在五百人左右，盖几占人口百分之五。若以四万万人计算，则为二千万人左右。

我国社会经济，除受上列各病消耗损失外，尚有花柳病之流行，及鸦片、醇〔酗〕酒之慢性中毒。此则每年所浪费之金钱，以及国民健康之低落，真不可数计。

以上所述，乃我国常见流行之传染病及其流行之大概情形。以下更就疾病对于人生之历程，略述梗概。

（1）初生婴儿，大多因脐带处理不善，发生破伤风，抽搐而死，或因先天梅毒，出世或出世不久即亡。

（2）一岁以上及十五岁以下之儿童，所患病大多属于滤过性病体，及由呼吸系统而传染之一般疾病，如天花、白喉、肺炎、麻疹、脑膜炎、百日咳等。他则消化不良，或滥用成药而发生之死亡数字亦甚大。

（3）十五岁以上，约至二十五岁左右为青春发动期。此时身体，无论精神及器质方面，俱发生大的变动。此期最可怕之疾病为肺结核，而一般肺结核患者之死亡，实以二十岁为最多！他则因无性教育或社会不良情形之诱导，以致最可怕之脑及性神经衰弱，种因于此，而遗精、手淫、贫血及体质孱弱等，莫不于此时造成。

（4）过青春期即进入壮年阶段。此时男女，多离家庭，或在学校研究高深之学问，或离校担任艰苦之事业。以之劳碌特甚，甚或不时与自然界搏斗，感染疾病之机会特多。

（5）老年时代，为退休之时。因此时全身细胞机能退化，各种组织及抵抗退减，故极易发生各种器质退行性病变，而再生能力无有。已破坏者，无法补充，故趋于死亡。以下再言"死"。

依通俗习惯，谓死为断气，即停止呼吸之意。盖我人数日不食，或不致死，但若发生窒息，则历时稍久，即无法再生。此外遇心跳及脉搏停止者，亦认为死亡。盖依生理学之解释，我人之血液循环及新陈代谢，决不可一时或息，而不若其他组织或器官虽遇破裂或损毁其一部，尚不碍其生存。故死亡之直接原因，多由于循环中枢麻痹或窒息。其他则神精〔经〕中枢麻痹，更为不可救药。如以铳贯脑而使其破裂，或稍重之脑出血，即不能得救是也。

死亡方面，除神经中枢麻痹为不可救药外，其他各种救急方法，如人工呼吸法、止血法、输血法或食盐水及强心剂等之注射法等，其目的皆不外挽回循环中枢之衰弱及呼吸器官之兴奋。如我人之呼吸正常，心力强盛，则其他官能，除脑外，虽发生伤害，亦不致死。今则铁肺问世，虽肺器官无用，亦可以苟活矣。

查我人心身之所以衰弱，呼吸之所以障碍，亦可分为两种原因，即：一，自然的衰老；二，在自然的变化。此则各种病变，以及非自然之伤害，俱能使心脏麻痹或窒息而死。盖我人之衰老，可由于不自然而形成。我人之死亡，亦可由于不自然而影响。故所谓早死、夭折，即未至应死之年，而受不自然之影响致之。我人为国家民族之个体，个人之死亡，原如沧海之一粟，不觉其重要。然死亡太多，即可影响民族之生存，国家之强弱。中山先生曾言："自古以来，民族之所以兴亡，由于人口增减之原因者至多，此为天然之淘汰。"盖凡一国人口之增减，实与其人民之死亡率至有关系。普通社会之出生率（即每年每千人中有几人出生）与死亡率（每年每千人中有几人死亡）多成正比。若出生率无变化，而死亡率减低，则社会人口自然增加。欧洲十九世纪后，出生率虽未增加，但因医药卫生之进步，传染病之减少，个（人）死亡率甚低，人口反而增加。又据一九三〇年之报告，各国人口每年死亡率的比较，中国为千分之三十，日本为千分之十八点二，法国为千分之十五点六，英国为千分之十一点四，美国为千分之十一点三，德国为千分之十一。是人口之死亡率在亚洲方面，以中国为最高，欧洲方面，以法国为最高。但自一九三〇年以后，因德义［意］之复兴图强，苏联建设之突飞猛进，各国人口之出生率俱超过死亡率。以一九三九年而论，出生率超过死亡率者，英国为百分之二十一，美国为百分之三十，意国为百分之三十八，德国为百分之六十，苏联为百分之一百十五点七，惟法国则死亡率超过出生率。

我国之死亡率既超出他国数倍，而最近十数年来，抗战中之牺牲更多。姑不论其出生率如何，（我国）人口增加，决不能与他国对比。中山先生在数十年前既［即］说："我们现在把世界人口之增加率拿来比较，近百年来，美国增加十倍，英国增加三倍，日本亦增加三倍，俄国是四倍，德国是两倍半。这百年来人口所以增加的原故，是由于科学的昌明，医药的发展，卫生设备一年比一年完全，所以减少死亡，增加人口。"如此则我人如何使人口增加，又如何使死亡率减少，原因何在，例显而明！惟我国死亡率之所以增多者，亦有其原因在。

查我国婴儿之死亡率，约占全死亡数百分之二十以上，占出生数千分之一百七十一。若与各国相比，实超出任何国家。若以各国每千婴儿之夭殇之相比，则我国为二百十一人，日本为一百四十二人，意大利为一百二十人，德国为九十七人，英国为七十五人，美国为六十五人，瑞士为五十七人。查我国婴儿大量死亡之原因，可分为先天的及后天的两种。关于先天的原因有：

（1）由于双亲之体质，天赋羸弱，（贫穷、纵欲等关系）以致婴儿体质不强，因而促使夭折。

（2）由于妊妇保护不周，或因经济压迫，过度操劳，因而发生流产或早产，当然为婴儿之死之原因。

（3）由于父母有肺结核或花柳病，及饮酒、吸烟等不良嗜好，亦能致婴儿早死。

（4）由于遗传的影响，即父母本身虽无恶疾，然其直系亲属有某种遗传病而发生夭折。

关于后天婴儿之死亡，亦有以下数种：

（1）由于经济的影响，不得不溺婴杀儿或使之流产，以求减轻家庭之负担。次则任婴儿之自生自灭，不加顾惜，衣、食、冷、暖，更不注意，以致夭殇。

（2）由于父母缺乏育儿知识，以致营养不良，用药失当，往往于不自［知］不觉之中，求婴儿之长寿，反促其早死。

（3）由于特种传染病的流行，如天花、麻疹、肺炎、白喉、脑膜炎等之传染而不治。

（4）由于经济困难，常识不足，或卫生组织不健全，未经正式助产士或医师之接生，发生脐风而牺牲性命。

（5）由于战争之影响，使父母无法顾及子女之安全，甚或不得不予抛弃，或竟被敌人杀戮。

由上所述先天或后天之各种原因，大多婴儿有死于胎中者，有落地即死者，有数小时或数日而死者，亦有一二年内即死者。再查一般统计，人死于零岁至五岁中者，每千人中约占三百八十人（即国人有三分之一在零至五岁时死亡），而其中之二百五十人，又皆死于一岁以内。故一岁以内之婴儿，实为人生最难度之关头。自此以后，男至十一岁，女至十岁，其死亡率渐减。及进而至于春情发动期，死亡率又增加。至十八岁时，渐次慢缓。自二十三至二十八九岁，死亡率又减少。四十岁后，又渐增加。

根据上述，我人既知死亡终无法避免，然则生命究可继续不断乎？夫下等动物如原虫，其身体全部，仅为一单纯之细胞。此一细胞，可兼营各种之生活机能，因细胞之分裂，而产生新的生命。此种分裂之细胞，又可继续分裂而生长。故此种单纯之下等动物，并无死亡，其生命亦因分裂而继续于不绝。动物愈高等，则身体构造愈繁复，神经细胞，专管思想，肌肉组织，专主运动。其分工合作虽精，惟因某种细胞之衰老，即渐至全体生命于死亡。故高等动物生命之延续，乃专托于另一种细胞组织，即所谓生殖细胞是也。

男性之生殖细胞为精子，女性之生殖细胞为卵子。由于生殖作用，男女之生殖细胞乃混合产生新的生命。此新的生命，实即父与母生命之延续。惟此非父母之个体，而为父与母之混合耳。但以子女的生命，为父母生命之混合，而新旧生命之环境不同，故生活之方法亦各异。须知人生求生之方法，除衣、食、住、行外，尚有性的追求，即为求生命永续之大义。我人果能善于保婴，力求佳种，则我人躯壳虽死，而生命仍能发扬。旧的生命，或已无法改造，而新的生命与种族，却应设法增强。

关于生命之延续，除上述观念外，中正先生曾谓："我人讲生命，不好以个人躯壳的存在看作生命，一定要把整个民族历史的生命当做自我之生命，以整个民族历史的生命的存亡为存亡，以整个民族历史之始终为始终。"本此大义，我人果讲生命之永续，必须以国家民族之生命为生命。大言之，更应以人类之生命为生命。故永生之意义，即我人之生存，死亡之意义，为人类之破裂！

生、老、病、死，在在与国家民族有最大之关系，而医药卫生之良窳，与此更有直接与间接之影响。盖谈"生"，则产前检查，孕期卫生，临产处理，产后调摄，以及育婴常识等等，均有赖妇婴卫生机构之健全，服务之周到。谈"老"，则如何使自然之老的条件，可以减少，更如何使不自然之老的种种，可以避免。谈"病"，则如何使其无病，或有病而早日痊愈，愈后而早日恢复，更如何使传染病不致传染，不致流行。谈"死"，则如何可以避免早死，而使人生之寿命，可以延长，均有赖于医政及药政之实施。此则疾病之预防，环境卫生之改善，衣、食、住、行、性之合乎卫生的条件，以及传染病之管理，药物及毒药之管理，医疗及医事人员之管理，均为不可一忽也。

有人而后有一切，一切需要，为得是人，而一切工作，为得需要。根据前述一切统计，知我国婴儿之死亡率特大，人寿之比例率特低，传染病之流行特多而特广。此由卫生之不良，当难否认，而医药卫生在今日之需要，诚难缓图！

红十字会抱服务社会，博爱人群之宗旨。然则如何为社会服务？且今日中国社会所需要者为何？而人群之由"生"至"死"，在今日中国社会，其所受威胁及所感需要者又为何？此则我红十字会所应警惕终日，不能或懈者矣！

（原载于《红十字月刊》1947 年第 13 期）

红十字会健康服务的动向

胡兰生

人类健康的保障，从前仅重治疗工作，现在则预防与卫生并重。红十字会最初创立的宗旨，系为救护战场中的伤兵、病兵，后来递增为俘虏救济和战争及灾难中的平民救济，所以向来与医药事业关系最为密切。自从医药事业渐渐趋重预防和卫生后，红十字会平时医药事业，亦就转趋于积极的健康服务。我们研究各国红十字会健康服务的现况，发觉其特点有三：

（1）红十字会健康服务是辅助服务（Supplementary Service）。红十字会健康服务，以辅助公私医药事业防止疾病、促进健康为原则。凡公私医药事业已经相当发展的国家，在其所办的工作范围（如一般疾病的治疗）以内，红十字会即避免重办。故如美国红十字会，自有历史以来，即未于平时设过诊所及医院。英国红十字会除于一九二七年创设示范性的风湿病诊疗所外，亦无一般的诊所及医院。此外，如苏联、澳国、法国等红十字会，亦均如此。红十字会既是辅助公私机关防止疾病，促进健康，故凡公私机关力所未逮之工作，红十字会往往负责担任。如，苏联红十字会及红新月会，于各地学校、住所、公共建筑及事业机关内，设立医药服务站二十五万个以上，又在乡村设立医药服务中心一千所（将来拟推展至五千所），又组织乡村防痨服务队。其协助该国公医制度之推进，至极明显。又如加拿大红十字会，因鉴于加境东北一带，地处偏塞，公私医药均极落后，故有僻塞区服务处（Outpost Service）之设，辖有救护车服务队及乡村医院四十八个。此类医院大小不一，小者只有护士一二人，大者则几为完全之医院，其作用亦系为协助公私医药事业之所未及。

（2）红十字会健康服务是先锋服务（Pioneer Service）。在辅助公私医药事业的原则下，红十字会故有举办实验示范健康事业的趋势。此等示范工作，一俟公私医药机关可能行之有效时，红十字会即行移交办理。如英国红十字会除于一九二七年开始办理风湿病诊疗所外，此次战后复得该国卫生部之许可，拟于五年内，或立疗养院三十所、病床一千五百个，收容各处医院不再收容之残废病人，希望于五年后移交政府接办。法国红十字会倡办妇孺医药事业，如儿童之家、产妇医院、儿童诊所、儿童医药咨询服务队等，亦复具此示范提倡之意义。此种示范性的服务，于美国红十字会推行公共卫生护理及防痨工作两事，尤见充分表现。美国红十字会的公共卫生护理工作开始于一九一二年，其后美国半数以上各州，均因红十字会之提倡，而有公共卫生护理事业之展开。因美红会采取培植地方力量，俾其自行接办的原则，所以该会现时推行公共卫生护理的分会，已经只有少数了。美国红十字会之防痨工作亦由美国红会于一九〇七年首先开始，至一九一九年乃发起组织美国防痨协会，将防痨工作移交该会办理。

（3）红十字会健康服务是紧急服务（Emergency Service）。红十字会之从事紧急服务，固然是其历史的使命使然，同时亦系辅助公私机关所当负荷之重任。大多数红十字会多于战时设立红十字医院，固系紧急服务，即若干红十字会平时设立并维持此等医院，亦系为准备紧急服务之用。英美两国公私医药事业发达，第一次大战期间，两国红十字会均曾设立许多战时医院。在第二次大战期间，美国红十字会除发展医院服务、军营服务、军中福利工作，英国红十字会除推行医院社会工作，派遣志愿服务人员，设立材料供应库所外，美红会亦曾建立了一所伊利萨伯医院，以供军方应用，英国则在海外及国内设立许多疗养院及休息站。法国于战时有红十字医院（三九〇个病床）、疗养院（九九〇个病床），均为伤病军人及其家属服务。战后拟俟政府公立医院恢复力量，此等机构，即将结束。芬兰红十字会有其总医院及伤残医院，前者注重头颅脑部神经各种伤害及疾病，后者注重肢体伤害及矫型治疗，主要服务对象，均为战争中之军人。土耳其、墨西哥、荷兰、丹麦、瑞典等国，均有医院及诊疗所之设立。其中如墨西哥红十字会之中央医院，不但建筑设备均甚完全，且与政府医院亦有分工。如政府医院受理之传染病、酒精中毒及产科，红十字会中央医院均不受理。此等为紧急服务而设立之医疗机构，虽平时亦为平民服务，但仍以储备材料、培育人才以应紧急服务为其主要意义。故如土耳其红十字会医院，平时即训练护士。瑞典红十字会医院及诊疗所（现有二十六个），除担任平民医疗外，同时协助训练辅助护士。至如战前日本红十字会医院，诊务非常发展，日本红十字会因此依为经济来源之一，其意义亦属储备人才、材料与平民医疗两者兼而有之。

各国红十字会健康服务得［的］现况，虽因各国国情以及红十字会本身传统的情形不同而有错综的表现，但我们根据以上三个特性而仔细分析其动向，也就不难脉络分明。兹就下列各项说明之：

一、一般的疾病治疗

在公私医药事业发达的国家，一般疾病治疗机构，如医院、诊疗所等，红十字会多已放弃设置，仅有少数医药落后的国家，如西班牙、古巴、波兰等红十字会，尚维持有不少的医院和诊疗所。据一九四四年至四五年西班牙红十字会医院部的报告，该年度该会医院、诊疗所已成立者五个，新建中两个。截至一九四五年，该会已共有医院及诊疗所十五个。其他小规模的医疗单位，尚未计算在内。古巴红十字会原有诊疗所二十三个，战后又新建一个，规模更大，包括牙科诊疗所、实验室、X光室、电疗室、图书馆等。据说近代设备，相当齐全。波兰红十字会现有医院三十九个，疗养院三十个，救济车及医院火车二八〇部，诊疗所二十三个，其他如药房、健身中心、急救站等尚有多处。此等红十字会一俟公私医药事业发达，其一般性治疗机构，必将缩小无疑。本会成立四十多年来，医疗机构，亦至普遍。迄今一百四十多个分会之中，尚有医院三十个，诊疗所四十八个。以致一般人提到本会，迄今仍以为是个医疗机构。复员以来，本会医药事业，虽亦已辅助公医制度为原则焉，但社会观感，一时尚难改变！在这方面，红十字会服务方式可能循两途变迁，一种是苏俄式的，即由红十字会担任最基层的医疗卫生服务；一种是加拿大式的，即由红十字会担任落后地区的医疗卫生服务。无论如何，红十字会总以辅助公私医药机构为原则，行将逐渐缩减一般性医疗机构的建立。

二、特殊防治和服务

在特殊疾病的防治（如各种社会疾病、地方病、各种慢性病）和服务（如对于残废人的服务、医药社会服务及输血服务等）工作方面，一来因为即在医药事业发达的国家，此项工作亦因问题的复杂和人才、经济的限制，尚未能由全部公私机构胜任无憾，二来亦因红十字会具有先锋服务的精神和便利，所以将来必有相当的发展。对于性病、肺病、残废人的防治和病后调养（Rehabilition），各国红十字会多已贡献甚多。美国防痨协会系美国红十字会所首倡，印度防痨协会亦由印度红十字会所支持，英国红十字会各地分会多有痨病人休养区（T. B. Colony）之设立。其他各国如设立痨病疗养院，倡行集体照顾，致力防痨宣传，创办调适中心（Rehabilitation Center），亦靡不积极有为焉。其中如爱尔兰红十字会对于防疟、防痨、防止性病、扑灭烟毒（鸦片）等工作，尤足称道。爱尔兰红十字会除于德黑兰设有痨病疗养院数所外，因其历年防痨工作之成功，爱尔兰公私疗养院之设立已大大增加。至若医药社会事业，则在英、法、澳大利亚诸红十字会，特别开展。法国注重妇孺社会保护，英、澳则注意一般医药社会协助，如职业训练、医院图书馆、医院访问、医药借贷是也。红十字会国际联合会理事会鉴于这一方面的服务工作，必为各国红十字会今后工作之重心，故于上次牛津会议中对下列各项有特别审慎之决议：

（1）残废病人之调适问题（Rehabilitation）。理事会讨论重病重伤者之疗养处理及残废人之职业调适时，以为此项工作均为各国红十字会应尽其可能以服务之人道事业。此种病后生活之调适，不但系长期工作（须在医院及疗养院中开始，而在整个休养时期继续进行），且系一种特别服务（即须适应每一病人之独特需要）与职业训练（即须连带解决病人今后之生活问题是也）。理事会具此认识，故建议各会员（红十字）会应准备参与积极的病后调适工作，如协助推进医院及调适中心之人员训练，或就家内疗养之残废人士协助之。理事会爰建议秘书处应将有关病后调适之资料，搜集供给各国红十字会，以资参考应用，并以为工作纲领应在总报告中列举之。此一总报告应包括红联（红十字会国际联合会）关于此事之初步研究报告，分送各国红十字会后所得之修正意见及本届会议之建议在内。理事会复建议编制一特殊备忘录，将各会员（红十字）会对于各种残废者（如在役军人、退伍军人、平民等）所能举办的医药社会工作，带有住所的职业雇用暨对于体格有缺陷之儿童的一般重整（General Reconditioning），均有详细之说明。理事会决定此项备忘录请巴姆氏（Dr. Harold Balme）起草。理事会又建议红联，应于红十字会人员对于病后调适工作特感热情与异趣者予以训练一点特别注意。

（2）防痨与痨病人病后调适。理事会讨论防痨运动时，虽以为任何形式之防痨工作，均系政府及防痨协会之责任，但亦认为红十字会应时时与之合作。健康顾问委员会所讨论者，虽仅及于痨病人之病后调适，但亦认为红十字会对于防痨工作不应如此窄狭。在痨病服务中，自治疗至病后调适各阶段中，红十字会固仍有其作用也。第一，防痨教育方面，红十字会即可发展有效的合作。理事会故愿请各国红十字会注意，如防痨教育计划完善，推行有力，则其成效，必有可观。理事会兹提出爱尔兰会防痨运动之成功，爱政府业已采取广泛计划响应防痨运动，已设疗养院多处，且同时病后颐养问题亦已渐告解决。爱政府现仍以病后调适之研究责成红十字会办理。第二，对于痨病人及其家属给予社会协助。社会协助固为政府之事，但即在防痨极见成功之国家，红十字会之辅佐性社会协助，仍为必需。因红十字会系以志愿协助者之地位担任此项工作，能与病人及其家属维持密切之个人接触，能在最合适之方式下鼓励病人之精神，故最适合于社会协助工作。第三，病后调适。痨病人之病后调适工作，一如其他残废人，系一长期继续工作，应在疗养院中开始，直至病人安然获得正常社会及经济生活为止。在此长期阶段以内，红十字会予以精神安慰及物质协助。红十字会人员可以劝导病人注意治疗，提高彼之自信力，维持彼之情绪，并协助其寻觅及保持其合适之职业。在进入疗养院以前之等候期间，红十字会协助即可开始。而在疗养时期，红十字会复可利用医院图书馆、医院影片陈列馆、训练班（技术的、文学的、艺术的）等设施，为病人担任遣心的和教育的工作，并可为病人推进合乎其个性及需要的职业训练。病人离开疗养院后，红十字会仍须继续为病人协助，如病人在调适中心接受职业训练，红十字会应鼓励其耐心学习，俾其完成相当长期之训练。如病人受雇于有住所之工作场所或返归其自己的家庭（此属最少数之心情）时，红十字会亦能继续予以协助。最后第四，红十字会可以为社会及政府机构设立示范机构，推进病后调适服务，如设立调适区、特别设计之工厂、痨病痊愈人的合作中心、训练旧病人看护新病人等。卫生顾问委员会讨论病后协助时亦已注意到，若干红十字会于发现病人及诊治方面，业已参加工作，且已极有贡献。理事会兹欲提出请各国红十字会注意者，即各国红十字会对于集体照相［顾］及疗养院，可给以志愿人员的协助，此盖各国红十字会力所能为之服（务）也。

（3）输血服务。理事会对于讨论各国红十字会代表咨询会议第三十七条建议以后，已悉若干国家业已推进捐血或已有输血整个措施之存在，咨询会议全体代表一致意见，以为红十字会战时对于输血服务的贡献甚大，应仍于平时推进，以为平民服务。此项意见，理事会至感同意。惟理事会以为红十字会对于捐血者，应不出费用，而以继续不断的宣传说明此种血液之宝贵及其应用之价值。彼等捐血系为保障他人生命所应负之责任，一如彼等本人将来如需他人帮忙时，亦可有利用他人适量血浆及其转化物之权利。理事会以为，尚未有血液服务之国家，其红十字会应研究在红十字会管理下设置此项有治疗价值之输血机构之可能性。理事会建议秘书处向已有此种措施之各国红十字会搜集资料，供给此等正待创办之红十字会。理事会以为，分别血型之卡片颜色有划一标准之必要，以便在疫疠发生或战时及平时国际工作行事之便。理事会建议，青色代表普通型（O），红色代表 AB 型，黄色代表 A 型，白色代表 B 型，似觉较妥，建议本案应请已有输血服务之各国注意。

（4）风湿病防治。理事会以为风湿预防及早期治疗之意义，应有扩大宣传之必要，应请秘书处注意，并请各国红十字会注意与其他防治风湿病之政府机构合作。此项合作包括：风湿病预防智识之传布；治疗机构之确立；协助治疗风湿病人之医院及诊疗所推进社会服务工作。

（5）防治疫疠及地方病。理事会检讨各国红十字会代表咨询会议之第三十四条建议，促请各国红十字会注意与政府卫生机关合作推进防止疫疠及若干种主要地方病之工作。此种疾病因战争之结束，为患实已甚巨。咨询会议曾特别指出，即在政府卫生机关能力极佳之地区，红十字会因有志愿服务人员之助力，亦应与之合作办理此等工作（如防止传染病）。理事会请秘书处与现在推行防疫工作之各国红十字会联系，并以此种工作有关之最新技术通知利用。理事会复鉴于各国红十字会于防止疫疠及地方病工作中地位之重要，建议先行研究是否可能召集一次传染病专家会议。

三、紧急及急救服务

紧急（包括战时及灾难）时期的医药服务以前是红十字会的主要使命，各国红十字会于战时担任军医辅助勤务，多有紧急医疗机构之设立，如医院、救护车、救护队、医院船、医院火车等。即自军医发达的国家在第二次世界大战的工作观察，红十字会的辅助性，亦仍表现无遗。美国红十字会已不自办战时医院，前已述及，其所致力者已不在伤病之治疗，而在军人之服务和辅助物质之补充。英国的情形亦几相同，不过英国红十字会的服务对象只限于伤病军人罢了。因为公私医药事业的发达，灾难时期医药救济，亦复无需红十字会自设机构。第一次世界大战结束之后，欧洲各国遭受疫疠蹂躏，红十字会协助各国扑灭疫疠，亦已开始采取以材料、人力协助其原有公私机构之方式。故如训练大批辅助护士、驾驶人员、急救人员、福利人员，倒反成了红十字会的战时主要任务。急救、意外防治、水上安全，是红十字会的特殊健康服务，这类服务现在各国红十字会业已普遍推进，将来必将代替紧急医疗措施，变为今后红十字会的主要工作。故牛津会议中对于急救亦有决议，理事会以为，鼓励若干国家推进急救训练及改进其原有之急救训练，不无裨益，故建议：

（1）秘书处应将各种急救术，如海滩游泳、矿场、工厂、公路、空中失事、海上救生等急救最新进展资料供给各国红十字会。

（2）关于国际急救证书问题，应研究是否可能实行。此项证书由红联颁发，而由各国红十字会予以承认。凡急救工作者如持有此种证书，即认为已经符合堪任急救训练员之初步条件。又持此证明书者，得佩一臂章。借此臂章，增进其自尊心，并发展竞争向上之心理。

（3）应在一九四七年或一九四八年召集急救及伤害专家会议，借以讨论并建议目前人工呼吸、震荡紧急处理、灼伤、撞伤之现行技术之最佳方法。换言之，讨论及介绍伤害处理方法是也。此种伤害之处置，多数国家红十字会均以推行甚力。出席会议者须为各国红十字会之高级急救人员及由各国红十字会推荐之国际专家。

四、卫生教育与宣传

卫生教育与宣传，为促进民众健康之要图，自红联成立以来，各国红十字会尤极注意与推进。红十字青年运动即以推进卫生知识为其主要任务之一。各国红十字会对于防止疾病，促进健康之运动，又几乎普遍参与致力。其中尤以营养、个人卫生和公共卫生，为各国红十字会所积极灌输者。故牛津会议亦有决议，且同时希望红联秘书处协助各国红十字会完成此一重大之使命。

理事会讨论各国红十字会代表咨询会议第三十八条建议后，以为卫生教育之推进，各国均有推进力行之必要。多数红十字会于卫生教育工作，虽已有极重要之地位，惟为协助其工作之进行，并使彼此得获借镜之益起见，似觉红联秘书处应搜集各国红十字会卫生教育活动之记录，如资料情报，尤其是影片及其成绩，随时以最新颖之报告供给各国红十字会，俾使其增益与利用。故以为红联秘书处于收到此项资料后，应先校核分析，然后摘其精辟，送达各国红十字会。理事会并以为，讲演、无线电广播、留声机唱片及电影为卫生教育最有效之工具。秘书处须将该处所能供给之卫生宣传电影种类及如何获得之条件，通告各国红十字会。理事会复鉴于红联对于各国红十字会推进卫生宣传实极有力，故建议秘书处应设置必须人员及工具，充实其力量，完成其使命。

理事会建议各国红十字会积极推行改进民众健康，尤其是营养教育及表证示范促进儿童健康之工作。现在若干红十字会业已进行，值得向其他红十字会推展之工作计划有下列六种：

（1）时时向学校儿童灌输优良食物及营养膳食之知识；

（2）学校午餐之供给，如认为有其价值且未为政府及其他机关办理者应推进之；

（3）关于家庭膳食之适当准备，应请专家开设训练班，教授红十字会工作人员、一般母亲及其他护士；

（4）为使新生儿健康起见，应使怀孕妇女获得正确的膳食知识，必要时且以适当膳食供应之；

（5）应有计划的表证，宣传适当餐食及用膳之价值，俾使有关此项工作之正确知识，得为社会人士所确信，而政府机关亦可能因此自感责任，负起此项工作；

（6）在遭受饥饿、战争及其他灾害之国家，人民粮食不能以平常方法获得时，应供给适当之粮食。

理事会拟将上项建议提交秘书处、红十字青年部注意。

综上所述，红十字会的健康服务，在辅助、先锋及紧急服务三个特性之下，一面与公私医药机关分工，即公私医药机关从事于一般疾病防治，红十字会则从事于若干特种疾病防治的先锋事业。红十字会复辅佐公私医药机关，凡公私医药机关力所未及之工作，红十字会均特别参与致力。红十字会的紧急服务，亦以训练各种人才及推行急救为主。为促进健康，红十字会特别推进卫生营养教育及妇孺福利事业。具体言之，社会疾病及地方病之防治，残废人及痨病人的疗养调适、输血、急救，医医［院］社会工作及卫生营养教育，已为今后红十字会健康服务的主要项目。

（原载于《红十字月刊》1947 年第 14 期）

红十字会国际联合会的公共卫生工作

袁可尚

本文是红十字会国际联合公共卫生工作的（历）史的叙述。分为下列各节：

1. 第一次世界大战后防止中欧伤寒流行病及推进儿童福利工作；

2. 一九一九至一九二五年红联之公共卫生工作；

3. 红十字会青年组织与卫生教育；

4. 一九二六年以后之红联卫生工作。

材料主要来源为红联一九四一年出版之 *The League of Red Cross Societies and Public Health* 一书，一九四一年以后之材料则系根据红联秘书处之多次半年报告。为明了最近工作之趋向起见，请参考本期胡秘书长兰生所撰《红十字会健康服务之动向》一文。

一九一九年四月，英国、法国、意大利、日本与美国的医药专家们（包括预防医学、儿童福利、肺结核、疟疾、性病、护理及其他公共卫生的专家）在坎内斯（Cannes）召集了一次世界医药会议，会后红十字会国际联合会便产生了。红十字会国际联合会成立后，因鉴于战后中欧许多国家疫疠及社会疾病流行可怖，同时儿童遭受战时蹂躏，厥状最惨，故于防止中欧伤寒流行病及儿童福利两端，最为注意。

一、第一次大战后防止中欧伤寒流行病及推进儿童福利工作

防止中东欧伤寒流行病工作

坎内斯世界医药会议通过决议案十三项，其第一项即针对当时流行中欧之伤寒病，以为亟应有一紧急救护政策。会后不久，波兰卫生部长钱尼苏斯基氏（Dr. Thomos Janiszewski）即吁请红十字会国际联合会援助扑灭波兰及其东邻各国之伤寒流行病，并因从俄国西部传播而入波兰的伤寒、霍乱、痢疾、鼠疫等传染病，行将侵入欧洲各国，特亦呼吁红联予以协助阻遏。钱尼苏斯基氏时曾请求美国军用卫生及医院材料与人员先予协助，红联乃为之代向美国政府接洽，其结果遂有大批医药材料及必需人员供给波兰政府利用。同时，因钱氏建议红联设立传染病隔离区两处（Sanitary Cordons），包括于波兰东境设立固定及流动检疫站（Quarantine Stations）多处。红联总医官司德郎氏（Dr. R. P. Strong, General Medical Director）特就商于国际卫生局、协约国卫生委员会（设于巴黎）及英国卫生部之代表，结果乃于八月间派遣协约国专家考察团前往东欧各国及波兰视察实际情形。此一考察团于一九一九年八月中旬离巴黎出发赴华沙，视察波兰伤寒病及其他流行病于波兰国内（尤其注意伽利西亚等军事占领区）之一般卫生情形。九月提出报告认为波兰亟需外界之协助，红联大规模之援助，应为当务之急，并建议供给材料（肥皂、内衣、毯子、衣服、食物、医院设备、流动诊疗队、药品、车辆、灭□工作站、建筑材料等）、护士及医师，及加强波兰红十字会，并强

调医药救护机构工作如求极度有效率，应由红联派驻适当大员驻在当地督导。十月红联向各国发出呼吁，请求援助东欧人民，其结果于十月二十四日得以医院器材及医药器材一船装运至但泽（此项器材，一部分为澳国及美国红十字会所捐赠），其后各国红十字会并有大批救济材料陆续送往波兰应用。红联并即接受考察团之建议，派遣总代表一人赴波兰担任督导工作，一九二〇年初总代表即赴任就事。协助总代表者，除红联之职员外，尚有美国哈佛医学院乌尔白虚医师（Dr. S. Burt Wolbach）领导下的细菌学、寄生虫学专家多名。红联又为协助波兰红十字会，于该会举行征募会员运动（一九二〇年五月）时，汇济一百万马克以资支用。乌尔白虚医师所领导之专家们，则在一所伤寒病院中设置实验室从事研究工作。一九二〇年，红联制就伤寒病影片一种，送往华沙放映，宣示清洁对于防止伤寒之重要。七月红联在日内瓦举行第一次医药顾问会议，巴斯德学院院长乌爱默（Emile Roux）氏担任主席，决议红联派遣波兰之伤寒病研究考察团终止考察，因其任务业已完成。故于秋季发表初步报告（载红联出版之《国际公共卫生月刊》一卷二期），其后并择要发表伤寒病之病源及病理一书。

红联除援助波兰扑治伤寒流行病外，对于中欧、东欧、南欧各国家，亦以同类工作，扑灭各种流行病。一九二〇年，红联于日内瓦举行第一次理事会，出席者各国红十字会代表二十七人。国际联盟理事会主席博福（Mr. Balfour, the President of the Council of the League of Nations）曾恳请救济中欧、东欧各国人民，并以为红联之力量最足以当此任务。红联理事会遂即决议愿予担负此一任务，一面请求国联转向各国政府给予衣服、食物及交通工具，一面分向各国红十字会征求医药材料及人才以便开始。其后国联果如所请，红联即与英国战时救济基金及英国红十字会订立合议，凡英国战时救济基金会由帝国内六个红十字会所捐赠的资金，均交红联作中欧、东欧扑治流行病之用。该会自与国联商定于必要时派遣医疗服务队赴波兰及俄国工作后，于一九二〇年年初即派代表及医务人员分赴中欧、东欧各地城市视察。旋据赴捷克代表报告，捷克需要一般性的救济，较之医药材料为尤切。并接受捷克红会之请，调查当地伤寒病流行情形并为之设计扑治方案。其在波尔的海各国，则协助彼革女士团（Lady Musiel Paget's Mission）推进公共卫生工作。此外，如奥大利、匈牙利、罗马尼亚、意大利、希腊及塞尔比亚等国，亦均派遣代表前往调查。同年七月二十一日并向各国红十字会呼吁，积极共起救助。翌年红联复与国际红十字委员会共同为救济俄国发出呼吁，并建议组织国际救济协会。因此建议，八月间在日内瓦有一国际会议之召集，决议成立救济俄国之国际委员会。其救济工作因由国联之南森（Dr. Nansen）为主任委员，故亦名南森服务团（Nansen Mission），曾以医药救护为其大部分工作。对于救济波兰，红联接获各国捐助救济物资及金钱亦极多。红联曾协助国联卫生组于一九二二年十一月在华沙、莫斯科及卡柯夫等地设立特殊防疫工作训练班。一九二二年及一九二三年间，希、土两国人民集体交换迁移时，红联亦与国际红十字委员会共同合作，协助国联担任卫生工作之实施。一九二四年，阿尔邦尼亚饥馑，红联与国际红十字委员会曾共同派遣救护工作队前往事务。

儿童福利工作

（坎）内斯国际医药会议，列儿童福利为各国红十字会之主要责任，特别对于遭受战争蹂躏的国家之儿童，认为应予格外保护。一九一九年初，因红联建议设置之儿童福利部，即有儿童福利模范服务部之组织出发工作，并从事于全世界儿童死亡率之研究。一九二〇年六月，红联驻捷克代表曾视察罗斯尼亚及斯洛伐克境内之儿童福利机构。七月，红联医药顾问部举行第一次会议时，对于儿童福利曾有重要决议，如迅即组织儿童福利服务团，派赴各国领导该国内儿童福利机构，使之健全，逐渐自行接替已开展之工作，并建议红联应与各国红会合作设立儿童福利中心，并为此种福利中心之医师及护士设立奖学金。一九二〇年年底，因与彼革女士商定，乃组织流动服务团分赴欧洲国家推行儿童福利工作，美国红十字会因此捐助救护车两辆。红联首先与彼革女士服务团合作，协助捷克设立若干儿童诊疗所及一儿童医院。一九二一年年初，两个诊疗所成立，为二十五万人服务，每周应诊儿童七〇〇名。儿童诊疗所除轻微疾病施予免费治疗及咨询外，并为贫苦儿童免费供给牛奶及药品。设置家庭访问护士，推进公共卫生。捷克红十字会购买大厦一座，供红联开办一所儿童医院，经营一年。各地儿童诊所及其分诊所，均与此一儿童医院联系。儿童医院于一九二一年二月正式成立。同年四月红联与捷克红会合组之实地教育队亦于捷克开始，以电影及幻灯等宣传品讲演卫生知识。至同年年底，实地教育队改由捷克红十字会单独办理。其后捷克红会推进尤多，一九二一年四、五、六三个月内，听讲者六一，〇〇〇人，分发宣传书刊四〇，〇〇〇份。一九二一月［年］中季，在斯洛伐克省设立儿童福利中心八个，又汽车诊所一个，亦开始工作。汽车诊所系于五月间成立，三个月内，曾作行程三千英里，受诊儿童二千人。工作人员包括捷克人一名，英籍护士两名，斯洛伐克舌[省]人一名，司机一名。一九二二年正月以至六月，同样的流动教育队在红联技术协助下，由美国红十字会组织，亦在波兰开始工作，特别着重儿童福利教育。此一活动教育队设在特别设计之火车（Railway Car）内，各种设备如电影放映机、电影及书刊等齐全，职员卧具亦在其中，五个月内周历波兰各地主要区域，参加观众三〇六，三二七人。此队初时虽由红联职员与波兰红十字会及波兰儿童卫生协会合作办理，其后则由国际儿童救济联合会之波美委员会继任。

一九一九年十一月，美国红十字会在罗马尼亚设立儿童福利站多处。一九二〇年年初，红联接受彼革女士之请继续推进儿童福利工作。其时，彼革女士正为罗马尼亚之英国委员会主持卫生工作之经费分配事宜，驻在罗马尼亚，根接[据]红联所编专书之指示，成立儿童福利服务队一队。一九二〇年八月，护理队一队，包活[括]英籍护士五人，开赴罗国担任接替美红会所遗工作。十月，红联任命赫浦哥氏（Dr. A. H. Hapgood）担任福利工作主任。赫氏一行将布达加斯之善诺克莱医院（Oxenocrat Hospital）加强，作为儿童福利训练之中心，红联担任经费、材料，开办训练一年。一九二二年正月，红联移交与罗国曼丽皇后所组织之私立牟西亚皇子协会接办。故如儿童福利中心、诊所、护理院等在罗国之开设，均由红联所倡导。

二、一九一九——一九二五年间红联之公共卫生工作

民众卫生教育与公共卫生护理

红联之成立，为联系各国红十字会共同从事公共卫生之促进，故凡协助各国红十字会供给书刊、电影、研究报告、广播，鼓励未有公共卫生护士学校之国家设立学校，训练人才，召集区域会议，检讨特殊问题，并与公共卫生机关合作举行会议等，靡不竭力以赴。自成立以来即搜集各种资料文件，以供各国红十字会之利用，并自行编制招贴电影、幻灯及宣传书刊。惟因感各国情形殊有不同，故任由各国红十字会斟酌采用。一九二一年起，红联之卫生民众教育部成立公共卫生电影馆，至一九二五年已搜集电影一二五部。此种电影随时修订补充，任由各国红十字会借去利用。该部所组织的活动教育队曾赴波兰、捷克等国放映，收效极大。其他红联所收集者，有外国招贴、幻灯片、书刊。除在日内瓦展览外，亦供给各国红十字会借用。红联编印之《公共卫生国际杂志》及《世界卫生》（*International Journal of Public Health*，*World's Health*），于一

九二〇年七月后分别出版，前者为专门杂志，后者为通俗刊物。借无线电作红十字卫生宣传，一九二四年二月亦由巴黎放播开始。为引起一般人对于公共卫生之注意起见，尽量利用各种国际展览会举办红十字卫生展览，如一九二三年参加斯特拉斯堡举行之国际巴斯德世纪展览会，一九二五年参加维也纳卫生展览会。并因红联之建议，各国红十字会特于展览会中辟一红十字厅。至于各国红十字会所开之展览会，红联更予充分合作。关于公共卫生护理方面，红联于一九二〇年设置奖学金十名，各国红十字会均可申请，惟受战争蹂躏之各国红十字会有优先权。受训地点系在伦敦大学之白福德学院，每年一期，秋季开始，其卒业者即返国担任主持公共卫生护理工作。自一九二四年开始，并增设护理行政一课，俾其返国胜任主持行政事宜。

各种区域会议

红联时时召开特殊卫生问题之区域会议，如一九二二年举行三次性病讨论会，一九二三年举行华沙会议，并参加政府及其他卫生机关所开之国际会议，如一九二〇年修改疾病术语国际委员会第三届大会，一九二一年在伦敦举行之儿童福利会议及防御肺结核国际联合会，一九二一年在不鲁舍尔举行之儿童福利国际大会等。一九二一年，红联主持召开之三次性病讨论会，第一次系在五月间于哥本汉根举行，出席者有北欧各国红十字会、政府及防痨协会之代表，第二次、第三次系在十二月间，分别于柏莱特及巴黎举行，出席者有东欧、西欧各国之代表，决议开始公〔共〕同防止性病运动。一九二三年，防止性病之国际联合会在巴黎成立。防止性病国际联合会之目的，为集中各种情报，促进各国间科学的检验方法及预防治疗的技术，联系有关机关，促进研究，防止流传，倡设进步立法，获得国际合作，资助有关机关研究防止、治疗，并设立示范研究所，召开讨论会及国际会议，并以研究所得通知各国政府采取适当步骤。红联性病组主任被任为该会秘书长，该会会址即在红联秘书处内。一九二三年十一月，比利时防癌会召开第一次大会于不鲁舍尔，红联即提议设立防癌国际联合会。经该会决议，先行成立防癌国际联合会之临时委员会。该会亦在红联秘书处办公，参加临时委员会者有比利时、捷克、丹麦、法国、英国、荷兰、意大利、日本、卢森堡、波兰、西班牙、瑞士及美国。一九二一年，红联秘书处内同时成立防痨国际联合会，其秘书处亦为红联防痨组所兼理。一九二三年，其会计主任亦且由红联会计主任兼理。一九二四年四月，《防痨季刊》发行。防痨国际联合会除发动各国之防痨活动外，并搜集痨病之统计及资料，分送各国红十字会及防痨机关参考。因一九二三年四月在华沙举行之国际红十字大会建议，防痨国际联合会并将痨病统计之标准化工作列入推行计划之中。一九二〇年，红联应西班牙政府之请，与西班牙红十字会合作组设抗疟委员会。红联抗疟组职员数人奉派赴西班牙，为若干地点扑灭疟病，设立抗疟人员训练班及试验站，成绩颇佳。一九二〇年，法国政府接受红联之请，召集各国代表举行疾病术语国际委员会第三次会议，出席者四十二国代表。红联协助编撰报告，于一九二一年出版。其他如生命统计等工作，红联亦曾参加。红联又与比利时红十字会合作，在比利时之嘉利罗区域（Charleroi District）设立永久的卫生试验区。该区有居民二九，〇〇〇人，均免费阅读卫生月刊，并享受种种近代卫生教育之利益，红联护理部并为之推进护理服务。对于海员卫生，红联委讬［托］挪威红十字会研究。挪威红十字会设计国际招贴一种，以为各海港诊所之用。红联并发布宣传小册，以供海员之用。红联对于国际联盟之卫生局及劳工局，尤为合作联系。红联派有代表常驻卫生局，在多方面互相合作，如第一次大战后不久在东中欧之防疫运动。一九二〇年年底，因波兰、立陶宛纠纷，派军赴维尔那（Vilna）绥靖军士之卫生合作、国联之防毒工作、希腊难民之救济及欧洲其他各国之防疫事宜，合作尤为不间。红联与国际劳工局在卫生工作方面，亦极合作。一九二一年十二月第三次国际劳工大会开会时，红联秘书长出席演讲。讨论结果，红联提出下列两个建议：（一）各国红十字会应划区设立公共卫生推进区；（二）各国红十字会应开始各种设施，借以获致劳资两方的合作。一九二二年，比利时红十字会爰有前述嘉利罗区公共卫生试验区之成立，其后即称为米美特表证（Gumet Demonstration）者是也。对于残废工人的善后服务，红联亦与国际劳工局合作。反之，国际联盟及国际劳工局之代表亦常出席红联召集之各种会议，故双方联系始终密切。

三、红十字青年组织与卫生教育

红十字青年运动，大规模开始于第一次世界大战以后，其目的之一即为推进青年卫生运动。红联召开之各次红十字青年大会，卫生问题均列为主要议程。为各国红十字会、红十字青年部推行各项决议起见，红联以各种宣传品供给应用。因红联与国际教育团体之接触，红十字青年会员的卫生教育，遂亦推广及于其他团体。红十字青年之卫生教育，不外三种方式：（一）卫生训练，（二）健康活动，（三）宣传工作是也。卫生训练系教师、医师或护士担任，其项目有个人卫生、健身、学校及家庭环境卫生、公共卫生、营养、儿童福利、家庭护理、酗酒之害、疾病防止等，内容则视年龄而定。健康活动系根据自尊及竞争之原则，所制定之基本健康守则，交由儿童自行遵守。每一儿童均有手册一本，按照所规定的之健康守则，由儿童逐日记载其遵守情形，每月或每周成缴向众宣读，并举行定期检查及体重衡量，以资此证。此项健康活动因儿童家长之赞助，亦可能使社会之卫生智识间接增进。卫生宣传则由调查附近环境并改良之、访问家庭并协助母亲照料其儿童及家事、公开演讲、举行演戏、布贴标语、举行展览会等方式进行。红十字青年运动中，如学校饮食服务处之举办、牙齿诊疗、预防疾病、暑期露营及改进公共卫生诸端，对于卫生促进，尤具有显著之影响。

学校饮食服务处，为许多红十字会之主要活动，不但具有服务的意义，且有教育的价值，因借此可使儿童明了各种食物之营养价值及烹姙［饪］之正当方法。学校艺［苗］圃可以种植蔬菜，以为饮食服务处之用。有些学校虽无正式饮食服务处之设立，但于上午课间给予补充点心，有时在冬季加给鱼肝油。诊治牙齿在红十字青年卫生工作中占最主要之地位，如牙科诊疗所、免费诊治、免费牙刷之赠予等，对于儿童牙病防治，自有显明之效果。菲列滨红十字会为青年红十字会员设有流动牙诊所一七〇个，虽穷乡僻壤，亦时往服务，尤属红十字会中之难得例子。对于疾病防治，尤其防止肺结核，红十字青年会员亦颇积极。许多国家的红十字青年部都设有预防院、诊疗院及露天学校，以供虚弱儿童之用。匈牙利防痨［疟］运动，青年部分系交青年会员办理。彼等以种种防痨方法，授予在校儿童。疟病流行之国家，红十字青年之抗疟工作，如填塞水洼、扑灭蚊子、洒泼石油、清疏水道、散播昆宁及宣传刊物等，亦均功不在小。希腊红十字青年会员抗疟工作，前曾经政府嘉奖。霍乱及鼠疫之防治工作，红十字青年担任者有扑灭鼠蝇、供给纯洁开水、掩埋兽尸、宣传打射防疫针等。印度红十字青年对于防虐运动，尤有普及全国的运动。对于儿童的失学及迷信，亦有坚韧之改革运动。夏季露营为各国红十字青年所普遍举办者，或自行设立，或以经费供给儿童参加其他机关所组织之夏令营。土耳其红新月会以此为其主要工作，办理健康营年年增加。布加利亚红十字青年部利用夏令营举办急救、灾难救济、农业工作、家事等训练班，不但为青年，同时亦为成人。意大利多年来多在海边及山乡举办夏日营。年长的红十字青年会员对于公共卫生工作，如犹哥斯拉夫之在乡间供给饮水，印度之清洁村庄，日本之清洁庙宇，均为极好例子。加拿大红十字青年组设残废儿童基金会，以其经费办理许多儿童病院，使许多儿童得获诊治之便。澳大利亚设立儿童休养院，设置医院救济官，专替瘫痪儿童服务，并组织救护车，护送儿童进医院。美国青年红十字会除其地方性卫生活动外，又有全国儿童基金。此项经费，不但救助本国儿童，而且各国儿童亦受其惠。

四、一九二六年以后之红联卫生工作

在一九二六年至一九四一之十五年内，红联除于［与］防痨、防癌、防止性病之国际联合会合作，并与防盲国际协会、国际医院联合会、国际牙科联合会等机关合作。一九二八年召开社会服务大会于巴黎，一九三二年于佛兰克福特，一九三六年于伦敦，各举行一次。召集国际医院联合会会议多次，一九二九年于大西洋城，一九三一年于维也纳，一九三三年于诺克萨姆（Knocke Surmer），一九三七年于巴黎。对于海员福利，红联卫生部除兼理海员福利常设委员会之秘书处工作，一九二六年并与挪威红十字会共同召集第一次国际海员卫生及福利会议于奥斯罗城。此次会议中决议编制海上卫生手册一种，以供船上尚无医护人员之船长应用。此书旋由红联于一九三四年出版，其后各国红十字会又翻印为各种文字。红联并建立利用无线电而通医药咨询之法规，并于商船上医药箱应有最低限度之药品器械有所规定。此项办法均以通知各国红十字会，俾后者有感实施需要时，均可与其政府商定办理。红联之医药顾问委员会，亦于本期开始。一九三七年六月，红联开执行委员会时曾将顾问委员会重新调整，惟一九三九年十月拟开之第三次医药顾问委员会，因战事延期。红联即将所收关于家庭经济实地观念传授中特别营养知识之推广、红十字会所处地位之资料，分送各国红十字会参考。日本寿宫皇后基金联合委员会，委员六人，半数系红联代表，半数系国际红十字委员会代表，每年召开会议一次。一九四〇年，泛美红十字大会开会，红联编印卫生与社会服务报告一册，对于该大会议决有关卫生议案，红联均力促其推进。除一般性资料及文件外，红联又搜集有输血、痨病社会工作、学校卫生宣传、家庭训练等专门资料，可供各国红十字会之利用。在此期内，受到特殊协助者有英国之设心里［理］医院、瑞士之儿童服务、海上无线电医药咨询、法国之学校儿童体格检查。战事发生后，红联卫生部与联合救济委员会合作，刊印各种卫生小册，并于救济包食物维他命含量问题，有研究报告出版。

自战争发生以后，红联卫生部更从事于输血、难民卫生、空袭救护、儿童保育等研究。一九四三年，因卫生工作在战时与救济工作关系最切，红联之卫生部与救济部合并为一。同年，《医药卫生生物笔记与摘要》(*Medicine-Hygiene-Biology-Notes and Abstracts*) 以五种文字发刊，分送各国红十字会，借以补救战时出版品交换困难之弊。应青年会世界委员会之请，卫生救济部与日内瓦大学医学院合作，为被拘留于瑞士境内之波兰籍医师开设细菌学、寄生虫学、发生学训练班。由日内瓦及洛桑两地调来医学教授充任教师，以期此辈获得防疫之近代智识，以为波籍人民服务，并为波兰战后建设，预备人才。比利时红十字会建议红联为各国俘虏营中之医师供给医药小册，俾其熟悉新方法以为俘虏服务。因与国际红十字会委员会合作，于一九四四年上半年开始编制，包括痨病、创伤震击、硫酸烧灼等治疗法、醯氨剂之应用、伤病之预防及治疗等。本年下半年，卫生救济部特别从事于营养（尤其感受营养不良最深之妇孺）及健康卫生机构之重建两项问题之研究，并因战争结束后，难民问题日渐重要，为避免医师与难民间言语隔膜起见，特有《医药常语指南》(*Medical Phrase-Book*) 一书之编纂，将数国文字对照并列。为便红十字难民站应用起见，以数国文字编制问题表一种、难民站工作须知等书。一九四五年，红联为意大利红十字会组织发生学、微生物学及寄生虫学训练班一种。同年十月十五日至十一月二日，红联召开各国红十字会代表举行咨询会议，各国代表对于红十字会卫生工作，均有经验与意见交换。原拟一九三九年十月召开之第三次医药顾问会议，经此次咨询会议之催促，乃克于一九四六年七月八日至二十日于英国牛津和红联第十九届理事会一并举行（以上两次会议决议，可见本期胡秘书长兰生撰《红十字会健康服务的动向》一文）。因为牛津会议之决议，卫生部与救济部又重新分设，并将急救有关工作移入卫生部管辖。今后工作之发展，可见《红十字会健康服务的动向》一文，不再赘述。

（原载于《红十字月刊》1947 年第 14 期）

各国红十字会的公共卫生护理事业和社会服务

陈履平

　　本文译自红十字会国际联合会出版之 *Public Health Nursing and Social Service in the Red Cross* 一书，于各国红十字会之公共卫生护理事业及人员之训练均有扼要之说明，如健康访视、农村及偏僻区护理、学校护理、医院护理、医院社会工作、工业护理、家庭卫生、战时特殊护理均有实际例子说明。最后并强调说明，红十字会于推行公共卫生护理，实系表证示范，协助政府卫生当局，促进民众健康。一俟当地社会已有此种措施时，红十字会即不复重复担任。

一九一四—（一九）一八年第一次世界大战，欧洲各国于被蹂躏之余，到处为瘟疫、营养不良所致的种种疾病（如肺结核、高婴儿死亡率）、灾臻、难民问题所困扰。各国红十字会有见及此，特于一九一九年召集会议，成立红十字会国际联合会，以资联系及加强各国红十字会之救济工作，改进民众之健康，防止疾病及消除灾难。自一九一九年以讫一九四一年第二次世界大战期间，国际红十字大会亦屡次开会，建议各国红十字会积极从事于发展公共卫生及社会服务事业。因此，各国红十字会之护士及有训练之工作人员，乃被重视。其需要逐年增加，其任务不但逐渐分化，且迫切需要之程度，亦日甚一日。吾人处于第二次大战结束之今日，公共卫生与社会服务之需要，实倍增于平时。故于各国红十字会此项业务之检讨，其意义自极切要。

公共卫生护理训练泛论

人类所遭之痛苦，其原因均有连锁性。身体、精神及经济等因子，均互为因果。故对症治药之方法，亦需医疗与社会工作并用。此为近代公认之理论，其影响于护理训练也亦至深巨。故护理训练，必当包括社会学的训练。尤以公共卫生护士，除须受社会学的训练外，尤须于公共卫生各种问题及有关之社会立法，充分注意。如社会保险问题，特种疾病治疗中心之所在（如残废、盲目、精神病、假日营、预防院、慈善救济机关），均须充分明悉，然后可使病人获得指示与协助。公共卫生护士尚须具有精密统计和审慎记录之训练。技术训练固属重要，但态度和观念的训练，亦至有关甚大。对丁他人痛苦，如有深入而真情的兴趣，则公共卫生护士对于病人之同情、了解，自如水之下趋，事有必然矣！健康而发育完整之外貌，容忍持久而安定之精神及谆谆教育民众之精诚，尤为公共卫生护士所必须之条件。至训练期间之长短，各国情形殊不一致，少则三月，多至二年，包括理论之讲授与实习在内。若干国家之规定较严，凡习护士者均须受公共卫生训练。其护士学校之公共卫生训练，多在最后六个月或第三、第四年。其科目各国间亦至参差，有包括预防医学（Prophylaxy）、育婴学（Puericulture）、民法、劳工法及社会保险者，亦有包括社会医药、疫疠及配药常识者。至于训练工作，除护士学校外，大学、社会工作学校亦多设班。但实习地点大致均在医院，诊疗所或托儿所间亦举行卫生访问实习。各国红十字会斟酌国内实际情形，有自行举办护士学校及开设训练班者，亦有委托已有机构代为办理公共卫生护士训练者，又有少数公共卫生护士学校仅收已得红十字会护士资格之护士训练。此则间或有之，殊非当例！一九一九年红十字会国际联合会成立时，曾有公共卫生护士国际进修班之创办，一九三四年此项工作改由伦敦之南丁格尔国际基金会办理。对于各国公共卫生护士之进修深造，极有贡献。该项进修班包括三十个讲授，对于公共卫生的（历）史的进展，各国的公共卫生业务，公共卫生行政问题，护士与别种工作人员配合问题及各种公共卫生问题，如母亲福利、儿童问题、学校儿童保护、家内病人护理、传染病管理、精神体力残废人福利及健康中心的设计，装备人员和管理，卫生训练班的组织与资料准备，行政与管理，如管理方法、新进人员的训练、职员的进修及工作报告，暨记录之保存、报告之编制、卷宗之度藏，均系分题教授。各国红十字会之中，首推美国红十字会倡导最早。二十五年以前，美红会各地分会已在美国半数以上之各州中推行公共卫生护理服务。美红会提倡此种服务，系以表证示范为目的，希望因此为政府奠定永久事业。故其作用亦仅为创导与辅助，而其举办业务，亦与公私机关取得联系与合作，借以避免无谓的重复和浪费。美国红十字会并不直接训练护士，惟一般护士学校多不包括公共卫生之训练，故毕业护士之进修，乃倍感需要。美红会之公共卫生护士（美国一般公共卫生护士亦然），规定须具有三个条件：（一）相等于至少高中毕业之程度，如有大学程度尤佳。（二）职业教育：须毕业于正式护士学校，已受公共卫生护理协会所公订之研究标准，并在有经验之护士领导下从事于公共卫生业务（主要的是家庭访视），已有一年之经验及（三）个人条件：如服务他人之兴趣、体格健全、情绪稳定、有创制力、判断力强、常识丰富、组织才能优秀并善于与普通人及职业工作者合作等。以是可知，公共卫生护士训练之严紧［谨］与其任务之重要矣。

健康访视

健康访问为公共卫生服务最普遍的一种方式，各国红十字会亦有人员之训练，除一般公共卫生课程外，特别注重家庭访视。健康访问可将公共卫生服务直接达到每个家庭，家庭卫生也，病者服务也，均可假家庭访视者之介绍，而有所促进。故家庭访视者，不但为医药与社会问题的联系者，且为社会事业机关与个人的媒介者。因其工作之努力，而得实现健康教育与社会教育之功能。发现传染病，阻止其传染，可减少医院住院之人数及民众之死亡率。改善民众之经济环境（以救济或介绍工作），减少杂居之程度，使之与社会事业接触，不但可以加强防止酗酒、社会疾病及罪行，且因残疾，小孩与过度疲劳之母亲得受疗养院、休息院之利益，而使公共卫生与社会环境均日趋改善。意大利为家庭访视最普通推行之国家，意大利红十字会即首先创导此制。目下家庭访视之内容，不但包括卫生工作，且包括社会及道德工作。故其成就，实足重视。因红十字会家庭访视者之努力，醒睚、不清洁、疟疾、肺病、沙眼及其他传染病，已渐趋消灭，预防院、假日露营、急救训练亦渐见发达。一九三九年，罗马一城即有家庭访视者一百人以上，四十人系在市内各区服务，其余则在国立妇孺福利院、癌病诊疗所、预防院、学校、心理治疗所工作。一九四一——一九四二年学年起，意大利政府并通令公共卫生访视者训练学校，招收新生应以已执有国家认可之护士文凭者为限。

农村及偏僻区护理

农村及偏僻区护理工作，性质特别，且工作者的独立性亦较大。农村之中，因无医师之指导，护士本身之技能，乃特见重要。同时农村教育落后，教育工作之重要，亦倍于城市。加拿大东部草原地，住处偏僻，人民稀少。因于第一次大战后三年中，以大部分经费，择于若干大学内设置公共卫生护理奖金，招收已毕业之护士进修此项服务技术。一九三八年，五个大学自行设置此种训练班。加拿大红十字会雇用此种公共卫生护士，分至各偏僻区服务，亦纯系表证示范之性质，但其有限时期一过，多由政府协助当地社会自行举办，故收效亦弘。加拿大红十字会并设置乡区医院及护理服务站，据一九四〇年统计，四十八个乡村医院诊治病人三一，五五三人，护士服务站检查六二二个乡村学校二一，七八九人。除加拿大外，德国红十字会设有流动护士教员，彼等派赴乡间，为乡村居民定期教授护理知识，虽不一定居于一地，以其每一区域之施教日期，均有相当规定。故予民众之影响，亦殊可观。

学校护理

学校护理在公共卫生亦系一特殊部门，尤其乡村学校之护理事业为然。学校护士除须熟悉学校行政，对于儿童之兴趣及儿童中心，尤须有深厚之认识。许多国家的托儿所及小学校，均有护士之雇用，但有些国家的学校内，护士系每日来校服务若干小时，或定期访问数次。其在乡间学校，尤属普通如此。一个学校有全时服务之护士，对于儿童健康及儿童教育发展，有重要之作用。一则借经常健康检查，可以促使逃学之减少；二则可以养成早期之卫生习惯；三则防止传染疾病；四则发现身体缺点，可使学校医师及时矫治；五则可保存健康记录以供医药及职业介绍之参考；六则可借此进（一）步与诊疗所、预防院、休养院、露营及其他从事儿童福利之社会机关接触。法国红十字会曾于一九四一年择定若干乡区学校，派遣护士，检查儿童四〇〇人，并为之设立健身房、淋浴室及牙科诊所。菲律滨红十字会亦与学校福利机关合作，派遣护士赴各校作护理知识之讲授。

医院护理

各国红十字会利用医院及其他医疗机关推行护理服务者，至为普通。各国红十字会所设立之医院诊疗所，或为综合性的，或为特殊治疗，如肺病、癌病、麻风、性病、沙眼、风湿病、心理病等，其数目几乎相同。对于特殊治疗之护理服务，其人选训练，比较更为严格。综合诊疗所为拉得维亚红十字会积极推进者。一九三九年，该会服务于诊所之公共卫生护士一〇六名，受主任指导员一人、助理指导三人之指示，推行公共卫生护理服务。一九三八年，古巴红十字会于海伐那设立肺结核模范诊所，其所用公共卫生护士，均于护士学校毕业后，另受三个月的特殊训练。此种特殊训练，每年举办一次，首五周为理论课目，其后每天实习检验四小时，病人服务三小时。两星期之内规定须作家庭访视五十次，其最初六次系由教员领导。调查病人得病之原因，为此种访问中最重要之一点。其他一般社会工作及病历之记录及搜集，均为训练中之科目。英国红十字会自一九三〇年开始设立风湿病诊治医院，院内职员均系志愿辅助人员，一部分人已受治疗工作之训练。其中以伦敦风湿病医院为最著，每年到院诊治者约九万人，院外治疗者尚有数千人。病人情形特殊者，均施家庭访问，并由社会救济人员来院研究个案。乌拉圭红十字会已有心理卫生诊疗所之成立，并于一九三八年举办心理卫生训练班。凡有红十字护士文凭，受训后经考试及格者，均给以心理卫生科文凭。训练课目包括心理学、变态心理学、社会心理学、卫生、心理疾病预防学。该会于诊所内设置心理实验室，并推行职业指导、变态儿童诊疗、言语失调儿童及心理卫生通俗化的训练。

医院社会工作

医院社会工作与公共卫生护理服务，本非一事。医院社会工作，多在医院内部举行，但在有些国家，则与家庭访视有密切之关系。医院之救济部为使病人身体早康复起见，对于病人的经济社会问题，不得不予以研究。故救济工作人员，亦无异为病人、医师及医院中间之联系者。因涉及病人的社会及经济问题，故与公共卫生及社会福利机关，亦发生密切关系。过去二十年内，瑞士红十字会日内瓦分会已致力推行医院是社会工作。该分会于日内瓦总医院及妇孺医院，各设社会救济员一人，接受医生所示之特殊病例，一九四〇年获得救济及病后休养者凡二，〇五一人。彼等所为，如调查病人家庭环境是否适合病人休养、病人是否须重回医院、青年母亲之训练、病后休养之指导及治疗，在与公共卫生护理事业相伴。其后两医院内，且进一步创办互助基金，盖亦由此而创行一时。

工业护理

工业护理系公共卫生护理之一专门部分，须先明了工业法、工业制造程序、职业疾病及意外。此种科目，在设有工业卫生及安全设备之机构内，至少为期一年，实习应包括相当之工业知识及外科急救等训练。各国于此，多慎选人员担任。故红十字会在此方面，当大可发展。工业护理之目的，简述之有三：

（1）疾病之预防及控制。特别注重职业疾病及工业意外之发生，卫生检查，工厂内或工人家庭内之卫生及安全，定期身体检查及复查，工人之家庭卫生及病人看护常识训练，小病及轻伤之看护，与其他机关合作控制性病、癌病、肺病之发生等。

（2）保持一般健康及福利。使雇主及工人均认识改进身体与精神健康、工作效率与工作环境安全之意义和责任，减除疲劳、忧虑、心身紧张、工人家庭或厂内摩擦不安的种种原因。

（3）管理及社会服务。使医疗与技术部门共同拟定卫生方案，解决问题，购置材料，解释有关职业疾病之工业法规，为工人及其家属获得其他社会机关之协助，促进社会人士对于工业之了解。

法国工业法中已有工业福利官员（Industrial Welfare Superintendent）之规定。一九三八年，法国卫生部特有工业福利官文凭之规定，凡有红十字会护士执照者，经二年或三年之训练，即授予此项文凭。凡已有医院护士、访问护士或社会辅佐士之文凭者，此项训练，为期仅二年。不然者，须受三年之训练。第一年训练完毕，彼等需经工厂实习一个月。第二年训练完毕，彼等需受国颁社会文凭（State Social Diploma）之考试。派往工厂担任工业福利官两年后，应将两年内之服务经验，撰成论文，提交审查，通过后始正式给予工业福利官之文凭。印度之工业福利实验，早在一九一二年于白金汉姆卡内德工厂（Bur Chinghan and Carnetic Mill）举办。该厂附设艺徒学校，学生一千二百人。红十字会派护士三人驻厂、校两方服务，并为之推进种种公共卫生护理。

家庭卫生及病人服务之讲授

若干国内之公共卫生护理，亦包括家庭卫生及病人服务知识之讲授，且以此种工作，卑［俾］予红十字会办理，美国红十字会可视为一个代表的例子。亦有许多红十字会对于护士训练及护佐人员特别重视，使此辈服务于学校及医疗院所。彼等于经常护理责任外，并担任宣传卫生智识之工作。此种宣传工作对于公共卫生之促进，自属大有裨益。菲律滨红十字会于一九四〇于马尼拉设置二个全时的教员，轮□各学校向学生宣传家庭卫生、个人卫生及病人服务知识。菲律滨各地则有护士五十一人，作此同样工作。菲律滨红十字会对此种教员之训练，近且更加增强。

战时护理服务

红十字会战时护理服务，尤为普遍，因为近代战争对于平民之摧残，益见酷烈，故如防控急救、预防疫疠、伤者救护、中毒救护、难民医疗、心理卫生等，均属急不缓图。不但疏散人口，应有护理服务，若干国家因有流动护理服务队之组织，且战争罹难者如难民，被拘禁、被放逐人及战俘等，均尤需公共卫生护理服务。各国红十字会均以辅助政府之立场，为此辈不幸者工作。对于军人之护理服务，亦有若干国家红十字会担任。而因战争致身肢残废者，各国红十字会尤有设置机构予以特殊之服务。如芬兰红十字会，对于战争残废者设有医院一所，其他社会服务机构两所。法国红十字会，对于战后军人服务，尤有广泛之计划，如为军人及战俘举办集体照相。发现肺结核者，移送于红十字会救护队。此项工作均由卫生访视员担任。迨此辈病人痊愈，复由红十字会护士担任家庭访视工作，协助其病后调养及适应工作。法国红十字会并于各地设立健康中心，不但协助退伍军人及战俘保持健康，并对其家属及儿童，亦为之看护周全。活动性结核病患者，送往军用医院。潜伏性患者，报告防痨中心。其次，对于学校儿童之肺结核、软骨及其他由于战争营养不良所引起之种种疾病，则施以预防及教育措施。

以上所述，已可见红十字会对于公共卫生护理事业所处地位及应负之责任矣！各国情形参差，虽不一致，但公共卫生护士须有严格之职业训练及成熟之身心发展，殆为共同之必需条件。除公共卫生护士外，红十字会并须培植非职业性的志愿辅佐人员。又须确记者，红十字会推行公共卫生护理，纯系协助卫生当局，如一地人民对于卫生已有相当认识及设施标准者，红十字会即不再从事于此，以免不必要的重复。

（原载于《红十字月刊》1947 年第 14 期）

论健康美

陈被玉

希腊故事有一段谈到苏格拉底的趣事。有一次希腊举行美男子竞赛，当大家设筵庆贺胜利者时，苏格拉底忽然站起来说，最美的男子应该是他自己。因为他的眼睛，像金鱼一般突出，最便于视；他的鼻子阔大朝天，最便于嗅；他的嘴巴宽大，最便于饮食与接吻……一下子把大家呆住了，觉得不好办。后来才知道他不过是开开玩笑而已，所以没有把头等奖给他。金鱼眼、朝天鼻、阔嘴巴，在我们看来，明明是丑像，但你有什么理由，用什么标准来度衡他的美与不美呢？

形体的美，有两种极端不同的看法。一种是病态美，像诗词中的"纤纤杨柳，弱不禁风""帘卷西风，人比黄花瘦""侍儿扶起娇无力"等等所形容的美人的体格。又一种是健康美，像《诗经》里的美男子是"硕人俣俣，公庭万舞。有力如虎，执辔如组""叔于田，乘乘马。执辔如组，两骖如舞。叔在薮，火烈具举。袒裼暴虎，献于公所。将叔勿狃，戒其伤女""叔于田，巷无居人。岂无居人？不如叔也，洵美且仁。"《诗经》里描写男女的情爱，想像［象］中的美女是"有美一人，硕大且卷。寤寐无为，中心悁悁""有美一人，硕大且俨。寤寐无为，辗转伏枕"等等所表现的健康体态。

那么，究竟病态式的美呢？还是健康的美？

要解决这个问题，先要问什么是美？

什么叫做美？这是一个哲学的问题。许多哲学家在那里摸索了二三千年，至今还没有寻到一个定论。因为要找出美的本质，唯心论者与唯物论者，就起了纷争。唯物论者着重客观的事实，以为美全是物的一种属性，人不过是被动的鉴赏者而已。唯心论者着重主观的价值，以为美是一种概念和理想，物表现这种概念或理想，才能算是美。德国哲学家康德（才）同时顾到美的客观性和主观性两方面，知道美感是主观的，凭感觉而不假观念；同时却又不完全是主观的，仍有其普遍性和必然性。他以为美必须借心才能感觉到，但物亦必须具有适合心理机能的一个条件，才能使心觉得美。虽然后来许多哲学家对于"心理机能"这一词的解释还有许多批评，但是美的出发点在"心与物的协合"一点是不错的。因为美有客观性，所以我们都觉得花美、杨柳美、瀑布美、古松苍柏也美。因为美有主观性，所以有人爱菊、有人爱梅、有人爱杨柳、有人爱松柏等等爱好的差异。

在讨论形体美时，我们也应同时注意两方面，一方面是客观的事实，就是说怎样的才算美；另一方面是主观的价值，就是各时代、各地域的风尚问题。其实，这两者还是相互为内［因］的。艺术上所谓创作与欣赏，实在是一件事情的两面观。先有情趣，而后把它意象化的是创作的历程；先有意象，而后把它情趣化的是欣赏的历程。我在欣赏一件艺术品而觉得其美时，一定事先对于这类艺术有相当了解、相当修养，这就是欣赏者多少先已受到创作者的影响。同样，要创造一件艺术品，必先得了解一般欣赏的标准，就是创作者多少要受欣赏者的影响。所以，我们在讨论形体美时，虽然仍分客观的事实和主观的价值来说，同时我们还要注意它们的联属关系。

现在我们要问，怎样的身体才美？

像首段所说的故事，苏格拉底觉得"有用"即是美，这也不能不算是一种看法。譬如我们觉得一匹骏马比一条肥猪来得美，无形中已受到"有用"这一标准的影响，因为马能疾驰，猪只能懒睡，是一例。根据这说，人体的美与不美，自然容易解决，健康的必然胜于病弱的。就我们平常的经验来说，我们看见病人初愈，行动滞笨，说"你的形色很难看"。"难看"，即不美。肥胖臃肿，骨瘦嶙峋，都是没有用的形象，我们都称之为不美。健康的人，手轻脚健，耳聪目明，这些都是"有用"的表现，都是美的条件。天地间许多丰功伟业，横亘东西的万里长城，贯通南北的大运河，都是力的积聚，力的表现。不健康是没用，是不美。不过，这未免太实用主义化了，不能作为一般标准。

美学上最被注意的客观标准，约有两条：

（1）调和——就是"全体一贯"。

（2）标准——就是"典型化"，也就是"恰到好处"。

什么叫做调和？

调和也称协调、和谐。一个人的本身，就形体方面说，身体各部机构的发展，没有不相称的现象，称为调和。就心理方面说，各种情绪、态度、精神的表现，没有不相称的，称为调和，而形体和心理的变化，有一致性的，称为调和。此外，就个人环境言，其形相〔象〕情态与外界环境相调和的，则不但显得本身的美，而且可以增加环境的美，否则就不是美。

因为有调和这一条件，所以才能有健康美与病态美两种境界的并存。

"东施效颦"是一个不调和的例子。西施柔弱娇软，而且有心病，显得一身病态，所以一颦一蹙之于她，恰是病上添愁。"病"与"愁"是两种调和的情境，所以西施之颦，可增西施之美，因为西施是病态美人。但是东施是田家本色，是一个壮健的女子，偏偏要学娇相。"健"与"愁"是两种不调和的情境，弄巧成拙，演成千古的笑话。俗话中有"驴子学马叫""草屋上装观音屏"等等，都是不相称的、不调和的现象，都不是美。

就生理的调和言，健康的人身体各部分，都有良好的发育。任何人接受了一副先天的遗产——机体平衡发展的可能性，只要后天有适当的调育，没有意外的伤害，身体各部分、各器官自然可以发展到完满的程度，即身体各部分调匀的〔地〕发达。全身骨骼，没有畸形的状态；肌肉神经，有良好的联系。因而能指挥如意，行动灵巧。呼吸系（统）、消化系（统）、循环系（统）以及排泄系统的功能正常，使血液的成分，如酸碱度、水分、糖分等等，形成一种平衡作用，可以支配全身新陈代谢的种种变化，成为耳聪目明，齿利发秀，才能使身体各部（分）的发展，都能达到健康水准，自然会产生一种自身的调和。这结果，就是使一个人的反应迅速，动作灵活，态度镇静，气宇轩昂，就是一种自身的客观性的"美"的存在。反过来说，我们对于跛足、驼背、聋聩等等残疾者，自然生厌恶之感。他如弯腰曲背，偏头歪颈，大腹便便或骨瘦如柴等不健康的体态，都觉"看不顺眼"，觉得丑态百出。这就是因为他身体某一部分有了缺陷，因缺陷而失却调和，而失却其美。

就心理的调和而言，心理的调和产生一种内美（有人甚至说，外形的美，会随年华消逝；内性的美，却历久不衰，可见内性美之可贵）。这种内性美，只有健康的人才能获得。

忧郁感和不健康是狼狈而行的。身体上某部分有了缺陷，可以产生"自卑之感"。自卑之感的发展，有两种途径。一种是悲观消沉，愁怀寡断，结果是整日愁眉百结，唉声叹气。《西厢记》里描写的张生是"几回搔首，半晌沉思，一声长叹"。此等人，遇事则悲观怯懦，不敢存在任何希望，以致性情流于孤僻。另一种身体某部分有缺陷的人，往往因为自卑之感而产生顽强的反抗心理，以致固执不化，与人取敌对态度，不肯合作，结果也流于性情孤僻。所以，孔子也看不起"索隐行怪"的人。这种变态心理，是人格不平衡的表现。失却调和，就失却内性美。

身体健康的人，一般都是心境宽畅的，万一遭困难，也能抱乐观，存希望，有勇气。心境畅达，所以能谈笑风生，不存邪念，给别人快活，也给自己快活。抱乐观态度，所以能和人合作，奋发有为，能造福于人，也造福于己。对于这样的人，我们自然处处给以欢迎，给以同情。这是因为他内性的美处流露到外面，激起了他人的共鸣的结果。孔子所说"心旷体胖"，更道出了心身交互影响的真谛。身体健康，可使心理健康起来；心理的健康，也可使身体健康起来。这是一种自然的协调。

就个人与环境来说（这是形体美的决定因素），历史上各时代精神不同，对于形体的审美观念，亦各有异别。吾国汉唐两代，文治武功，都臻极境，表现着尚武精神，一般人民的身体，都以健康为美，所以汉末曹子建理想中的美人是"翩若惊鸿，婉若游龙。荣曜秋菊，华[华]茂春松"。惊鸿游龙，何其矫健；秋菊春松，何其鲜华。唐时王建描写宫廷生活是"射生宫女宿红妆，把得新弓各自张"。宫廷女子当然以姿色为上，尚以习武作乐，可见一般人的审美观念。到五代时候，社会紊乱，人民精神颓废。因为是个病态的社会，反映在形体的审美观念上，也以病态为美。李后主的名句，"帘外雨潺潺，春意阑珊，罗衾不耐五更寒"，何其娇弱。所以他要把女人健康的天足缠小起来，弄成东弯西摇的弱柳体态，以满足他的欣赏。等到人民都满足了他的欣赏，他的国家也就亡了。希腊时代，文治武功，炳耀千秋，也是提倡健康美的结果。那时的奥林匹克运动会规模之大，几乎是一切文化活动的中心。优胜者不但受当时的颂赞，他的健美体态而且雕刻为石像以垂永世（斯巴达对于婴儿，政府有检查的办法。婴儿出生以后，必须用浓酒、冷水洗过，能够抵抗得了的就抚养，否则就认为先天不良，置之山野喂兽。此法是否合理姑不论，但其对健康之注意，可以想见）。到了中古黑暗时期，就有戕贼身体以超脱灵魂的邪说出现，病与弱就成了美的标准。虽然有戎骑士阶级之健美体态不绝如缕的延续着，终也不被上流人士所尊重。直到文艺复兴，人生价值得到新估计以后，自然科学才由萌芽而突飞猛进，社会出现了蓬勃气象，个人身体的健康，才又被极端重视。今日西洋如美、苏等生机旺盛的国家，无不是提倡健美。这次大战以前的法国，社会风气侈靡不堪，是个病态的社会，所以当德军超越马其诺防线的时候，巴黎的人们还昏睡在霓虹灯下面，撑不起腰，睁不开眼睛。这样的民族，焉得不败？是社会误了"健康美"，也是"病态美"误了国家。

其次，我们要谈形体美的第二个条件，就是"典型化"，即所谓"恰到好处"。宋玉在《登徒子好色赋》中描写美人有云："增之一分则太长，减之一分则太短。着粉则太白，施朱则太赤。"要不太长、太短、太白、太赤，恰到好处，才算是美。

怎样的身体，才算是典型的美呢？

我们对于这个问题的回答，应该说世界上没有一个典型的美人。因为个人的处境不同，审美观念亦自然不同，而且前文讲过"调和"是美，所以各个人自己有一个理想的调和境界，不能言而为一的。不过，有点值得注意就是，在各个正常的时代里，健康的体型，往往是受一般欢迎的，与理想中的"典型"相合的。现在一般女子的化装术，如果稍加一番研究，都可以得出这个结论来。

举例来说，涂脂、敷粉、高跟鞋、曲线等等，都希望达到健康的标准。因为健康的人，"唇不搽朱自赤"，血液清洁，血流舒畅，唇部微血管分布特多，自然呈朱红色，这是健康的表示。一般病弱的女子，因为体质衰疲，所以嘴唇紫赭色，但为要适合这一标准，就涂起口红来。健康的人，饮食适宜，营养充分，消化排泄畅利，皮上脂肪丰满，皮肤自然显得丰润，所以会"颜如蕴玉"。不健康的人，脸色干枯黄黝，不得不借助于化装［妆］品的掩饰，擦粉施脂，使皮肤色泽红润。大家都以昂昂然的姿态，比弯腰曲背好看，以身材高大为美，所以才会有高跟鞋的风行。高跟鞋不但使身高增加，穿着走路，弯腰曲背的姿势根本不可能了，自然要挺起胸膛来。虽然这样于行动不甚方便，但其要求学习健康的心理，却可注意。所谓曲线美者，一般以为肩部要宽，腰部要细，臀部要大，腿部要长，这其实就是一个发育良好的健康的人的体型。一般发育不良的人，只有拿衣服来弥补，所以西洋女子有束腰的风俗。为要表示乳部的丰满，也不得不借助于乳罩之类的东西，使之高耸。其他一切修饰，只要冷眼观察，喜新厌旧，没有一件不可根据这个原理寻出缘由出来的。所以有人颂赞自然的美，淡装［妆］也往往必［比］浓装［妆］来得美。其实只有健康的人，才能不经化装［妆］而唇红齿白，眸明发秀，颜如蕴玉，手足修长，而步履壮健。不健康的人要掩饰病态，自然要依赖美容术。所谓美容术，其实就是健康术。不过她们不肯从根本的锻炼着手，只重表面的修饰，以致有时反而矫揉做作，不能入眼。本来值得可笑，却又可怜。

有人还分别女性美的典型为东方美和西方美两类。东方以中国、日本为代表，以较弱娴静为美；西方如英、美诸国，以活泼矫健为美。其实这还是受传统的影响，东方的女性一向处于从属的地位，失却其独立的人格，所以以娴柔为美。西洋女性一向处于尊重的地位，有独立创造的人格，所以要壮健。时代的进步，可能因东方女性地位的增高，把审美观念也逐渐改变过来。

说到这里，我们可以归纳起一个结论来：以形体美客观的标准来说，健康的人不但是合于"调和"这一条件，而且和美的"典型"相合。我们得承认世界上只有完整的艺术品是完美的，所以只有健康美的存在。不过，就主观的立场来说，各时代的审美观念，往往随时代精神、社会风尚而改变。在病态衰靡的社会里，产生病态美人；在健康的社会里，才能产生健美观念。至此，我们要解答现时代的形体美的标准，我们要同时研究这个时代的时代精神所在。

谁都会说这是一个千载以来的大时代。分析这所谓"大时代"的意义，实在只是一个"力"字。光辉灿烂的文化果实，是力的表现。顷刻千里的毁灭，何尝不是力的成果。一切都受着力的支配。以物质文明言，十九世纪末期的煤铁时代，转瞬过去。现在不但是电力的世界，原子能的发现，将使世界更进一步。这是物质方面力的充分发展。就社会科学论，各种思潮的层出不穷，澎湃激荡，终于形成了社会主义对资本主义，极端主义对民主主义两大主流。这两种不并存的思想的斗争，配合上物质科学的突飞猛晋［进］，使"力"的搏斗，更趋尖锐化、明显化。谁经得起这一重考验，谁就得生存，谁就压倒对方，已是极端明显的事实。北非洲酷热的森林地带，有健强的美国青年的体魄的支持，才能赢得胜利，才能有今日美国左右世界的一天。北非洲的寒冷地带，有斯拉夫民族坚强的体魄的挺立，才能打败纳粹，有今日苏俄光荣的一页。懦弱者已没有生存的余地、生存的权利。在这奔腾起伏、光辉百丈、群力角逐的世界里，只有健壮活跃的体态，才能和时代自然地契合，自然地协调，是时代的青年，是美化的人生。病弱是丑恶，是时代的榨［渣］余。世界每一角落都在奔向这个潮流，中国自不可能例外。

美是人生所追求的最高价值的一种，我们要追求健康美。

（原载于《红十字月刊》1947 年第 14 期）

沙眼防治谈

马玉汝

沙眼（一）

马玉汝　词　杨大钧　曲

沙眼病　眼羞明　睫毛倒生痒且疼
早治能好迟能瞎　公共面巾不可用

防治沙眼歌（二）

马玉汝词　旧曲

沙眼真痛苦　沙眼真痛苦　害了沙眼要盲目
手指莫触目　面巾面盆　不可公用莫疏忽
预防和治疗　功效都显著　没有沙眼真快活

眼睛失明，一切的颜色和美丑既不能辨别，方向亦不能认识，图书文字更不能阅读。未读书即患失明者，实无求知的机会。中途失明者，亦少进取的可能。世间惨事，此属其疾！当我细看了一个瞎子在摸索着一切，怎能不生恻隐之心！

眼睛失明，原因甚多，但查其病原，因患沙眼不治而盲者，至少三个瞎子里要有一个。而我国社会，不讲卫生，沙眼病症，每不加治疗，不知治疗，或乱加治疗，致每由少而多，由轻而重。据查统计，我国患沙眼的人几占全国人口五分之二，每年因此盲目者，约计万人。这是一个如何惊人的数字！

沙眼的病原，是一种滤过性病毒，即索罗瓦氏小体（普通称为沙眼小体）。因为沙眼患者的眼泪和分泌物里，都有这种小体，而借着不洁的手指和公共的面巾、面盆等辗转传染。尤其是我国的饭馆、茶馆、理发铺等处的面巾不加消毒，实为传染的媒介。在以前的剃头铺里，更有一种所谓"打眼"的恶习，即在剃头后用骨棒揉磨眼角，以排除泪囊内的分泌物，或竟借此止痒，沙眼病原更由此送入眼来。这如何可以不生沙眼！

沙眼的病人既多，患沙眼的人的手指常不知洗涤，以致将沙眼病原体染及钞票、铜币，或其他公用物品之上。而我人用此钞票等物，沙眼病原体又染及我人之手，如此手不洗涤，或揉眼，或擦及手巾之上而擦泪，也可能为传染的机会。

沙眼的自觉症状为流泪、羞明、涩、痒、轻痛，或视力障碍。他觉得症状为眼睑结合膜有沙粒状颗粒丛生，发炎赤红，后则瘢痕形成。多因收缩而使眼睑内翻，此时睫毛倒生，且因颗粒常时磨擦角膜，易生血管弱。日久则由上而下，常将瞳孔蒙蔽，而角膜常受激惹。有时发生溃疡，使角膜穿透，否则溃疡痊愈，留有白斑阻础［碍］视力。他则因多泪和刺戟［激］的关系，常使眼角糜烂，且因瘢痕关系，眼睑结合膜紧缩，眼裂渐渐缩小。

沙眼情形，概如上述。虽其久而久之常致失明，但因初生沙眼，常不自觉有如何痛苦，或即知有沙眼，求医诊治，常常因为没有恒心，一曝十寒，总不能把他完全治愈。所以在我们中国，竟如此日趋蔓延，危害了民族的健康，增加了人类的凄惨。

我们为防止沙眼，现在已计划在我国人烟稠密之区设立沙眼防治所四处，更先就南京来试办。

南京方面，有卫生实验院领导于先，南京市健康教育委员会也正在注意及此，而且南京的教会，也曾经有防治沙眼的计划。他则中央医院的眼科主任潘作新医师，私人开业的林文斌医师和姜本宽医师以及美国的"福克斯"医师、"燕孙"等医师，他们都是专家，他们都热心来帮助。尤其可以钦佩的，是国民健康教育试验区的主持人抗［杭］立武夫人和本会南京分会会长马超俊夫人，她们更热心赞助。所以我们沙眼防治所的所址，姜本宽医师首先代表南京教会答应将估衣廊城中会堂和夫子庙中华大戏院后面的布道所相借。美国红十字会是一切都赞助我们的，我们的经费和一切设备，都由美国红十字会捐助。

一切准备，东风也不缺少，所有担任防治所的医师、护士，潘医师更允许给他们以标准的训练。我们现在是分为南北两区来进行的。

南区的防治中心是夫子庙的布道所，其工作对象是六个学校。北区以城中会堂为防治中心，其工作对象是八个学校。南区方面则以卫生实验院为主，红十字会辅助之。北区以红十字会为主，国民健康教育试验区辅助之。南京市健康教育委员会是南京健康教育的主人，他们给南北两区都增加以相当的力量。

我们的对象第一步是学生，学生做好了，假使他们的家属都还有沙眼，那也是功亏一篑，一定不能得到完满的成绩的。所以我们在指定的学校，除为学生防治沙眼外，他们的家属，我们也都为他们防治。

防治学生的家属是做家庭访视、个案调查的工作。这除掉卫生实验院和健康教育委员会的公共卫生护士外，我们请了够用的公共卫生护士来担任这项工作。

学生的沙眼防治，是在各学校，其重例或须开刀的送防治中心。学生家属方面，则分南北两区到南北两区的防治中心去治疗。

南京的试办工作，以两个月为一期，两个月以后，我们将抽调一部分更有经验的医师和护士到我们预定的另一个城市去，而南京再补入相当的人员。如此两个月——调补，把我们计划的四个沙眼防治所完成。照这样，我们要自本年三月份起，六个月完成了四个沙眼防治所。

学生的人数和学生家属的人数够多了。工作为需要，我们一定不厌其烦的［地］把南京的学生和其家属做出一个治愈的数字来。再其次我们要做公务员和其家属，再其次要做市民。我想沙眼防治所会一天有其一天的成绩的，只要他［它］一天天的［地］继续下去。不断的［地］一天天的［地］工作下去，也许中国沙眼的数字会一天一天减少下去。

—完—

（原载于《红十字月刊》1947年第14期）

英国圣邓司登盲人福利院
——英国社会事业介绍之一

柯 桑

英国圣邓司登盲人福利院（St. Dunstan's）的创办人是皮尔逊爵士（Sir Arthur Pearson），他是一个报馆老板，同时也是个慈善家。他不幸于事业成功的中途上失了明，因此对于盲人的痛苦，更有深切的体会。他以为盲人应有他们的天地，在那个天地中，忘掉了他们生活不便的痛苦，而仍有许多工作可做。一九一五年三月廿六日，他收留了十六个失明的青年军人，都是第一次大战初期受伤的，于雷琴公园的一所圣邓司登房屋之内，这就开始了圣邓司登盲人福利院事业。一九一八年年底，该院收容过的盲人，已在一千五百人以上，而第一次大战以来，该院总共收容过盲人达三千人之多。因为收容人数的众多，它在一九一八年时便在伦敦扩充了四处，其他区域亦增建了数处房屋。第一次大战结束时，留在该院受训的盲人尚有七百名，而在医院中治疗者亦不下二百人。又因为受过训练的三千盲者中，有些分别返回澳大利亚、新西兰、加拿大、南非洲、纽芳兰及印度等地，都觉得有此设施的必要，所以英国及自治领的盲人福利事业，便大大地开展。印度和南非的圣邓司登院都和伦敦的母院一样，系由红十字会工作人员服务其间。第二次大战期间，伦敦母院派人参与各地新院的管理机构，颇收协助之效！一九四〇年三月廿六日，该院成立廿五周年纪念，伦敦《泰晤氏报》编者誉之为博爱的组合。

伦敦圣邓司登院总部在雷琴公园（Regent Park）附近，医院及训练中心设于雪罗浦夏之教堂斯特拉顿（Church Streton, Shropshire），假日休息所及疗养院则分设于杜萨之别律其堡（Bridgpot Borset）及白拉克波（Blackpot）两地。自一九二一年十二月创办人皮尔逊爵士逝世后，继主院务者为费赉塞爵士（Sir Ivao Fraser）。费氏担任该院病后服务部（After Case Depart.）主任有年，故于该院工作，克继绍裘。第二次大战开始，英政府即以战争失明之军人福利，委托［托］该院专责办理。该院爱将收容范围扩充，包括军事辅助服务之男女人员、护商海军、国内防护队、警察、救火队队员以及其他防御组织之护理及医药服务人员。彼等凡因执行战争有关之任务而致创伤失明者，该院均予以收容训练之权利。忆第一次大战时，该院收容之盲人，仅限于受伤失明之陆、海军人，而此次则为任何战事任务重失盲［明］之男女，故其服务范围，已扩充甚多矣。

圣邓司登之精神，厥为鼓励盲者，不使沦于悲苦自悯之境。盖有此精神，虽残而不废，不惟自力其生，且可享受一般人生之乐趣。圣邓司登院秉此原则，训练盲人系分下列诸种方式。第一步之训练，目的使其消失生活不自由和人生不幸之感。其法如利用凸形时表，使之知道时间。训练其独处生活，诸如盥洗、剃须、自燃纸烟等，均首先使之习惯如常人。第二步，继此而予以技术训练，如识字（即凸形之盲人文字）、打字、各种手工艺技术，然后再进一步予以专业训练，使之回［恢］复以往之正常职业生活。职业训练视个人性情、能力而定，该院则设有按摩、接电话、店员、售货员、修配皮鞋、编织篮筐及草席、饲养家禽等训练。第三步则为离院后之善后服务。自盲者离院，该院仍密切注意其生活之各方面，随时予以协助。第一次大战盲人三千人中，今仍有一千八百人受该院继续的协助。该院社会工作人员（大半系上次大战中之志愿辅助队队员）经常访问盲者，对于彼等之职业、日常生活及子女教养，均予以指导与协助。故出院之盲人，不惟大多数均以回复以往之生活，且有若干担任教师及经营商业。在第二次大战盲人五百人中，其中约三分之一，且经治疗恢复视力，尤为该院之一特殊成就。除了生活训练和职业训练之外，圣邓司登又注意盲人的身体运动。因为身体运动不仅是健康攸关，而且为人生的乐趣。故该院对于盲人运动，训练提倡，不遗余力。经该院训练的盲人，仍为最好的划桨手、游泳家、歌舞家。他们行走、驱车、滑冰，均如普通人。其中甚有独臂盲人和全聋盲人，均能识字、打字并参与各种运动。该院组设有各种研究班，如英文、常识、历史、语言等，盲人参加者极为踊跃。课程活动则有音乐团、话剧团及登山团。跳舞、音乐会、游泳、骑车均不时举行。第二次大战中，该院又特成立音乐系，专门训练盲者中之音乐人才；组织擅长骑马者予，以猎者之训练；并特别为妇女盲者，设立家事训练班，利用若干凸形标志，训练家事操作。结果甚为成功，其中一人且能完成童衣之缝制。此于妇女沉者之贡献，尤为不小。

伦敦圣邓司登院的服务人员，都是红十字会的工作人员，其中大部分是志愿辅助服务队队员。这些人自上次大战以来，即为圣邓司登盲人服务。除了一部分担任管理和护士外，大部分系为盲者做直接帮助。侍立餐桌之旁，教以自动用餐，或引导盲人自行走路者，都是这批热情的工作者。盲人尚未识凸形字，为之诵读书报者，是他们。有时为之预备餐桌者，也是他们。该院又与英国国立盲人院（The National Institute For Blind）合作制造播音书（Talking Books）四五〇片，每一留声片可播音二十五分钟，普通一本书大致利用十二片就够了。这个发明是近十年来的贡献，对于盲人读书的便利，其功效之大，自不待言。

第二次大战中，因为战区扩大，所以英国自治领各地，都有圣邓司登或有关机构组成。凡因战时任务受伤失明者，均由附近机构收容。南非洲及印度都已经有了圣邓司登的组织，而加拿大、新西兰则由有关机构兼办战争盲人的福利工作。英国红十字会的残废者慰劳组曾与该院合作，在德国境内为英国俘虏的盲者服务，已有数十人移送至该院受训。其中若干人且已学会职业，能自力谋生矣。该院于第二次大战之始，组织一委员会研究盲人在空军工厂或军火工厂中工作问题。结果有上次大战盲人一百名及本次大战盲人卅名服务于各工厂，成绩甚为圆满。现拟继续研究在一般工厂及其他职业拓展盲者工作机会。盲人福利，将来定必有所收益。圣邓司登为英国红十字会的合作机关，英国红十字会对于盲人福利的贡献，也就可知了。

（原载于《红十字月刊》1947 年第 14 期）

红十字会与儿童福利

袁可尚

红十字会的业务中，如紧急救济、健康服务、红十字青年训练、营养服务及护理服务，均于儿童福利有直接的贡献。本刊各期有关论文，均已提及。本文特就瑞士、丹麦红十字会的儿童救济工作，若干红十字会的平时儿童福利工作，暨美国、加拿大红十字会的儿童营养服务，稍作补充说明，俾于红十字会的儿童福利事业得有进一步的认识。

一、前言

儿童福利为各国红十字会所普遍注意的一项社会服务，因为儿童不但是人类中的弱者，于紧急时期中（战争、灾难及疫疠发生时期），其处境最容易引起社会的同情，而且它［他］是将来社会的成人，无论从积极的社会服务或预防的医药卫生着眼，平时儿童福利均亦最感重要。红十字会以博爱人群，服务社会为事业的宗旨，故无论紧急救济、健康服务、红十字青年训练、营养服务、护理服务及其他各种服务中，儿童福利均成为主要的对象。我们略为说明，就可明了此点。

1. 紧急救济与儿童福利

红十字会紧急救济中，对于儿童救济之特别注意，可谓理所当然，事所必至的。远者勿论，第一次大战结束后，红联及欧洲各国红十字会对于中欧儿童之救济（详见本刊第十四期本人作《红十字会国际联合会的公共卫生工作》）及第二次大战期中期后，红联屡次呼吁救济儿童及各国红十字会之热烈响应（参阅本刊第五期、第七期"国际红十字会动态"栏所载《红联呼吁救济儿童》及《美红会救济欧洲儿童》，又本刊第十三期陈履平《各国红十字会青年会员的活动介绍》一文中"战时活动"一节对此有详细叙述）。这种紧急时期的儿童救济，事例之多，不胜枚举，作者愿于本文第二节略述瑞士红十字会儿童协会及丹麦红会在战争期间的工作，以作补充的说明。

2. 健康服务与儿童福利

健康服务有消极、积极的两方面，消极的健康服务就是疾病的治疗和预防，积极的健康服务就是增进卫生保健知识和养成健康的习惯。红十字会在"防止疾病，促进健康，减免各种灾难和不幸"的平时使命之下，对于儿童疾病的治疗、预防和卫生知识的增加，自然亦非常注意。如产科医院、儿童牙科诊所、儿童休养院、儿童健康咨询、儿童体格检查、儿童之家等机构之设立，不但具有消极治疗的作用，且有积极促进儿童健康的意义（本刊已出各期已有不少介绍，如第八期"国际红十字（会）动态"栏曾载澳国红十字会儿童福利，包括儿童之家、残废儿童寄宿舍、儿童疗养院、假日营及其他服务。十及十一两期"各国红十字会介绍"特辑中，如英国红十字会之福利工作，包括对于疾病及残废儿童之家庭访问、个案研究及协助，为妇孺设立俱乐部及推进主妇服务，并且组织学校医护委员会，协助学校医药服务处工作。法国红十字会设立之儿童之家、产科医院、牛奶站、儿童诊所、流动咨询队。苏联红十字会之援助战时孤童，土耳其红十字会之孤儿协助及教育工作，墨西哥之讬〔托〕儿所及儿童之家，丹麦红会之贷借婴儿床及其附带用品，瑞典红会之牙病防治、体格检查、设立儿童洗澡堂，加拿大红会之设立海滨托儿所、残废儿童营，阿根廷红会之痧〔沙〕眼防治、孤儿院、儿童图书馆，比鲁红会之儿童疗养院、儿童传染病之防止，智利红十字会之儿童健康保养院等。又十一期"国际红十字（会）动态"栏，有土耳其红会之儿童福利工作，法兰西之儿童健康咨询车，加拿大红会以医院一所赠给英国卫生部，专治儿童心脏病。十四期卢森堡红会之设立儿童预防院等，均可参阅）。作者愿于本文第三节再为提出几个对于儿童福利特别注意的（就其本身工作中儿童福利的分量较重者），如法国、伊拉克、印度、希腊、芬兰及拉丁美洲诸国红十字会。

3. 红十字青年训练和儿童福利

红十字青年会员训练，已是今日红十字会的主要工作，本刊第十三期专号各文已有详细介绍。无论卫生训练、社会服务，均于儿童福利大有裨益。健康营、假日营的举办，尤为各国红十字会普遍的工作（读者请参阅十三期"青年红友"栏陈履平《各国红十字青年会员的活动介绍》）。作者除于本文第二、三节中稍为附带提及以资补充外，此处不拟赘叙。

4. 营养服务与儿童福利

营养服务亦为各国红十字会所普遍举办的一项业务，各国红十字会推进此项业务，不但以学校及儿童为主要对象，并且服务的方式，除讲授营养知识及举办宣传工作外，并有学校儿童供膳制的推进。去年红联召开第十九届理事会时，对于儿童供膳制的提倡，并有建议（见本刊十四期《红十字会健康服务的动向》一文）。拉丁美洲各国对于儿童供膳，均先政府办理（本文第三节将予提及）。作者兹就加拿大及美国两红十字会之营养服务工作，稍为细叙，俾吾人于营养服务与儿童福利之关系，有进一步之认识。

5. 护理服务与儿童福利

各国红十字会之护理服务，尤其是家庭访视及儿童福利辅助护士两项，前者普遍在各国红十字会举办（参阅本刊第十四期陈履平《（各国）红十字会的公共卫生护理（事业）与社会服务》一文），后者已由若干国家倡行（如法国之设立儿童福利工作训练学校、挪威儿童福利训练班、玻利维亚之儿童福利护理，参见本刊第八期《世界各国红十字会的护理事业》一文，均与儿童福利密切相关）。至于其他各种医药社会服务，间接有关儿童福利者自亦甚多，如为便于主妇外出购物、访友或参与娱乐及其他社交而派遣红十字会义务工作人员前往暂时看顾小孩、照料家事之服务（英国红十字会称之为 Sitter in Service），即为一例。瑞典红会及其他各国亦已有此项服务。本文以篇幅所限，未能尽述，所可言者，红十字会以人类福利为事业之目的及范围，儿童系人类的一部分，故其各项服务，靡不有助于儿童福利也。

二、瑞士、丹麦红十字会的儿童救济工作

一九三九年第二次世界大战发生前数月，瑞士各社团即有战时受难儿童协助同盟（Cartel Suisse de Secovrs aux Enfants Victims de la Guerre）之组织，其会址系设贝姆（Bem）。除为儿童难民设立饮食服务站、牛奶分配站、健康营，并在难民营及法国境内设立饮食服务站外，并创办一种受难国家儿童赴瑞短居休息三个月之新工作。此辈来瑞之外国儿童，或寄居于私人家庭，或栖宿于山乡之宿舍，概视其健康情形而定。协助同盟除供给旅费外，并供给衣服。儿童之选择，在法国系由该同盟在法工作人员与法国有关人士负责，瑞士境内则由瑞士红十字会负责。该同盟并为不能赴瑞之儿童亦得协助之惠起见，另有一种认养制度。瑞

士人民愿意认养者，每月出款十法郎，每期六个月，期满得继续认领，由同盟负责收汇。每一养父（Godparent on Sponsors）执有登记儿童姓名、年龄、健康及家庭情形之卡片一张，其上又有儿童之照片。同盟并鼓励养父与儿童间之通信。因瑞士为一中立国，国内山野又极适于颐养，故自一九四一年以后，瑞士各界以为同盟工作应予扩大推进。因自该年十二月起，此项组织交由瑞士红十字会联合原有各机关加强办理，改称瑞士红十字会援助儿童协会（Swiss Red Cross Aid to Children Organization）。

据一九四〇年十一月至一九四一年十二月之统计，该同盟自比利时及法国（占领区及自由区均有）送入瑞士儿童七，七三〇名。瑞士红十字会接替综持后，一九四二年一至九月份自比利时、法国及塞尔比亚送入儿童一五，一三四名。该年九月底，旅居瑞士之儿童六，三〇〇名，其中大多数均居于私人家庭，计五，四三〇名，其他特殊收容所九〇〇名。但至一九四二年年底，因战争延长，儿童健康损坏过甚，此辈儿童之需医疗者竟达三，六〇〇名，需要特殊治疗者一四，〇〇〇名！而旅居期间亦复需要延长，若干儿童遂需旅居六个月始行遣回。本年儿童护送团（Children Convoy）来回各地，每周数次以上，但因其后战争情形更行严重，儿童护送团工作遂告暂停。惟在国外之儿童，救济仍然继续工作。如在法国，与法国救济机关联系，出资设立饮食服务站一一二个，在一九四二年一至五月内供应牛奶一二〇，〇〇〇立特，简食四五〇，〇〇〇餐。又设立难童招待所十个，并于比兰意斯山爱尔纳（Elne in the Pyrenees）设立产科医院一所。该会鉴于法境平民拘禁营内之儿童亟需救济，乃以牛奶简食分送五个营内之儿童二，七〇〇名，一九四二年统计分发牛奶一〇〇，〇〇〇立特，简食四〇〇，〇〇〇顿。此外，又以价值一〇〇，〇〇〇法郎之医药材料捐送芬兰红十字会，救济该国儿童。一九四二年七月，该会派一视察团赴希腊，八月儿童营养委员会在雅典成立，分发牛奶等物予二五，〇〇〇个两岁以下之儿童。雅典各救济中心与此委员会成立一联系委员会，于各救济中心设置医师一人，担任儿童健康工作。雅典以外各地，因该委员会努力，亦有儿童饮食站之设立。萨龙尼加一城，约有儿童二，二〇〇人享受牛奶之供应。截至一九四二年九月统计，该会援助希腊儿童之费用超过五十万瑞士法郎。该会又在挪威设立六个儿童收容所，并实行认领办法。在芬兰设立救济芬兰儿童委员会，一九四二年约有芬兰儿童二二，〇〇〇人受其救济。

该会经费之来源，除公开募捐（一九四二年十个月募集五，七六

专题论综

二，七九九瑞士法郎）外，认养者每月出资十法郎，亦为一主要收入（一九四二年七月共有认养者一二，五〇〇人）。此外则有"每周捐输两苏"（Two Sous A Week Fund）基金运动，每年此项收入达六五〇，〇〇〇瑞士法郎，均由学校儿童捐来。自一九四〇年瑞士实行粮食配给制以来，该会即倡行分捐配给物资运动，食物每人分让一五〇公分〔斤〕。截至一九四二年九月，征集食物达一五，〇〇〇公斤，鞋子四七五，〇〇〇双，肥皂二七，〇〇〇公斤，布料足制四，〇〇〇个儿童衣服之用。格外发起募捐衣服、鞋子之结果，得到儿童外衣一五〇，〇〇〇套，童鞋六千双。

　　自欧洲战争结束，该会即与瑞士联邦政府商定，自一九四五年一月恢复儿童护送团工作，其办法仍与以前相同。即凡被选赴瑞士居住者，均得住居三个月，期满由该会送回。大多数儿童系由私人家庭收容，但不适合者，则送特殊之收容所、预防院及疗养院。彼等抵日内瓦或贝尔士时，先在特殊之招待所内检查体格。两地均设有享利·杜南中心，以便决定分发。该会曾计划于该年一月至三月内收容六岁至十四岁儿童一万人（法国儿童四，〇〇〇人，比利时、荷兰儿童各三，〇〇〇人）。据一九四六年十月之报告，在全国一二八个机构（包括救济院、疗养院、诊所等，其中二个系瑞士红会单独设立者）内收容外国儿童二，〇五六名。收容儿童除上述法、比、荷三国外，又有哥斯拉夫、葡萄牙、奥大利等国之儿童。瑞红会又在温根（Wengen）设一儿童肺病先期休养院一所，收容儿童九十八名。同年八月底之报告，另设有饮奶站九个，救济站六十八个。该会为推进此项援救儿童之工作，所用职员达二百人。同年十二月更进一步与美占领军当局商妥收容美军占领区内之德国营养失调之儿童前来瑞士居住，并拟与英占领军当局作同样之接洽。

　　此种救济儿童之工作，亦在丹麦等国举办。据一九四二年七月报告，丹麦红会邀请法国儿童六百名（妇女若干人同住），比利时儿童二〇〇人，又波兰教师及儿童多人，前往该国作暑期短居。挪威红十字会之一分会，请捷克儿童三〇〇名前往作二个月之短居，均系收容在四人家庭内。

三、若干红十字会的平时儿童福利工作

　　各国红十字会对于儿童福利有特设机构推进者，如法国红十字会之设寄养服务部、印度红会之妇孺福利局、伊拉克之婴儿福利中心、阿尔邦尼亚之儿童部、意大利红会联合其他机关所组设之援助儿童会（The

Help the Children Institution）、芬兰红十字会与之合作之曼纳罕姆儿童福利协会等是也。亦有特别注重儿童福利纲领者，除上述各国外，复有希腊、丹麦及拉丁美洲诸国。兹略述概况于下：

法国红十字会对于妇孺福利事业，包括下列各项：（一）产前会商（Prenatal Consultation）、婴儿哺育会商（Infant Feeding Consultation）、妇科医院（Institution of Maternity Hospitals）、母亲留养院（Home for Mother）、牛奶站（Organization of Milk Distribution）、日间托儿所（Day Nurseries）、幼儿教养学校（Nursery Schools）等。并鉴于法国政府对于育婴人员并无文凭之发给，乃有儿童福利工作人员之训练。按该会办法，训练分为两种，一种为已有该会护士证书者，一种则为对于育婴有志愿之青年女子，受训后尚须在日间托儿所实习四个月。此外，复于急救工作人员之训练课程中，增加育婴学一课。对于儿童的医药服务工作，一九四〇年已在五省（Departments）中举办，但限于战俘儿童。如每年照 X 光两次，有病者即报告治疗医师及其家庭，行之颇见功效。又在巴黎推行儿童膳食供应，每天一餐，每期六月，结果儿童体重增加二或三公斤不等。同时，该会又于赛纳区增加一批学校协助员，专以协助学校增进儿童健康为目的。该会青年部于战时曾指定若干受灾区域内之学校为其救济对象，一九四四年七月，受该会青年部救助之学校达一，三六三校。该会自法国解放后，添设婴儿寄养服务部，专门办理孤儿及弃儿之救济工作，特别对于父亲被俘或放逐不在家时所生之婴孩最为注意。据本年一月份之报告，请求养护之人每日平均有五六起。该会选择养护人，以本身无子女或年龄四十岁以上未婚者为合格。此外复有不少严格之规定，均须符合。迄今已正式委托养护者一七五名。凡符合条件之婴儿，送往该会请求寄养时，先由该会之收容中心决定是否适于送往私人家庭。如一时未有机会时，即在该中心以牛奶喂育，期于三个月内设法解决寄养。最初六个月为试验时期，在此期内，受托养护人应将儿童之健康或地址有所变更时随时通知该会，并为儿童缴纳寿险费五千法郎。期满双方认为合适时，即正式给予寄养证书，该会并于五年内与寄养儿童维持联系。

印度红会之妇孺福利局，于各地分会多有妇孺福利委员会或福利中心之设立，不但实际推进福利工作，且于促进政府对于此事之注意，亦大有效。据班谷分会报告，各支会均已有妇孺福利委员会之组设，其中十二个支会且已有设立妇孺福利中心之计划，其中六个可于一九四六年年底完成。每一福利中心包括产前会商、产后会商、助产士训练、六个床位之产科医院，暨集会及卫生、教育等部门及设备。班谷分会并与五十一个初级小学合作推进供给午膳办法。

伊拉克红十字会自一九三六年于其总会附近成立婴儿福利中心以来，以儿童福利为该会之主要工作之一。一九四二年统计，该年有婴儿三万人前往福利中心享受各种利益，该年度分发牛奶四，三五四立特，衣服一，〇三〇套，此外有水果、糖果、肥皂等。妇女所组织之志愿工作队为福利中心工作。一九四三年，婴儿前往该处者三五，三四〇人，分发牛奶七，七〇四立特，衣服一，七三〇件，肥皂八一五块。一九四四年，婴儿前往者二九，九四九人，母亲第一次前往者一，四六六人，已过去一次以上者三，八五六人。

阿尔邦尼亚红十字会之儿童部除设立孤儿院一所并分发牛奶外，现且有免费饮食服务处及假日营之组设。意大利红会联系各机关合组之援助儿童会，对于战争罹难及遗弃儿童亦用寄养制度。一九四五年夏季，该会组设暑期学校一五〇个，约有儿童六，〇〇〇名参加，由红十字会饮食服务处供给膳食。芬兰之曼纳罕姆儿童福利学会成立于一九二〇年，有儿童城一处为训练人才之处，并有健康中心五百处（详见本刊第十期"各国红十字会介绍特辑"《芬兰红十字会（介绍）》）。芬兰红会并于东卡利区设有儿童医院及其他机关。

各国红十字会普遍提倡儿童健康营、夏令营及露天学校，如瑞典红会一九四四年健康营儿童人数达三，八一〇人（该年挪威儿童六百人在瑞典居住六个月）；希腊在战争期间约有一万儿童参加健康营生活，该会战时所设牛奶站达一百一十四处；丹麦红会除收容比利时、挪威等国儿童来该国居住并推行认养办法外，对于贫苦家庭并有新生婴孩小床及其用品之贷借办法。凡新生婴孺六个月以内所需之用品，均可申请借用。据一九四四年年初之报告，已贷出者七〇〇起。该会妇女志愿工作者，每周集合缝制此种用品。该国商务部并以布匹等配给予红十字会，俾资推行此项服务。

拉丁美洲各国对于儿童福利均极注意（见本刊十一期《各国红十字会介绍》，比鲁、智利各国红十字会介绍）。第八次泛美红十字大会决议继续推进妇孺福利，并建议美洲各国红十字会与政府机关合作推进优生措施，如施行强迫婚前健康证明书，设立优生学讲座，并为学校儿童讲授优生智识，尤为新颖。比鲁红会创办学童供膳制，始于一九三三年，其辅助护士之训练，亦包括儿童保育之课程。多米尼加红十字会前曾设立一四〇个病床之儿童医院一所，现已移交政府办理。犹开杜红十字会以儿童福利为主要事业之一，该会设有日间托儿所一个，可收儿童一百名。洪杜拉红十字会为美洲最近成立之一红会，主要事业亦为儿童福利，该会会址内设有儿科诊所及产前后休息院。尼加莱红十字会现有儿童诊所三个。巴拿马红十字会对于助产士家庭访问特别重视。维尼苏拉红十字会设有儿童教养院一所，可容学龄以前男女儿童六十名入内接受集体生活之训练六个月。观此数例，可知梗概。

四、美加两国红十字会之儿童营养服务

营养服务亦为各国红十字会之普遍共同业务，其首先注意之对象即为主妇及儿童。美国红十字会的营养服务，主要的系一种教育的及表证的服务，但其中一项，即与各地教育当局合作协助推进学校午膳制，却直接与儿童福利有关。各地教育当局请求红十字会训练学校午膳工作人员者渐趋众多。一九四六年春，美红会开设红十字食物服务训练班。有五州请求红十字会设立学校午膳厨子训练班。美红会某一分会曾训练此种厨子二十二人，另一分会设置流动营养教导一人，轮流往各学校讲授烹饪知识。美红会之营养饮食志愿服务团团员，则为各地学校午膳服务。因各地分会营养委员会及红十字青年委员会之鼓励，学校供膳制已在多所学校举办，并因美红会举办表证示范，学校供膳制已有普遍开展之势。

加拿大红十字会之营养服务，对于儿童福利，尤有直接之贡献。据该会一九四六年之报告，在已往三年内，该会营养工作，对于学校供膳之展开，已予逐渐注重。该会各地有营养服务部者，均与红十字青年部、当地教育卫生及农业当局合作。过去举办学校供膳，均系过渡性质，但今后已拟推展为一种永久措施。加红会因此对于学校供膳制之营养及教育价值，特予普泛之宣传。一九四五年，该会举办示范供膳制两处，一处系在乡村学校，一处系在城市学校。其方法系于学年开始测量体重一次，学年结束时再行复量一次。据统计所示，儿童体重有显著之增加。该会又鉴于昂太利省农业局主办私人农场服务营时，入营儿童之饮食极为重要，故于一九四一年、一九四二年及一九四三年之暑季，特为此种服务营设置烹姙〔饪〕督导员，对于饮食及烹姙〔饪〕问题，予以合宜之改进与指示。此外，如男女童子军，亦请求红十字会与〔予〕以协助。因印第安人事务部及工矿部之请求，该会又在印第安人学校担任营养之指导、研究工作。该会之昂太利分会与卫生局合作，在各地普遍设立儿童健康中心，创办咨询服务。该分会设有全时营养专家一人，专门负责接洽家庭经济科毕业生志愿前往儿童健康中心，作每周一下午

之营养咨询服务。此类志愿工作者随时均予以新颖的训练，俾其知识有所进展。闻继起请求该会予以此项合作者，现已有多起。

五、尾语

红十字会对于儿童福利之注意，系多方面的，既如上述，而由各国红十字会参加的国际儿童保护机构，如国（际）儿童救济联合会（I. S. C. U.），则是联系各国红十字会对于儿童福利作综合的努力。该会于去年七月之第二十二次会议决议与另一机构，即儿童福利国际协会，合并改名为国际儿童保护联合会（International Union for The Protection of Children）。一面致力于研究儿童之情况及需要，建议各项必需之改进方案，鼓励各国之努力改善与合作，并与其他同一目的之国际社团合作；一面则征集经费，以实现其目的。换言之，使全世界各地均认识儿童宪章之原则，以促进儿童保护之程度，借以增进儿童身心之充分发展。本会现亦忝为该会理事会理事之一，其第一次大会将于明年八月在斯笃柯姆举行云。

（原载于《红十字月刊》1947 年第 15 期）

国外儿童事业掠影

郝连栋

一、美国儿童局的目标与工作
二、美国儿童福利联合会的五年计划
三、英国对少年罪犯的处置
四、加拿大少年罪犯的减少
五、新西兰的卫生教育
六、法国的两项法令
七、瑞典儿童保护的最近发展
八、苏联的战争孤童救济
九、芬兰的儿童保护

一、美国儿童局的目标与工作

劳工部儿童局（La Bureau De L'enfance do Departement du Travail）在蓝洛特女士的领导和爱列奥特医生的协助下，成了美国儿童及少年保护的中央机关。

从法律条文规定上看，儿童局的职责可列如下：

（1）研究并检讨所有有关儿童保护问题（一九一二年四月九日之《儿童局产生法》）。

（2）依照《社会安全法》（一九三五年八月十日拟定，一九三九年八月十九日修正）涉及保护母亲与儿童之条文部分，管理国家之补助金（Subvention），例如对低级士兵家庭的补助金。

（3）督察《公平劳工标准法》关于童工部分之执行（一九三八年六月二十五日）。

战时及战后之设施：除设立战时儿童保护委员会（一九四二年设立，一九四四年改组），研究战时及战后过渡期儿童之需要外，并树立州及地方性的儿童保护会多处。

儿童发育研究司（Division of Research in Child Development）：专门研究影响儿童健康和发育的自然条件。因其研究儿童健康及其发展，设置许多产科医院、托儿所及小儿科诊所，故亦属一医疗机构。

其次，卫生服务局（Division of Health Service）专负下列各责任：

（1）依照《社会安全法》，管理国家对于母亲及儿童卫生服务之补助金，每年达到五，八二〇，〇〇〇美金。例如下级士兵妻子、儿女补助金和空军子弟补助金，一九四五年有四五，〇〇〇，〇〇〇美金。

（2）管理各州对残废儿童之补助金，每年三，八七〇，〇〇〇美金。

母亲及儿童卫生服务——在一九四四年，得到医药和助产的协助的母亲有一二九，〇〇〇位，此种卫生措施的财源一部分来自各州所出经费。初生婴儿和幼童四三六，〇〇〇个在医诊中心区受诊，超出一百万以上的婴儿和幼童在公共卫生服务站得到健康保障。并且和学校当局合作推行特格检查，经过此种检查的儿童大约有一二七，二〇〇人。

美国公共卫生事业的补助金，有许多是用来发展和改善母亲及儿童卫生事业，尤其是在乡村区域和在经济恐慌区域。整个美国都在进行此事业，在哥伦比亚州，在阿拉斯加，在夏威夷群岛以及在波多里哥（Puerto Rico）。国家拟定的计划，每年都要经过卫生服务司的审查和儿童局的批准。

母亲及儿童医药协助——从一九四三年三月到一九四五年六月尾，八八四，〇〇〇位低级士兵的妻子和儿童接受医疗和药品的援助。一九四六年，财政预算上有四四，一八九，五〇〇美金用在此目的上。

疾病儿童服务——依照国家拟定和儿童局批准的计划，在一九四四年，将近八八，〇〇〇个病童得到矫正医治和药品的帮助。对此工作之展开和改善，补助费亦有一笔支出。目前问题，在施行此计划于整个美国境内。有十八个州里，计划是针对着害风湿热和心脏病的儿童。

第三，社会服务司（Social Service Division），负责改善儿童社会情况，以及保护弃儿、被忽略的儿童和在道德上及社会上有妨害的儿童，例如儿童罪犯。

儿童保让［护］工作——四百个以上的区（Counties）里，得州资助的社会工作者从事上叙各种儿童的救助。依照最近的估计，得到此种救助的儿童有四三，〇〇〇人。

依照《社会安全法》，在对浪童、弃童、被忽略的儿童的及道德上危险的儿童的救济工作开展上，政府亦付出了一笔补助费，数目是一，五一〇，〇〇〇美金。

社会服务司考虑到儿童在家，抑（或）在儿童学校，孰为合适的问题，并且研究儿童在法律及法院诉讼上的事实。

社会服务司亦管理职业妇女的儿童以及私生子，特别要预防和管理年少的罪犯。

心理卫生科（Mental Health Unit），其设立乃在研讨儿童保护工作中精神卫生问题，以及心里［理］迟钝和顽固儿童的合理医治。

最后，第四是工业司（Industrial Division），处理儿童工作问题，并负责督察一九三八年的《公平劳工标准法》关于童工部分之执行。在战时工业和农业上童工的数目骤增——一九四五年四月近三百万人——所以必须建立新的标准。已经通知陆军部、海军部、航业会、战时生产局采用儿童局的关于十八岁以下少年工作的政策。另外，工业司制出一份危险的矿工工作表，并且决定了十四岁到十六岁儿童禁止操作的工业或矿业工作条件。

局务处（General Bureau Service）统计科发表了儿童局工作的统计，母亲及儿童死亡统计，童工、少年工人的统计以及法庭少年罪犯的案件统计等等。

与其他国家的合作——儿童局与好些国外及国际的儿童救济机构联系，例如联合国善后救济总署（U. N. R. R. A.）、国际儿童救济协会（U. I. S. E.）等。因为儿童局设有美洲科（Section Inter Americaine），所以亦成了美洲各共和国间的儿童救济机构的中心，并且与之交换学生与专家。儿童局与内务部和泛美事务联络局共同执行特别方案，儿童局局长亦是美国在美洲儿童保护会的代表。此会设立在乌拉圭的蒙特维多。

儿童局和该会合作推行一九四二年五月在华盛顿举行的泛美儿童会议的决议事项。

二、美国儿童福利联合会的五年计划

建立在一九二○年的美国儿童福利联合会（Child Welfare League of America）是许多儿童保护事业的国家性的联盟，包括儿童教育机构、家庭儿童协助事业、日间托儿所和公共儿童保护部门。目前联合会有两百个以上的会员在美国及加拿大的三省中。

虽然联合会主要的任务是管理弃儿及被忽略的儿童，但对于各类儿童保护工作均加以注意，直接与美国儿童局、美国家庭福利协进会（Family Welfare Association of America）以及各州的儿童保护组织合作。

美国儿童福利联合会工作全靠会员从中推进，大致如下：

（1）让全美国人民皆有需要正当儿童保护方法的感觉，鼓励儿童保护行为，对所有儿童保护事业加以资助，而无种族和信仰的区别。

（2）在所有必需地区展开公共或私人儿童保护事业，设立指导机构。

（3）支持会员事业之开展，并尽可能帮助国外儿童保护组织。

美国儿童福利联合会制定了一个五年计划，一九四五年十月由执行委员会批准，乃根据二十五年来的经验，包括了一些事业的开拓和新机构的设置。

五年计划的目标如下：

（1）在逐渐向上的情况下，变成一个儿童保护活动的惟一代表机构。在所有地方增加会员数目，以及在个人会员或在专业会员中征求出版物定户，甚或在人民中征求。这些人的认识和支持都是非常可贵的。

（2）施行每年考察制，基本会员更常须监视，激发它［他］们工作改善的努力。

（3）设置咨询部门，以备各公共服务事业提议产生新组织，并审查其方针和设施。

（4）用会议方法讨论医学、儿童保育法、儿童教育法、儿童娱乐等等，来改革教育的新标准。

（5）展开新闻、研究、统计等工作。

（6）会员事业的活动和设施的疑难应加速解决，如像儿童保护的需要以及公费问题。同样的问题可以由联合会决定，或是和别的服务事业互相决定。

（7）与地方或是各州的儿童保护事业系统的合作，俾使共同目标的措施可以实现。

（8）施行平民教育方针，俾人人皆知儿童保护范围内应有之改善进步，如像印刷、广播、电影等等。

三、英国对少年罪犯的处置

一九四六年六月十三日，内务部长爱德（Chuter Ede）在利兹（Leeds）的一座少女监护收容院的开幕演讲里提到，战时未成年罪犯在不安定状态下增加。一九三八年未成年罪犯数目之五五，〇〇〇人到一九四一年增加到七二，〇〇〇人，后几年虽略减少，而至一九四五年总数又变成七三，〇〇〇人。四分之三的少年罪犯全是窃盗犯，这完全得归罪于战争境况，盖由于父亲被召，动员母亲受雇造成荒弛，轰炸和疏散造成无常，食物缺乏引起欲望等等所致。这种情况恐怕还要在几年内发生影响。

年轻人闲暇正确的应用以及青年组织的扩展都是最有效对付这种情形的方法，正如代替儿童拘留所和工业学校的市政学校的增加，但亦须设立许多新的收容所和教养院来收容受监视的罪犯。服务人员皆受特殊训练，并有监护者予以管理。

四、加拿大少年罪犯的减少

据一九四六年六月一日出刊的《加拿大福利》（Canadian Welfare）杂志报告，迄至一九四五年九月卅日的过去一年中，少年罪犯的数目是八，九〇九人，差不多比一九四四年的总数减少百分之十。从下列少年法庭公布的统计表可以看出，从一九三九年到一九四五年止，在战争数年中，少年罪犯数目显著增减，而到一九四五年的总数差不多又回复到战前的总数。

年代	重罪	轻罪	总数
1939	5，018	2，595	7，613
1940	5，298	3，133	8，431
1941	6，204	4，106	10，310
1942	6，920	4，838	11，758
1943	6，494	3，802	10，296
1944	6，529	3，388	9，917
1945	5，758	3，151	8，909

五、新西兰的卫生教育

一九四六年二月里，新西兰的卫生教育新措施进入施行阶段。这种教育从此更加强了健康教育，而以把健康价值及对个人和团体的重要性的概念灌输给儿童为目的。因此，应该养成儿童的好习惯，让他们心灵敏悟，教导他们许多必需知道的知识。因这些问题而有的措施，在各学校的地方环境上很易推行合适，校长亦有权采取最适合的方法。

学校与家庭间的合作将以下列各种情形展开：（1）尽可能的家长与教师密切联络；（2）各种母亲会和教师家长联谊会的组织；（3）每三个月家长必须参观学校一次；（4）家长协助学校学生的治疗检查；（5）广泛应用电台广播健康知识；（6）以卫生著作充实各学校图书馆。另外教师应该确实配合卫生部，特别是教育卫生司的活动。

新措施在保健教育上有很大的作用，不仅注重营养卫生，并且要儿童得到充分的体育训练。一九四六年五月日内瓦第九次公共教育会议关于卫生教育所未解决的疑难之处，这些新措施完全予以解决。

六、法国的两项法令

一九四五年十月十八日公布的法令，目的在使学龄儿童、各级学校学生和教师均获健康保障。根据本法规定，儿童在六岁时需受一次检查，如果发现病症和缺陷，则送他们到最适合的学校去。这一次的检查，记录在每个人的健康簿上，并且在每学年均定期复查，精神病、眼科和牙科专门医生亦按期被请来诊断。在每城区的首府，五千居民以上的区域和政府指定的区域都须要组成一个或数个学校医治中心以备定期检查之用。不论私立或公立学校内的教职员，至少每两年检查一次，以预防传染病。

参政院公布的命令，规定此种按期检查的费用由家庭和政府共摊。

一九四五年二月四日公布的关于儿童法庭制度改革的法令，已经进入实施阶段。

该法令内决定触犯刑法的十八岁以下儿童，在刑法观点上不负责任，不能在一般地方刑事机关受理，仅能在儿童法庭审判。

在每个初审法庭内，有一位由司法总长特别任命的儿童法官，三年一任。以前儿童法庭组织是三位普通法官，现在则改为儿童法官一人，陪审官两人，由关心儿童保护的人士中挑选。但案件完全由这儿童法官单独审问调查，该法官有权单独决断，或是加以简单的处罚，或是送其返家加以监视。

法令内指出，儿童法官应该义务调查案件的真实性、调查犯罪者本身、家庭物质和道德状况、受教育的机构，并且要同时进行医治和心理检查。这时期间，儿童法官可以把儿童安置在留察中心。

又此次法令里列举，一旦案情决定后，法庭可以采用下列不同方法：把儿童交还父母，或是交给第三者，或是交到慈善机构，安置在学校或是职业养成所，放在心理医疗院或是公立监视学校。该法令并且扩充"监视行动"的应用，在很多案子上都可以应用，只不过有暂时和长期的区别。

七、瑞典儿童保护的最新发展

近几年来，瑞典儿童保护不断在进展，负责计划的各种的委员会都在工作中，一部分的决议已经实现，余者亦在准备。

一九四六年一月一日起，进入实行国会批准的新规定阶段，此新规定修正一九二四年的法律中关于儿童及青年保护部分。

条文内规定，各联邦及各独立区的议会负责成立儿童所需要的幼稚园，保证儿童获得最为必需要的保护，供给各教育机构的经费，并加以监督。另外规定托儿所、假期游憩地和儿童园等均须受公家管理，甚至私人家中的儿童及不在父母家中而在外养育的所有儿童，皆须受到管理。

本来限制一岁儿童的医药保护，现已扩充包括四岁以下的儿童在内，将来恐怕还要包括一切的儿童。

在一九四三年，一岁以下儿童的死亡率是千分之二十八点六，比以前几年减少许多，但是还未达满意之境。

另方面，未达入学年龄儿童的死亡率每年都在迅速降低。在一九四三年，十一岁儿童的死亡率是千分之一，这比在发育时期的儿童死亡率稍为大些。

一九一七年法律规定的非婚生儿童保护人（Curteur）的权力现已增加。当儿童的父母因离婚或一起遗弃，或是由法庭判给父或母抚养时，此种私生子及养子均由指定之保护人管理。在特殊情形下，如果人选合适，儿童保护委员会也有权指定保护人。

国会已决定消除孕妇的预防护助和医药护助间的差异，怀孕所有的种种疾病皆应得到调理，并且经济不很充裕的妇女皆可得到免费医治。一九四二年，百分之八十六点五的人家在有此种活动的县份里得到母亲和儿童的预防护助，百分之五十五的母亲和百分之七十三的产儿受到监护。

"安家贷金"的总额增加，目的在鼓励建立新的家庭。这笔贷金现在达到一，二五〇克郎（瑞典币），这样可以减少私生子的数目。在一九四三年到一九四四年终共有五六，七六二次贷金。

国会产妇补助金是三百到四百克郎，双生子的母亲是五百克郎，但是很少以现款付给，常以物品折合。差不多半数的产妇得到这种帮助。在一九四二年到一九四三年，受惠者达到五四，四二一人。有些情况下，这补助金改以贷金给付。

儿童青年的道德保护同样有所计划，差不多有二五，〇〇〇个儿童和少年（皆个性执拗者）需要加以预防保护，并且许多特别事业应该向此努力。

从一九四四年起，政府补助婴儿院、学前儿童托儿所和四岁以上儿童园，并且从一九四四年起，在有一万居民以上的工业区域和城市，小学校和高等学校应有一位特别校医；在居民达两万以上的城市，并且应该有数位学校护士。将来可以制出一份全国人口的健康登记表。

在一九四四年到一九四五年的预算内，国家发给产院的预防保健补助金有八七〇，〇〇〇克郎（一九四二年是四五七，〇〇〇克郎），另外还有住院费二〇〇，〇〇〇克郎和药费三五〇，〇〇〇克郎。各联邦议会和独立区议会的这些补助金达到七九五，五一五克郎。

挂牌接产士，政府亦予以补助金，一九四四年到一九四五年达到三，三三〇，〇〇〇克郎。各联邦议会的同年度支出是一，六〇〇，〇〇〇克郎。一九四二年政府支出二〇，八〇〇，〇〇〇克郎来帮助产院。

八、苏联的战争孤童救济

战争夺去了无数苏联儿童的父母，在城市和乡村的废墟上，在路途上，政府当局尽了最大力量来拯救这些流浪的尢家室的饥寒交迫的儿童，并且设立了许多收养院来收容他们和教育他们。仅就人民教育委员会说，一九四五年支出了十四万万一千二百万卢布来维持这些收养院。到目前，苏联任何一片乡村，不会再遇到弃儿了。莫斯科区，这种收养院有一百家之多，其中每一个都有它的木厂、缝纫厂、鞋厂和农场。

因为孤儿健康的需要或是更需要医治看护，许多疗养院在专家领导中成立了。其中的一座位于顿河（Donetz）的岸边，松林的中央，每月能收容一百五十个儿童。

多数的重工业都开设了儿童收养院，由支配这些工厂的人民委员会管理和资助。在巴古（Bakou），史大林石油专卖公司设立了一个收养院，收入死在战线的油井工人的儿童。

在收养院里，儿童接受到一般的教育和职业的指导。基辅（Kiev）市郊喀兰莱雅克加（Kuranevka）的收养院，有一个健身房，一个音乐室，一间图书馆和一间医药室。寝室的墙壁被女孩子装饰起图画片和帷幕。院里的人员包括有许多儿童教师，每一个教师负责管理一群三十个儿童，监督他们的内务工作和功课。这样可以让他们洞悉每个儿童（的）爱好和天赋，只要每个儿童表现出出［殊］的才能，就有充分发展的可能。

九、芬兰的儿童保护

曼纳罕姆儿童青年保护联合会第二十五次年会（Vingt cinquieme Reunion Annuelle de la Ligue Mannerheim Pour la Protection de L'enfance et de la Jeunesse）——这次年会于一九四六年六月一日在赫尔新基（Helsinki）举行，地方分会代表参加者一百六十三人。联合会的局长、教育顾问爱利克·芒德兰（Eric Mandelin）致开会欢迎词后，凡诺·维尔杰朗牧师（Vaino Viljanen）经选定为会议主席。

阿尔渥·玉波（Arno Ylppo）教授叙述今日儿童保育的情况及工作，指出增加工作的需要以及在拉斯当利拉（Lastenlinna）设立更现代化、更重要的保育儿童机构。

芬兰元帅向大会致贺电。

从联合会的年报上可以看出此项效果极大的［地］增加，战后问题使联合会加强工作并致力于新的工作。拉斯当利拉儿童机构仅能满足儿童保护范围内一部份［分］需要，为了这缘故，联合会在一九四五年在劳达萨利（Lauttasaasni）、比基（Piikki）、比赫兰达（Pyharanta）设立了分支。新的拉斯当利拉儿童机构的工作虽曾因战争而停止，于此又重新开始。

在一般母亲及儿童检查健康工作外，地方分会不断把这种工作推向离中心较远的乡村去，五个流动健康检查队在一九四五年检查了一七，七七九个儿童。联合会雇用了许多出诊护士，目前在各乡村里就有三千工作人员在热心工作。

为了儿童牙科的需要，联合会从瑞典买了十辆牙科医疗车。这样，在没有牙医的乡村里，可以医治患牙病的儿童。

联合会并与芬兰游泳会合作，在一年内组成十九个训练班，其中有指导员五百八十一人参加。各地训练班内，获得游泳奖章的儿童有一一，五七一个儿童。

联合会收容儿童数字亦逐渐扩大，至一九四五年底，已收容四八，三六四人，三八，一二八个孤儿接受到义父母的帮助。会中补助费用总数在一九四五年达到一一，五一七，三四一点一〇芬兰马克。

一九四六年六月一日和二日，小学校在赫尔新基举行春节，同时举行运动会，参加的有七百个男孩和八千个女孩。

儿童保护工作人员夏季会议（Conference d'ete des Travailleurs de la Protection de L'enfance）在杰娃斯基拉（Jyvaskyla）召开，与会者三百五十人，芬兰中央儿童青年保护协会主席蓝达萨罗博士（Dr. V. Rantasalo）任会议主席，杰娃斯基拉社会预防会会长拉伐赖氏（M. V. E. Lanvola）及拉提社会预防会会长维格兰氏（M. L. K. Vidgren）担任副主席。

会议开幕后，芬兰中央协会公布议案撮要如下：

（一）依据国家顾问泰拉斯蒂（Tarasti）演说中批评到儿童保护现有组织部份，会中采纳其意见，决议如下：

1. 儿童保护工作在其一定大小的乡村区域必须有一独立中心的机构。

2. 乡村区域儿童保护工作人员需要真正具有服务社会（的）热心与才能。

3. 尽力纠正发现的缺点，并应特别注意儿童保护的技术问题，儿童保护应列为社会改善工作的第一项目。

4. 儿童的利益与幸福应该是儿童保护工作的惟一目标。

（二）由顾问坦开罗（I. H. Tunkelo）关于全国慈善行为的需要的报告，会议采纳其意见，决议如下：

1. 关心儿童保护的人都应在现在（的）组织内占有领导地位。

2. 必须公开征求对儿童保护工作中所有缺点的意见，并须研究在何种情形之下此类缺点即不存在。

3. 加强儿童保护工作，必须改良工作方法的事权的集中与分配，以地方委员会或分会组织之。

4. 必须开展对乡村区域工作人员与人民的宣传工作，以资彼等明了儿童及少年期心理之预防法与研究之重要性。

为获得必须的财源，会中决定：

A. 请求社会预防部通过国家预算支出儿童保护组织的必须经费。

B. 邀请有关人士与机构必要时间向市政当局依照法律规定请求济助。

C. 委托［托］各机构在"儿童日"举行征募运动。

（三）根据视察波勒纽女士（E. Borelius）和斯达堡女士（A. Stahlberg）的意见，在教育意义上，幼稚园、儿童园为必需，作如下建设，亦被采纳：

1. 每一城镇内，皆应有一儿童园，每日开放四小时。此种儿童园应特别为独子、道德上堕落的儿童而开放。

2. 会议虽了解整日开放幼稚园的需要，然亦洞彻这种儿童教育机构的困难与危险，会议决定在人口特别稠祕［密］的地方以年龄区分举办收养院。这种必须有多数的工作人员、合宜的卫生环境、露天的场所，同样更需要这些幼养院与儿童家庭间的合作。

（四）依据视察主任比尔若拉（Pirjola）关于国外芬兰儿童收容情况的报告，决议交由芬兰中央协会向政府提供关于不同情况下儿童收养的建议。

芬兰儿童在瑞典及丹麦的收容——社会预防部儿童保护视察主任比尔若拉氏在儿童保护工作人员会议上陈述战后芬兰儿童在瑞典及丹麦的收容问题。由于过去斯干的那维亚国家间的和约，儿童收容在这些国家比别的国家更加便利。本来在各国，儿童收容须［需］要芬兰司法总长的承认，而在瑞典和丹麦收容一个芬兰儿童只须［需］要政府的通告就够了。在这种情形下，收容儿童的地方法庭有最后否决权。从一九四三年一月到一九四六年九月，一百四十九个芬兰儿童在瑞典被收容，二十六次芬兰通告否定了，但是又被瑞典法庭所否定。芬兰决定中有十八次为瑞典法庭所否定而不加收容。现在一百八十七件收容案正在进行中，六件在丹麦已完结审查，其中五件已获准许。收容的原因全由于家庭经济状况的不好。如果一方面帮助生计无着的家庭，一面就可能限制国外儿童收容，但这有着很大的经济困难。

（原载于《红十字月刊》1947 年第 15 期）

儿童福利工作在中国
——民国三十五年度的调查

胡道珂

中国家庭一向把儿童看作父母的私有物，他们认为"养子防老，积谷防饥"，没有将抚育儿童看作自己的神圣职责，另一种家庭却把儿童视为家庭的附属品、不足轻重的小生物。至于家庭以外的少数儿童福利事业，那仅是慈善家所干的事，不为一般人所重视。

承认儿童有独立人格，并非家庭附属品，提倡抚育儿童，不但是父母的责任，而是国家社会的责任，这是近十几年来才发生在知识界中的事。因此，我们可以说，儿童福利工作在中国还是初创时代，它的愿景是非常灿烂和光明的。

这里，我们仅就卅五年度的儿童福利工作作一简略的报告。

甲、红十字会所领导下的儿童福利工作

中国红十字会自成立以来，它的工作都是偏重在医疗救护方面，特别因为配合八年来对外抗战的需要，已将医疗救（护）工作奠定了坚实良好的基础。一般人民一看到红十字的标帜，便自然而然的〔地〕会联想到医疗救护之类的事。

自复员截至本年十二月底止，各地分会领导下的医院业已恢复工作的有上海、重庆、西京、北平、汉口、长春、灌县、万县、内江、富顺、章丘等十一个医院，已经成立诊疗所的有上海、南京、广州、汉口、福州、重庆、北平、长春、南昌、武进、江都、荣昌、邛崃、永城、临汝、平凉、遂宁、梁山、安阳、亳县、江陵、鄞县、即墨、孝感、嵩县等二十五的分会。各医院及诊疗所对于医疗儿童疾病虽无详细报告，但均经常为疾病儿童服务。

中国红十字会之有专门为儿童福利而设的工作机构，自卅五年一月总会成立社会服务处开始。因为时间过短，加之总会及各分会正在纷纷复员、迁行，现在已经开始而有工作成绩的有下面几种：

（一）儿童保健

对于儿童保健工作，我们是采取这些方式进行的：

1. 设立儿童营养站

上海、南京、广州、武进、安阳、郾城、江都等七个分会，共计设立了十二个儿童营养站，每站平均每日免费供应五百个十二岁以下的儿童饮奶，孕妇、乳母也可取得饮奶的资格。站内所需的牛奶、奶粉、代汤粉、鱼肝油、面包等营养品的来源，概由行总所在地的各分署负责供给，经费则由所在地的分署及承办分会各负其半。

2. 健康检查

上海、南京、福州等市分会，为欲鼓励人民注意下一代健康起见，曾举行儿童体格检查及婴儿健康比赛。对于身体不好，需要营养补充

的，均发给鱼肝油。

3. 防疫注射

对于施种牛痘、时令防疫注射工作，因为比较轻而易举的关系，各分会做得较为普遍，已经有报告到会的有上海、南京、永嘉、福州、济源、临汝、长春、重庆等分会。

（二）恤孤婴儿院

平凉县分会设有恤孤育婴院一所，专收无父母的女弃婴，开办以来的成绩颇好，但因受经费的限制，仅能收容少数的婴儿。这种方法虽嫌陈旧些，但在平凉这种未开化的县内，对于女孩素不重视，这种救济工作如能在经济物质方面给予帮助，使其能扩大收容量，未始不可拯救一部分不幸的孩子。

乙、社会部公私立儿童福利机关及教会所领导下的儿童福利工作

（一）社会部所领导下的儿童福利工作

政府办理儿童福利工作，在中国历史不长，为时不过六年，因此成绩并不显著。这里我们仅将社会部直接领导下的儿童福利机关的分布情形及收容人数，约略统计如下：

社会部直辖儿童福利机关统计表	
省市名称	收容人数
安徽第一育儿院	223
北碚儿童福利实验区托儿所	82
泸县育幼院	169
河南第一育幼院	417
河南第二育幼院	734
陕西第一育幼院	694
陕西第二育幼院	411
广东第一育幼院	639
广东第二育幼院	733
广西育幼院	404
宁夏育幼院	472
江西育幼院	500
重庆实验救济院育幼所	83

社会部直辖儿童福利机关统计表	
省市名称	收容人数
陪都育幼院	232
重庆第一育幼院	400
重庆第二育幼院	373
重庆第四育幼院	285
重庆育幼院	103
山东育幼院	500
江苏第一育幼院	800
广东第三育幼院	410
总计	8，619

（二）公私立儿童福利机关所领导下的儿童福利工作

对于各省市公私立之儿童福利机关工作的详情，我们不很清楚，这里仅将这些机关的总数及受惠儿童总量，列表统计于下：

各省市公私立儿童福利机关统计表		
省市名称	儿童福利机关总计	受惠儿童人数总计
江苏	44	2，958
浙江	163	18，119
安徽	34	1，657
江西	10	7，505
湖南	78	25，454
湖北	49	3，450
福建	76	4，169
台湾	10	55
广东	51	5，469
广西	19	251
四川	114	8，112
云南	30	960

各省市公私立儿童福利机关统计表		
省市名称	儿童福利机关总计	受惠儿童人数总计
贵州	51	2，171
西康	1	32
天津市	16	692
汉口市	5	658
重庆市	19	1，264
山东	14	598
山西	64	3，714
河北	16	1，789
河南	72	8，633
陕西	68	6，722
甘肃	16	191
新疆	1	10
宁夏	5	616
绥远	4	709
热河	23	257
辽宁	1	80
南京市	7	330
上海市	40	6，123
北平市	22	6，069
哈市	11	112
青岛市	11	105
总计	1，145	119，034

（三）各教会主办之盲哑学校

盲哑儿童在中国，除教育部在各大城市设有专门教养的机构外，主要还是靠分布在各地的教会所设的盲哑学校，而教育部所设立盲哑学校，无论就数量和地区来说，都赶不上教会。兹将各教会办理状况列表统计于下：

全国各省市盲哑学校统计表			
学校名称	所在地区	注册人数	主办机关
灵广南校	福州	50	C. M. S
明德女校	福州	80	C. M. S
民生	古田	20	C. M. S
盲校	黄石	30	M. E. S
心光	建瓯	40	C. M. S
盲校	仙游	20	M. F. M
盲人院	莆田	25	美国救济联合会
信义（路德）盲人院	广州	20	美国信义会
明善	广州	80	长老会
慕光	广州	30	南侵［浸］信会
胜利	肇庆	40	美国布道会
重光	石歧	28	德国信义会
信义	石兴	20	德国信义会
盲人院	开本	18	美国浸信会
心光	梅县	70	德国信义会
盲人院	成章	60	天主教会
兆乐	长沙	50	德国信义会
盲人教养院	益阳	25	挪威信义会
大维山	汉口	未详	卫理分会
盲校	武昌	30	美信义会
盲校	安顺	20	美以美会
复生	古蔺	20	内地会
盲校	成都	40	联合教会
聋哑	成都	100	私立
中国盲人教养院	上海	80	私立
聋人教养院	上海	110	私立
聋哑协会	上海	50	私立
盲人院	上海	11	私立

全国各省市盲哑学校统计表			
学校名称	所在地区	注册人数	主办机关
聋哑	上海	50	天主教会
聋哑	南京	40	天主教会
盲人习艺所	青岛	45	私立
西生	黄县	45	私立
义光	昆明	90	私立
天光	昆明	65	德国信义会
比马利	北平	60	O. M. S
聋哑协会	北平	40	私立
聋哑协会	天津	42	私立
盲校	沈阳	80	丹麦教会

从上面这个简略的报告里面可以看出，中国儿童福利工作还在初期阶段，许多现代儿童应享的权利，中国儿童还没有梦想到。相反的，许多残废、疾病、贫穷、失学、犯罪的正伸着待援的手，等待着社会福利工作者的援救。因此，目前最迫切需要的工作：

（1）由社会部、中国红十字会及其他儿童福利机关共同发起组织全国性的儿童福利工作计划会议，负责统筹全国儿童福利工作。

（2）着重量的普遍发展与质的改进，并举办几种新的实验工作，如问题儿童研究、少年罪犯法庭、家庭寄养、天才及低能儿童教育班等。

（3）开设儿童福利事业训练班，一方面训练在职人员，一方面招收志愿从事儿童福利工作者予以短期训练。

（4）扩充公私立大学之社会系，并增开儿童福利有关课程以培养高级干部人才。

（5）制定儿童福利事业经费，由国库开支，至少应占国家总预算之百分之五。

（原载于《红十字月刊》1947 年第 15 期）

父母与儿童

孙以琴

　　儿童是家庭的至宝。家庭的温暖，人生的乐趣，大半系在孩子身上。一个真正幸福的家庭，不在财富的多少，而在孩子的有无。人们除掉可以把自己的事业永留于社会外，惟有子女可以代代相传，使自己永远地存在不灭。天下的父母，没有不期望自己的子女很健康、很可爱，而且将来有很好的造就的。可是，怎样才能够达到这个目的呢？这就是今日大家要研究的儿童福利问题。

　　人类因文化逐渐进步，所以儿童教养的时期亦逐渐需要加长。依现在来看，一个人呱呱坠地以后，大约需要十三四年及至二十四五年的教养，才能适应社会的生活。如果儿童在此时期缺乏妥善的教养，在儿童时期一定容易成为问题儿童（Problem Child），在将来极容易造成社会的落伍者，或是浮浪者、犯罪者等等反社会的赘瘤。所以为父母者，跟着社会文化的进步，对于教养子女的责任也更加繁重了。许多做父母的，往往不惜任何牺牲而为教养子女作最大的努力。这就是做父母的伟大情操。所以，家庭便成为教养儿童最良的场所了。

　　所谓教养，应该分开来说，一是养护，一是教育。如何使儿童得到优良的养护和优良的教育？这是做父母的应该重视和讲求的两件事。我们知道，生物在萌芽的时候，一定要特别加以保护，这是必然的道理。假使我们要造成健全的人类社会，必先要好好地培养我们幼小的生命——婴儿。人类的婴儿期特别长，做父母的便应该知道利用此较长的婴儿时期以建树人格发展的基础。一般的人认为，一个儿童有吃、有穿、有住和有学费给他上学，这个儿童的幸福好像已经不浅了，一般的父母便好像已经负了"教"和"养"的完全责任了。其实，那［哪］里是这样简单的事呢？

　　我们中国人的家庭，仍然是成人的家庭，不是儿童和成人共有的家庭，儿童不免仍是成人的附属品。除了极少数的上层家庭中，因为父母都受到很好的教育，知道教育儿童是一件重要的事，才给予儿童在家庭中应占得的地位。此外，试看许多的父母，只顾自己的享乐，不给儿童好好地［的］照顾，宁愿自己去消遣，不肯陪小孩玩玩。小孩啼哭，既不愿加以抚慰，又不去仔细考察啼哭是因为什么病痛与不舒适，简直把儿童当做"具体而微"的成人，衣、食、住、行都和成人的一样看待。身体的发育，心理的发展，简直不知什[怎]么一回事。有时小孩因为好奇心的驱使而发出问题，不仅没有好好地答复他，向他解释，反而骂他多管闲事。好问本是儿童的天性，你想做父母的反以责骂的态度来摧残这种好奇心，这对儿童将有如何重大的不良影响？所以，现在有人提倡儿童中心的家庭才是对儿童有利的。在这种家庭里面，做父母的态度应该是怎样的呢？在这种家庭里，父母应该以儿童的福利为前提。父母不能性急，尤其子女众多的家庭。遇到孩子们争吵的时候，父母一定要能够耐心的[地]和儿童讲理由。父母必定要尊重儿童的兴趣和需要，要懂得儿童心理，善用教育的方法。在家庭中应该有块地方，替孩子安排一个优美的环境，具备孩子用的一切器具和物品。同时还要选择社会环境，孟母三迁便是个很好的例子。可惜在今日中国人的家庭是很难做到的。但做父母的仍然要注意，譬如儿童喜欢听故事，这便是实施家庭教育的好机会。父母就要选择好的材料，关于鬼怪的故事决不应讲给孩子听，以免养成不健全的恐惧心里[理]。

以儿童为中心的家庭教育才能使学校的教育发生很好的作用。依我从事学校训育工作的经验来说，每每在开学的一个月内，学生生活很凌乱，上学期在学校原来已经训练得很好的习惯，如礼貌、秩序、善意等等，经过一个寒假或是暑假，便完全付之东流，又得从头做起。这样，在教师白白花去许多的精力和时间，在儿童没有得到益处。因为儿童在学校里所接受的教育都是要得到家庭的同意与保障的，同时儿童在学校生活中所得到的经验和种种习惯，大半都是要儿童到家庭里去，求发展，求熟练，借使儿童得到更多更好的经验。所以家庭里，应当接受学校的全部课程，帮助学校来教育儿童。如果这样做，才能造福儿童，不然，学校"教育"，家庭"反教育"，那所得到的一定是坏的结果。

在这里，我对于一般的父母贡献一点意见：

（1）父母至少要懂得有子女的家庭怎样管理、怎样布置、怎样教养儿童。

（2）父母至少要为儿童生活着想，给予适当的布置，并且花上相当的时间在儿童身上。

（3）父母至少要懂得家庭环境怎样和学校环境相配合，家庭帮助学校以完成完善的儿童教育。

（原载于《红十字月刊》1947 年第 15 期）

美国红十字会的义务工作人员

曾大钧

本会曾副秘书长大钧奉命出席红十字会国际联合会之执行委员会会议，于上年十一月上旬出国。二十一日抵伦敦，访问英国红十字会。二十五日飞巴黎，出席红联（红十字会国际联合会简称）召开之加强国际红十字委员会之设计会议。二十九日至卅日，出席红联之执行委员会会议。会后于十二月一日转赴日内瓦一行，访问红联秘书处及国际红十字委员会。十日返巴黎，廿三日飞美。在美国逗留三星期，于一月廿四日离旧金山搭轮返国。四月十二日应本会同人读书会之请，演讲访问美红会观感，包括该会之义务工作、征募运动及研究宣传等项。兹先就义务工作部分，整理讲稿刊出，其他部分容再陆续付刊，至希读者注意。

编者谨识

我在美国逗留的三星期中，除访问华盛顿总会外，并参观了华盛顿、亚力山大和芝加哥三个分会。对于美红会经费筹措、青年会员、分会组织，特别注意，曾与总会和分会的各主管人详细探讨。又为明了小分会活动情形起见，特就旧金山候船时期，在其附近两个小分会参观。我觉得，有几桩亲身体验到的事情最值得向诸位报告。

（1）我在华盛顿的一个星期中，每天的日程都是由总会排定的，有人引导参观。每到一个部门时，都是有计划地领导参观，而且和预定时间丝毫不差。在游历的时间，他们指定了 Mrs. Wilght 驾车。她是华盛顿分会义务驾车队的队员，丈夫在政府担任科长阶级职务。据她告诉我说，义务驾车队队员奉派出勤时，甚至连汽车和汽油都是自出的，并且制服和肩章也是自己出钱购置的。不惟如此，每年义务服务二百小时才许特佩的标志，也须自己出钱才能买到。她说，他们参加红十字会工作不过求得良心安慰而已！

（2）芝加哥分会为美红会最大的一个分会，支薪工作人员在四百人以上，过去在战时义务工作人员多至几十万人。我曾参观一个义务生产工作队所组织的义务缝纫工厂，在绷带间见到一位老太太，每星期来此义务缝制三天，她已经继续不断地工作达十五年之久。据说老太太的自身经济情况亦不佳，还是个自食其力的人。可见红会事业不在经济要如何雄厚，有薪人员要如何众多，而主要是在义务工作人员的多少。

（3）参观旧金山附近的小分会时，觉得组织虽小，而工作亦极良好。它们的工作都是义务人员担任的。这种义务工作者，有时还得捐出钱来，如斯坦福大学所在地的巴纳欧特分会，看门和接电话的是前斯坦福大学校长 Dr. Wilbur 的妹妹，胡佛总统的私人秘书则担任宣传、交际等工作。

（4）我在旧金山时，正赶上太平洋区区域办事处开工作检讨会。这一次会议时，有总会和所辖分会的主管人员参加，对于工作讨论和计划都很热烈审慎。区域办事处内工作人员的资历都很好，得有博士、硕士学位（的人）很多。他们人才的充实，可见一斑。

这几桩事实告诉我们，义务工作对于红十字会是何等的重要，本会今后亦需向此迈进，希望同人多多研究。我现在先作个简单的介绍。

一、美红会义务工作的组织和规定

美红会特殊义务工作（Volunteer Special Service）的宗旨，是在征集并训练一大批有经验人员，平时予以组织，予以必要的简短训练，俾紧急需要发生时能迅速动员，堪任各种不同的服务工作。其组织，总会设特殊义务工作委员会。系一咨询机构，委员几均系女性，由总会主席任命组织之，但负实际行政责任的是设于国内服务处之下的特种义务工作组。组内设组长、副组长各一人，组长、副组长之下，分隶各科。科数多寡，历年均有不同。据去年之实际情形，组下共设三科，一科主持义务护士协佐人员队、医院及娱乐队、技艺队及烹饪队；一科主持饮食服务队、汽车队、职员协助队；又一科主持家庭服务，各设主任一人。各地分会之组织，则采委员会之组织，名为特种义务工作委员会，其主席由分会主席得分会理事会同意指定之，惟此一主席须为理事会之理事。平时以义务工作之组织及行政事务尚称简单，多无设立副主席之必要，惟在战时紧急情况下，得设副主席，协助主席办理工作。主席经过分会理事会之同意，得指定各种服务队之队长，各该队队长即向分会主席及特种义务工作委员会主席负责，并受其监督。委员会由主席、副主席及各队队长出席组织之，每两星期至少开会一次，共同讨论有关各队之事宜。一队之活动节目，由队长与主席权商后确定。关于队员之征集、服务时间之记录、工作之计划及分配，则由队长根据商定之计划与原则实施之。入队所需之条件，各队虽不同，但有一共同之条件，即须为美国公民。一九四二年六月三十日，美红会曾就此点作原则的规定，惟其后又稍有更改。大致说来，美国公民虽为加入义务工作队队员的一种原则，但如分会能就总会所规定的情形下自行担负责任，则外国人民亦可加入。但总会警告各分会，对于军事有关之各种服务队队员，尤其应该特别审慎。队员虽同时可以报名加入其他工作队，惟彼应随时准备其第一志愿队之服务，若第一志愿队已无需彼之服务时，始可在其他队服务，同时制服即须改变。任何队员有积极服务四年，已满足规定的每年服务时间者，得请求退出并保留其扣针（Pin）。此种合格的退休队员称为后备队员，凡义务工作委员会请求其服务时，只要该队员曾受此种训练，均应接受。每年结束时，如未能达到规定服务时间者，则予以除名及收回扣针之处分。如有正当理由而请求再度入会时，须填具说明书。又如除名时交回扣针完好无损者，则退还其购买费。除义务护士协佐人员队、医院及娱乐服务队队员不能向其他分会请求转移服务外，其他各队队员如有此项请求，可将其服务成绩寄至区办事处，请求转向其目的地分会申请。美红会此种特殊义务工作之各级负责人，无论总、分会，自主席至队长，全部由妇女担任，队员亦大部分为妇女，但在原则上，美红会规定男子亦欢迎加入。除医院有关的服务不许男子参加以外，其他各队，如家庭服务、驾驶、职员协佐等队，且认男子亦有其优长。男队员无制服之规定，彼等在服务时可以佩带扣针或另外一种专为男队员应用的小扣针，即普通称为协助扣针（Aid Pin）者是也。

二、美红会义务工作人员的训练与服务

义务工作人员的训练和服务，各队情形，均有不同，惟"红十字会组织与工作"须普遍为各队队员讲授。美红会出版书籍中"四一六A"即为供此之用，每年均有增改，以使各队队员对于红十字会有深切确当的认识。兹为参考便利起见，将各队队员条件、担任工作、服务地点及训练科程，列表说明于下：

	一、队员条件	二、担任工作	三、服务地点（或时间）	四、训练科程
技艺服务队	有创造力及技艺训练之男女，经作品会审检定合格，而其为人适合为调养病人服务者。	为调养病人（军人或退伍军人）教授工艺技术，制造展览表证用之模型及样品。	1. 在病房或联邦医院附设之工厂。 2. 在分会之实验工厂。	简单教练课程之听讲。

	一、队员条件	二、担任工作	三、服务地点（或时间）	四、训练科程
饮食服务队	妇女或青年女子，对于营养工作及集体供膳有兴趣并能符合本地健康标准者。	1. 紧急时期集体供膳工作。 2. 在分会房屋内供应膳食。 3. 举办制罐及学校供膳工作。 4. 在红十字会机构及社会机构内供应膳食。	1. 在分会会所。 2. 在陆、海军当局请求为行进中之军队办理补充饮食之任何地点。 3. 军营、医院及诊所。 4. 灾难发生，需要饮食服务之任何地点。	二十小时之红十字饮食服务。
家庭服务队	妇女，对于社会服务有兴趣、有忍耐心，机智，对于私人消息能尊重信守勿泄[泄]者。	以家庭服务组织一员之地位，接受个案委托，为军队中之男女服役人员、退伍军人及其家属服务。	1. 在家庭服务组办公室工作。 2. 访问诊所、办公室、学校、家庭，作实地调查。	由优秀教练员讲授，每课二小时。至少十课之家庭服务基本训练科程。
医院及娱乐队	年龄二十一至五十岁之妇女，经规定之体格检查合格，性情娴和、快乐，对于病人及调养病人之精神鼓励力能胜任者。	1. 病房访问。 2. 娱乐颐养病人。 3. 代为阅读、书写信件、陪伴作戏。 4. 迎接病人及来访者。 5. 参与重整及复健计划。 6. 在医院中推进图书馆服务。 7. 在诊疗所中权代[代替]女主人地位。	1. 在联邦医院、平民医院及诊所。 2. 在军营之红十字中心。	1. 为灰衣小姐所设之课程，包括讲授（至少十小时）及实习，期满考试。 2. 一般简短课程，讲授四次，实习期满。
驾驶队	十八岁或十八岁以上，有良好驾驶记录，经验丰富之驾驶员，适合体格之规定者。	1. 协助分会一般计划之推进。 2. 军队及退伍兵之运输，并接受其他军事方面的派遣。 3. 与本地卫生及福利机关合作。	1. 照规定之普通时间表服务。 2. 紧急召集。	1. 十八小时之红十字标准急救课程。 2. 十小时（包括一小时考试）之汽车机械课程。

	一、队员条件	二、担任工作	三、服务地点（或时间）	四、训练科程
生产队	任何年龄之男、女能缝织或制作外科敷料者，但后者必须经受一个指导训练。	1. 缝制医院用长衣及在役军人之慰劳品。 2. 制造难民及贫苦平民用之长衣。 3. 织毛衣、背心、手套等件。 4. 为医院住院军人、妇女及退伍人员缝制口袋。 5. 应请求而制作外科敷料。 6. 制造紧急避难室应用物品。	1. 缝织品在教会团体、俱乐部及家庭中工作。 2. 外科敷料在分会工厂及医院中工作。	—
职员协助队	妇女及青年女子担任办公室或接待室工作者。	1. 打字、整理卷宗、翻译。 2. 在征募运动时服务。 3. 职员询问处及娱乐服务处。 4. 应接电话。 5. 为外勤服务主任担任办公室工作。	1. 分会会所。 2. 输血中心。 3. 外勤服务主任办公室。 4. 医院、其他卫生及福利机关。	第一部分：每天两小时关于红十字会工作之讲授，四次。 第二部分：至少四小时之实习。 第三部分：考试及见习十小时。
义务护士协佐队	十八岁或十八岁以上之妇女，曾受高中以上或其相等学校之教育，符合规定之体格标准者。	1. 为毕业护士之助手。 2. 量体温、脉搏及呼吸。 3. 早晚侍候病人。 4. 准备并妥放准备消毒之治疗盘。 5. 未消毒敷料工作之协助。 6. 协助敷设石膏及在紧急室协助。	1. 平民医院、联邦医院之病房。 2. 门诊室及意外室。 3. 医院及工厂诊疗所。 4. 公共护理机关。 5. 输血中心。	八十小时之训练课程（包括考试一小时）分为： 第一部分：简单护理方法之讲授及表证三十五小时。 第二部分：特别指定医院病室实习（受指导）四十五小时。

以上各种义务工作，各地分会不一定都要完全举办，它们举办的标准完全决定于客观环境的需要。据一九三九——一九四六年间的报告，美红会的义务工作并不限制于以上几种，七年平均统计的结果，每年平均义务工作人员四百万人中（四，二四〇，〇〇〇），特种义务工作队队员仅占全部义务工作人员的半数，即二，一三八，〇〇〇人，而其他义务工作人员总计亦达二，一〇八，〇〇〇人。

　　至于各种义务工作队队员最低限度的服务时间，以十八小时为标准的最少时间，战时各队均已自动提增。依据一九三六年美国尚未参加战争时期的规定，职员协助队、生产队、饮食服务队、驾驶队、家庭服务队都是十八小时，义务护士协助人员队是一五〇小时，而医院与娱乐队的灰衣小姐是五〇小时。

三、美红会义务工作人员的贡献

　　美红会为各国红会中工作最见活跃者，其成绩亦殊辉煌可观。考其原因所在，义务工作之成就，亦为主要原因之一。根据美红会之统计，在一九三九——一九四六年之战争七年中，参加全国性工作之义务人员与有薪职员相比为二〇四比一，可见其人数之众多。若将七年中义务人员之工作合并计算的话，其一整年工作全由义务工作人员担任者，三，七三五个分会中达二，六一六个，于此又可见其普遍在各地分会发生作用。七年中，每年平均服务之义务人员数达四百万人以上（四，二四六，〇〇〇），其中最多之一年为七百五十万人。在此七百五十万之义务人员内，曾受红十字会训练，颁发证书之特殊服务队队员达三百八十万余人（三，八三三，四〇〇）。此种义务工作队队员之服务时间，七年中达二千四百万个星期（二四，四五三，一〇〇），或等于五十万人共同工作一年。若以每小时给资七角五分计，其全部贡献计值美金七万万元以上（七三三，五九四，四〇〇，〇〇〇）。兹以总会、分会有薪人员与医务人员服务时间列成下表，以便比较。

有薪人员与义务人员服务时间比较表

时间	总会有薪人员服务时间（小时）	分会有薪人员服务时间（小时）	特殊义务工作队队员服务时间（小时）
一九三九——一九四〇年	一，八七〇，〇〇〇	四，一六六，〇〇〇	一一，八三六，一〇〇

时间	总会有薪人员服务时间（小时）	分会有薪人员服务时间（小时）	特殊义务工作队队员服务时间（小时）
一九四四—四五年	四八，七五六，〇〇〇	二五，二二〇，〇〇〇	一七二，九九四，〇〇〇
一九四五—四六年	二八，七三六，〇〇〇	二三，四七二，〇〇〇	七二，四八二，〇〇〇

由上表引绎，一九三九——一九四〇年，美国参加战争第一年，总会与分会之有薪人员（据另一统计为三，四八二人）服务时间不过为特殊医务工作队队员（五三八，一六四人）服务时间的二分之一。一九四四——一九四五年，战争达最高潮之一年，前者与后者之比例，相差更远。前者合计不过七千四百万小时，后者却在一万万七千三百万小时之谱，后者多过前者几达一万万小时。若以此比例来算，前者仅为后者的百分之四十二点八而已！即在战争结束的一九四五——一九四六年，总会、分会有薪人员的服务时间，亦至多为后者的百分之七十二而已！总而言之，义务人员的时间贡献比有薪人员为多，一九三九——一九四〇年多一倍，而一九四四——一九四五年多一倍有余，一九四五——一九四六年多四分之一以上。

至于特殊义务工作队各队队员人数，以生产队为最多，七年中每年总是第一位。职员协佐队、汽车队、饮食服务队及义务护士协助队次之。不过各年间彼此均有增减，每年人数的次序不能确定而已。兹将普通的十种义务工作队人数列表，说明其人数次序如下：

	生产队	五一五，一六二
	职员协助队	八，九三一
	行政服务队	五，〇三一
	医院及娱乐队	三，二四一
一九三九——一九四〇年	汽车队	二，七九六
	家庭服务队	一，四四二
	饮食服务队	八七一
	义务护士协助队	六七二
	技艺队	（尚未成立）
	义务烹饪队	（尚未成立）

专题论综

一九四四——一九四五年	生产队	二，二五〇，七六四
	义务护士协助队	一一〇，一七〇
	饮食服务队	八八，四九三
	职员协佐队	六三，七二一
	医院及娱乐队	四九，八八二
	汽车队	三四，二八九
	家庭服务队	一五，〇一九
	行政服务队	七，七三〇
	义务烹饪队	七，三九九
	技艺队	六，一三四
一九四五——一九四六年	生产队	五七七，一二〇
	义务护士协助队	六九，〇九五
	饮食服务队	五一，三二三
	医院及娱乐队	四〇，五二六
	职员协佐队	三一，一二二
	汽车队	二一，三六八
	家庭服务队	一三，五四五
	技艺队	六，六五四
	行政服务队	四，八三七
	义务烹饪协助队	四，〇二七

战时七年中，特殊义务工作队队员平均每年二百万人以上（二，一三八，〇六一），七年间总共服务时间九万八千万小时左右（九七八，一二五，九二九），每年每一队员计服务六十五小时（六十五点四）或八小时工作八天。其所成就，则如下表：

战时七年中特殊义务工作队主要成绩表

1. 七年中举办特殊义务工作队之分会数（平均）	三，三〇四个	
2. 饮食服务队	供给一万二千万顿餐食	一二〇，六三七，九七一顿
3. 家庭服务队	接见访问二百四十万次	二，四〇二，二八〇次
	实地访问一百一十万次	一，一〇九，六一八次

4. 汽车队	服务行程六千万英里	六〇，二二四，六三七英里
	召集服务八百七十万次	八，七一一，九〇五次
5. 生产队	缝制长衣六千万件	六一，〇四六，五四〇件
	修补长衣二百五十万件	二，五〇六，一〇〇件
	婴孩衣服一百一十万件	一，一〇八，五五六件
	婴儿包约三十万个（三年记录）	二九四，六〇二件
	红十字口袋一千五百万人	一五，二九八，九九一个
	外科敷（科）料约二十五万万件	二，四八一，九五一，六三七个
6. 技艺队服务医院单位	每年平均一〇五个	
7. 烹饪协佐队服务医院单位	每年平均二六三个	
8. 医院及娱乐队服务医院单位	每年平均一，〇四四个	
9. 护士协佐队服务医院单位	每年平均二，四九三个	

美红会这种成就，很值得吾人注意。我们红十字会虽以服务社会为我们的目的，但红十字会所以与其他社会服务机关不同之处，恐怕动员大多数的义务工作人员，亦为特色之一。故无论就现实的意义或理论上的贡献论，义务工作问题，值得研究，值得推进。

（原载于《红十字月刊》1947 年第 16 期）

国际卫生组织的一元化

汤蠡舟

欧洲各国对于国际卫生合作感觉需要，大概开始于十九世纪。当时自东方传入流行病，蔓延及欧洲，各国虽竭力自保，流行病却未能防止。因此各国虽不乐意合作，但亦开始国际间的共同措施了。这种稚形的国际卫生合作，在本世纪开始时，即具体地产生了一个国际公共卫生局。国际公共卫生局根据一九〇七年十二月九日之国际协定，正式成立于一九〇九年，局址设于巴黎，为第一个主要的纯公共卫生的国际机构。其执掌为担任国际卫生公约签字各国间的永久联系机构。其后又于局内成立永久委员会，这个委员会更成了国联卫生局的一般咨询委员会。根据国际卫生公约的规定，该局负责向签字各国提供有关公共卫生，特别是传染疾病，如霍乱、鼠疫、回归热等一般事实和资料及其防治方法（一九二六年公约始将斑疹伤寒及天花列入）。签字国政府应将业已实施及准备履行之公约规定随时通知该局。该局得将各国有关传布性疾病之法规、传染病蔓延之情报、公共卫生统计及各国所采卫生措施之情报发表，以供各国参考。故该局系负双重使命，一方面固为情报中心，他方面且为督促卫生公约之履行。该局与各种公共卫生机关密切联系，如国联卫生局、国际船舶局、国际空运委员会及泛美卫生局是也。

但国际卫生大规模地推进尚在第一次世界大战国际卫生局成立以后。该局成立之目的，在以研究及国际桥梁之地位促进公共卫生之保障。其主要工作，一为防止疾病，包括防止疫疠；二为促进卫生，包括营养、住宅及体育之研究。其方式则有下列各种：

（1）以情报及技术咨询供给各国，促进各国卫生当局之努力并改善国际（间）公共卫生之关系。该局《流行病学通讯》及《卫生统计》两种杂志，搜集并广播传染病之发生、蔓延及地理分布之消息。

（2）制定国际共遵之种种卫生方案，交换各国间之经验并厘定研究、诊疗、记录、行政及统计之共同标准，使各国材料均可比较考证。

（3）筹划并实施各国卫生人员之交换，组织集体研究访问，以明了各国已有之经验与方法。

（4）组织训练班及实地工作训练，鼓励各国从事于各种疾病、各种卫生问题、营养、住宅之研究。该局请由专家或由具有国际声望之技术人员组织技术委员会或小组委员会主持研究，如一九三七年国联组织农业、经济及卫生专家之混合委员会，发表营养与健康之报告，说明营养与健康的关系，主张配合重订农业及经济政策，希望各国借此解决其营养问题。

（5）接受各国政府之邀请，派遣专家代为设计或改组各国的卫生行政。

（6）经常召开区域会议，如一九三一年之欧洲乡村卫生会议，一九三五年之泛美卫生会议，一九三七年之东方各国乡村卫生会议。

因国联卫生局之努力，各国人民对于公共卫生之认识增益不少，尤其如预防之应与治疗并重，政府应积极负起改进民众健康之责任等等，认识已较前普遍而深刻。第二次大战发生，国际卫生工作自受不少顿挫。若干被侵占之国家，其卫生事业尤遭完全摧毁。故欧洲战争结束，即有联合国善后救济总署之设。战后卫生工作，亦为联总业务之一。

联合国组织根据《联合国宪章》之规定，亦以国际卫生促进与合作为主要工作之一。《宪章》第五十五条规定：联合国应促进解决卫生问题。第六十二条规定：经济社会委员会应从事或提倡研究并报告卫生事业。自联合国卫生组织临时委员会第一次会议于去年七月决议国联卫生局、卫生委员会、国际公共卫生局、联总卫生业务均交联合国卫生组织接收办理，行见分散于不同机构的工作集中于一新的机构。三十年来业已发芽滋长的国际公共卫生事业，当必有更灿烂的发展。

在此一元化的新机构之外，尚有一个泛美卫生局。该局历史悠久，为国际官方公共卫生组织最早成立之一个，惟其范围限在美洲各国耳。该局设总局于华盛顿，另于律马、比鲁、高特马赖城设分局三处。据一九二四年《泛美卫生公约》之规定，其职掌为西半球公共卫生事业之联系及情报机关，对于防止美洲各国之疫疠问题最为注意。美洲各国海港检疫所规定之传染病，除霍乱外，均由该局协助研究并防治。该局于《国际卫生公约》之履行，无异为前述国际公共卫生局之一区域机构，其作用均列在一九四四年两次《国际卫生公约》中。对于美洲各国卫生事业之促进，如派遣代表向各国政府建议创制新法律或协助建立实际的卫生行政，其医师及卫生工程师则协助各国政府改进给水、排水系统，处置废物，改进牛乳之生产、分配及其他基本卫生问题。

（原载于《红十字月刊》1947年第16期）

红十字会与防疫

俞百新

在悬崖之上设立屏藩，要比在悬崖之下设置一部救护车为明智及合于人道得多。

纽斯荷尔姆　语

疫疠和灾难一样，是一种紧急的情况，在各国政府防治疫疠的力量尚未强大以前，各国红十字会对于防治疫疠都占极重要的地位。我们中国红十字会四十多年来的历史，就是（以）灾难救济和疫疠防治为主。欧洲各国如希腊、波兰、亚洲各国如土耳其、伊朗、印度等国红十字会，至今仍于防治疫疠有其积极的贡献。但就整个红十字会的趋势说，疫疠防治已多认为是政府的工作，红十字会不过于必要时应尽协力而已。故一九四五年十月间在日内瓦举行各国代表咨询会议时，曾通过下列建议一条（建议第三十九条）：

本会议于获悉多数红十字会与政府当局合作扑灭疫疠及若干主要地方病，如疟疾、性病及肺结核之努力后，建议红联理事会通知各国红十字会，应特就政府之请求，担任一部分工作，特别于疫疠危机深重或地方病威胁已引起一般人忧惧之时，应予参加，并请红联秘书处与此等红十字会接触联系，予以新技术之报道，俾利其工作之推进。

我们翻开历史来看，红十字会对于防疫工作最有贡献的时期是在第一次世界大战结束之际。一九一九年四月一日由美、英、法、日、意五国红十字会所召集的坎内斯会议，不但对于中东欧斑疹伤寒流行病的防治有所决议，并成立红十字会国际联合会（简称红联）。其第一桩工作，即为主持当时最感严重威胁的防疫工作。战败或被敌军侵入蹂躏的国家，因为平时卫生机构的破坏，惨遭那些已有方法防治的流行病，如斑疹伤寒、疟疾、鼠疫、回归热的侵袭。同时，复因战时生活反常、营养失调及人口迁动频繁，疫疠蔓延犹如决口之水，滔滔皆是。故一九一九年红联有划时代的协约各国联合医药委员会（Inter-Allied Medical Commission）之组织，派遣调查团前往发生疫疠地点实地考察，研究防治对策。这是大规模防疫的首举。故红联实为一个大规模国际防疫团体，而且在其后若干年内还是一个惟一的国际（间）实际防疫的团体。

第一次大战后，各国卫生事业均趋发展，尤其经过国际联盟的努力，弱小国家的卫生事业亦受掖助逐渐开展。第二次世界大战中，其情形已较上次大战时改善。欧洲战争刚一结束，各国便有联合国善后救济总署之设。各国卫生复员，更较上次为有组织而见功效。

第二次（世界）大战后，红十字会的防疫工作虽已退处辅助地位，但红十字会因具有战时工作的成就和地位，服务训练的精到和深入，在今后防疫工作中仍有重要的作用。我们知道，（上次）第一次（世界）大战时代，治疫工作重于防疫，现在则以防疫为要。说到防疫工作，无论防疫注射、消毒和一般预防治疗，因为近代技术的日趋简捷，需要护士、护士辅助人员以及义务服务人员者，因之亦渐多。据一九四二年若干红十字会卫生专家之研究，十万人之灭虱工作，犹需一个流动医疗队，包括车辆十五部、热压器二十部、帐篷二十个、医师两人、护士六人、化学师一人，男性助手四十二人，需要工作三个月，始行竣事。但到了今天，利用 DDT，每人只须以五〇公分的 DDT 喷射二分钟即可收效。此种喷射 DDT 之工作，如有医生之指示，义务工作人员均优为之，遑论有训练的护士。以 DDT 扑灭疟蚊而论，手续之简易，亦复如斯。比之以前用油或巴黎绿泼溅于周围三公里以内所有之水沼河流，每周一次或每旬一次，不但简便省事，而且收效确切。依目前经验，大概每三个星期在室内墙壁、纱窗各处喷射 DDT 一次，即可收到效果。像这种简捷的工作，将来都可以由红十字会的护士及义务工作人员担任。其次，现在隔离病人，多半采取在家庭内隔离的办法。家内隔离，需要护士的协助尤为迫切，红十字会的护士，故于此亦大有可为。总而言之，红十字会在今后防疫工作中，仍将有其不可或缺之地位。至于医药落后国家之红十字会，则更不必说了。

（原载于《红十字月刊》1947 年第 16 期）

英国红十字会两项医药服务

袁可尚

英国红十字会的医药服务，目前主要的不过三类：一类是设立疗养院，英红会现在改称为辅佐医院，计划设立卅二个，去年年底已成立者八个；第二类是风湿病防治计划，该会在伦敦成立一个示范性的风湿病防治院；第三类是属于病后调适服务的，如为肺病人设立的 Papworth Village Settlement、East Lahcashire T. B. Colony 是也。兹先就辅佐医院的确立和发展及贝杜广场的风湿病防治医院简作报告，为同人介绍。

一、辅佐医院的确立和发展

英国红十字会的辅佐医院计划，原称疗养院计划，一九四五年九月于康特（Kent）首先孕育。当时伦敦总会设计小组委员会主席爱顿女伯爵（Lady Eldon）即以此战后第一新措施提出计划方案，一九四六年三月十八日，指定医务顾问一人，从事实际筹设工作。该会计划设立辅佐医院三十二所，迄年底止已成立者八所，即阿申顿大厦、爱西顿乌特、布莱、黑灵哈姆、菲尔海德、费利兰特、巴活煦、卢丁顿大厦是也。此种新措施，设计小组委员会原拟命名为疗养院，以免为当时正在计划中之国家公医制度所采用，但医务顾问则建议命名为辅佐医院，以便望名思义，仍不离其医院之作用。其后提经执行委员会讨论，以为国家公医制度，采用名义，本无限制，疗养院亦可被指为医院，故将此项命名决定为辅佐医院。迨国家公医法公布，其第七十九节关于医院之解释果然包括疗养院在内。此项决定，可谓有其先见之明矣。又在一九四五年（年）初立之时，英红会曾将此项计划提出交卫生部，与之商讨，极博卫生部长之同意，并保证即使公医制度实施，此项疗养及病后调适之病床仍有需要。故于该年三月间正式筹设，通令各地分会调查现有设施及当地需要之情形。复经医院联合会及医院社会服务协会之协助，证实此项计划甚有需要，特别对于长期外科及内科病人之久占床位一点，可予以妥善解决云。据研究之结果，以人口百分之一点五为病床需要率计算，全英（包括威尔士）需要床位六三〇，〇〇〇个，而现在仅有二八二，一〇〇个（心理病院、产院等病床除外）。换言之，即以病床论，卫生部至少尚须加倍努力，方克符合需要。此项努力，至少需时五年至十年。又病人之中需要病后调适者至少亦在百分之十，则另需病后调适病床六三，〇〇〇个。故数千个病床之辅佐医院，不惟目前有其需要，即移交政府办理，亦恐在十年以后。

但英国红十字会之原计划，则为五年，五年以后移交政府办理，并定自一九四八年四月一日先与政府合作办理。英国红十字会此项措施，任由各分会斟酌当地需要及人才、设备、房屋的条件自由举办。如其所收病人对象为全国性的，如布莱院之收容糖尿病人，其开办费全部由总会负担，否则由总会负担百分之七十五，分会负担百分之二十五。其经常费应由病人缴费及合作之机关医院（医人由此等院所送来者）所缴费用为主，其不足之数亦由总会及分会以七十五对二十五之比例分摊。房屋之选择发觉困难甚多，地位、交通、大小、形式等经各地分会认为合适者凡二一处（其调查五十三处），最后经医药顾问认为合适者不过九所。其选择之步骤及方法，为首先调查某一城市是否有设立辅佐医院之真正需要。如属有此需要，则以此城市为中心，于其外围十英里以内选择合适房屋，以容纳五十个床位及其职员之用。同时，此一建筑须与该城市主要医院相距较近，以便该医院医师得时时前来继续诊疗工作。若此为不可能时，则由红十字会分会指派医官一人，常川驻院。故寻觅房屋之时，事先与卫生部及地方医院密切联系，俾各方便利，均能顾及。此等辅助医院绝对不许有救济院之意义，故充分划设小病房，而单人病房尤为上选。在三类需要疗养及病后调适之病人中（因过度工作体力日损者、慢性疾病者及普通伤病者），辅佐医院为充分利用有限病床起见，计划中以收容普通伤病者为先，俾阻止此辈病人转化为慢性或长期病患者。普通慢性病者之收容，最多以四星期为限，而传染病、抽筋、心理反常、官能极度病患、各种肺结核者、不能自行节制（如便溺）、衰老及全盲者，均不收容。

现设之八个辅佐医院，有病床四五九个，大约一九四七年上半年又可增设六所。布莱院收容男性糖尿病人，为英国之创举。全英计有此种病人六万人，此为惟一的特殊疗养院。又疗养院中不宜长期静养，无论病者、伤者，均需有适度的积极的活动，且其心理健康亦须与体力同时并重，故辅佐医院注重物理治疗、职业治疗、治疗活动及心里［理］娱乐，以扶助体力之正当发展。亦因此种目的，辅助医院之地位，均系选择其环境优美，设置室内外运动设备，领导各种游戏，充分获得舒适与畅快。如娱乐室、工作房、图书室、运动场，均行设置。而福利工作，即使病人出院以后，亦仍赓续进行。故辅佐医院之设立，不惟符合红十字会之使命，且于国家公医制度，亦殊多创新示范之作用。

二、贝杜广场风湿病防治医院

一九二七年，英国医药界一小部分人士认为，风湿病系跛废的大成因，而且患者甚多，应该亟起防治。一九二六年，英国卫生部发表风湿病报告，认为该国工业残废中约有六分之一均由于风湿病患。此种病患每年之经济损失，甚为可观。疾病赔偿金约二百万英镑，工作时间损失三百万星期。舍痛苦和不幸而不计，此项经济损失对于以工业为主要生产之英国，亦诚巨矣。故在一九二六年前五年内，风湿病已为社会所注意。惟对于近代治疗，特别物理综合治疗（洗澡、电疗、热、按摩），对于普通认为不易治疗或不可预防之病人，可收奇效。及此种疗法已于药泉医院（Spa Hospitals）应用生效，且在红十字会及其他诊所、医院已或多或少予以利用及大陆国家在此方面较英国已为进步之事实，始于一九二六年之际，为社会所认识。一九二七年，英国风湿病委员会既［即］得各卫生机关及职业团体支持成立后，建议红十字会在伦敦成立一表证医院，俾资治疗工人之风湿病而不阻碍其日常工作。英国红十字会乃毅然担起此一任务。当时计划建筑设备费四万磅，英皇乔治五世、玛丽公主及其他皇家人士领导捐襄在先，不久即告捐募成功。已故伯爵奥土·巴特（Sir Otto Beit）慷慨捐助三分之一，职业团体、职工友谊会及各种赔偿金会社、主要银行、证券交易所会员，均予以襄助。医院系为三层楼，均为诊疗室，有 X 光及咨询室各种近代设备。内部主要人员为访问医师十二人及其助手、专家部、医药登记处。护士长一人，护士及医疗治理专家多人。社会服务部设主任一人。院长代表红十字会负全院管理之责。本院诊疗病人以自能行走者为限，每星期除星期六于下午一时停诊外，其他各日均自上午九时至下午八时为开诊时间。病人第一次来院均须携带医师介绍书，先由医生一人予以检查，由彼决定治疗方法。会商须先约定，以免等候。每次来院治疗时间之长短视治疗方法而异。于治疗会商时，病人可以提出对于治疗时间之意见。故商量既定，其后来院便无须等候。院内虽无开业医生服务，但病人如自愿请个别医生诊疗时，院内备有私医名录，可以查其姓名、地址，前往求诊。如他处治疗不可能时，并可转来本院治疗。本院经费全恃病人缴费，故无免费治疗。惟与职业团体、友谊社及赔偿金会社均订有合同，此等团体之社员均由各团体代付。受健康保险利益之人，持有治疗单，即可诊疗。凡未保险亦不能享受其他赔偿金者，应缴之费如下：

（1）第一次门诊费（无治疗）：六先令六辨士〔便士〕。

（2）诊疗费用每次：六先令六辨士〔便士〕。

（3）特别检查每次：六先令六辨士〔便士〕。

此外如医院储蓄协会及医院星期六基金会之会员，亦均予以协助。如病人不能扣〔担〕负以上费用，则请求社会服务部设法救济。每星期诊疗人数约自一，三〇〇人至一，五〇〇人。自一九三〇年开始以来，诊疗病人中，妇人较男人多一倍云。

（原载于《红十字月刊》1947 年第 16 期）

美国红十字会的健康服务

江晦鸣

自一九四六年三月一日起，美国红十字会成立健康服务处，包括（一）医药，（二）护理，（三）急救、水上安全、意外防止，（四）营养服务处等四项服务。医药服务分为一般医药服务、灾难医药服务、工作人员健康服务及输血服务。护理服务包括护士登记、家庭护理、公共卫生护理、灾难护理、义务护士协助四项。急救、水上安全、意外防止则系对于人命损失的一种预防。营养服务则利用训练、电影、无线电、讲演、图表，借以推广促进人民对于食品与营养的知识。本文译自美红会送致牛津会议健康咨询委员会的简单报告，对于该会健康服务，简述至感扼要。兹特译出，以飨国人。

一九四六年三月一日，美国红十字会总会成立健康服务部，由医师一人负责主持（按：美红会执行委员会，除主席、执行副主席各一人，另设副主席七人，每一副主席担任主管一部。健康服务事宜，即由此一医师任副主席负责之）。此一副主席所负全责推进之事宜，即为医药护理，急救、水上安全与意外防止及营养是也。彼同时负责为该会其他部门负责贡献有关医药健康之技术咨询及指导，并与公私立医药及卫生机关维持联系。总之，在此一新设机构中，美红会之健康服务事业乃得在统一的有权威的专业指示监督及领导下向前推进。

一、医药服务组

医药服务组，设组长一人，亦称医务长，代副主席负责该会有关医药专业方面之一般问题。有副组长或副医务长一人，科长四人，分掌一般医药服务、灾难医药服务、工作人员健康服务及输血服务四科，协助本组组长推进工作。总会为行政方便起见，在全国分设之五个区办事处，亦各有同样之医药服务组及其隶属之各科。

1. 一般医药服务科

本科以与该会其他各部门维持联系为主要职掌，故该组组长对于推进有关医药工作之各部门，一方面与之会商，一方面则无异为顾问。

2. 灾难医药服务科

本科之主要职掌，即为设计决定灾难救济政策及计划中有关医药护理及医疗事宜，包括促进完备之医药准备计划及灾难发生时之完善实施程序。故与参加灾难准备与工作之公私各地医药卫生、医院及其他职业团体，不惟应予联系，且须密切合作。此类工作，均由各区办事处指导各分会推进。如逢灾难性质过于严重时，总会灾难医药服务科科长应协助区办事处科长推进实施医药救济工作，包括自红会其他区办事处及其他团体征召额外需要医生及护士。在本科科长之下，设有灾难护士主任一员，本科科长须指导护士主任拟定计划政策及工作纲领。总之，彼负责建议美红会灾难计划及实施中有关医药之事宜。

3. 工作人员健康服务科

此科职掌包括工作人员之健康检查、新进人员之体格检查、赴国外工作人员或国外工作人员返国之体格考察等。自美国加入战争后，本科检查体格之出国人员达一四，五〇〇名。对于新旧工作人员工作与健康情形适当之调整，亦为该科考虑之一项事宜。其在陆海军站服务之工作人员，亦得享受各该处所之医药及医院治疗权利。凡因工作而致受伤或患病之海外红十字会工作人员，陆海军均负责供给医药利益，美红会更为之供给保险利益。此种利益以健康或意外赔偿金或死亡抚恤金之形式付给之。总会与各区办事处之工作人员健康服务处之最主要工作，自为健康保护及健康咨询。为推进此项工作人员之福利起见，该科现在与总会所在地华盛顿及各区办事处所在地之各城市地方医药团体合作，拟推行诊疗方案，保障并促进工作人员之医药健康福利。

4. 输血服务科

自美红会为军队征集血浆运动（共计征集血浆一千三百万品脱）告一段落后，美红会即应公私医药机关之需要，得美国医师协会、美国医药联合会、州及区域卫生官联合会之同意，命令各地方分会协助各地机关推进为平民应用之输血服务。红十字会在输血服务方面之主要目的，即欲保证以血液及其衍化物免费供应平民之用。在现行政策之下，美红会各地分会均得与当地医药团体合作推行。业已由各地卫生当局或适当公认之医药团体所核准之输血工作，除义务征集输血者外，各地分会并得担任下列工作：

甲、供给输血服务所需之非技术人员；

乙、担任输血中心之非技术性工作；

丙、输血中心之技术工作。

各地办理输血工作之机关应担负红十字会所未任之工作及血液之处理，同时决定血液之分配以资医师、医院及病人之免费利用。又各地分会参加此项工作，事先须得总会之核许。美红会现就战时尚未用尽之血液，分配平民应用。免疫血清蛋白球之分配，正日趋普遍。海军剩余之粗制蛋白球已交美红会，该会即出资负责精制妥装为血浆，送各州卫生处以供各地医师之用。一九四四年四月开始分配以来，约有三〇〇，〇〇〇瓶（每瓶二 CC）已经分配，现所剩者，约尚够一年之用。剩余血浆之分配，亦已开始。美红会收到者约一，二五〇，〇〇〇包，均已转送各州卫生处以供医生与医院之免费利用。此项分配自一九四四年一月开始，除一二例子外，均系送至州卫生处，此后供应大致可以持续二年。至于血清白蛋白、纤维蛋白、薄皮及泡沫之剩余分配，亦正开始办理中。海军当局已称有少量剩余，即可拨发红十字会云。

二、护理服务组

护理服务之五项工作中，护士登记、家庭护理、公共卫生护理三项，可谓护理服务之正统范围，其他两科即灾难护理及义务护士协助，则为灾难救济服务处及服务特殊义务之一部分工作。

1. 护士登记

护士登记为美红会护理服务最先存在的一项工作，其目的主要的为陆海军护士队供给预备人员，并以灾难发生时征集服务为其副目的。第一次大战期间，为军队介绍服务之护士两万人，第二次大战时达七万五千人。从事征集者，各地分会征集委员会三〇〇个，分会主办征集之护士一，二〇〇人。在两次大战中间之和平时期，此种预备人员亦复经常登记。自一九四五年五月廿五日停止为军队征集后，因候军事方面对于今后征集护士政策之确定，美红会此项工作，暂告停顿。惟新的登记虽告暂停，原登记人员，仍随时待命征集。在此过渡时期，各地分会护士征集委员会从事推进安置及协助复员归来之退役护士之工作。美国海军现已自行办理登记征召护士之工作，陆军方面将来亦可能如此。美红会爰是已考虑一种新的办法，俾为美红会本身之紧急准备及实际服务而用。根据此项新的办法，改由各地分会及区办事处担任护士登记。现时各地分会共有护士征集委员会三〇〇个，各个委员会均就其本区内已登记及拟予登记之护士，维持其为一定数，并于必需时负责征集之。至于全国护士登记簿，则拟取消。

2. 家庭护理

三十多年来家庭护理已成为美红会之普遍工作。家庭护理包括多种短期训练，以使普通人接受简单护理知识，而在其家庭中应用。如查察病征，向医师报告，即以医师之指示，给病人以简单的床边看护是也。训练科程包括家庭内传染病之控制，如何使病人得到舒适，看侍母亲、婴孩及老年人等，其时间由十二小时至四十八小时不等。此种科程亦得视情形酌为改变，担任教师者则为专业护士。以往四年中约有护士一四，〇〇〇人曾担任此项科程一次以上。现有训练，计分下列五种：

甲、标准科程；

乙、中等学校科程；

丙、大学科程；

丁、成人二元科程之第一部，病者之看护；

戊、成人二元科程之第二部，母亲、婴孩看护及家庭卫生。

凡当地有需此项训练，或公家卫生及教育机关之训练尚未能充分满足此项需要时，红十字会之分会即可举办。一九四五年六月卅日为止之一年中，完成红十字会家庭护理科程训练得有证书者凡二〇五，六七七人。一九四三年六月卅日为止之一年，结业受证者曾达最高峰，共计五三三，四九四人。总会为使护士有志担任此项训练者进修起见，曾分办有教师训练班，训练时间四十小时并作讲授实习一次或多次。

3. 公共卫生护理

红十字会之公共卫生护理工作与其他公共卫生机关之工作相同，此项工作即以访问个人家庭为基础，并在家庭、学校及工厂中施行健康指导及训练是也。美国乡村公共卫生护理以美红会工作为嚆矢，惟自各地公共卫生机关健全后，红十字会各地工作遂即逐渐移交此等机关或其他志愿卫生团体办理。惟紧急公共卫生护理，至今仍为美红会办理。故在上次战争期间，有二十六处因系军营及战时工业所在地之故，其公共卫生护理，仍为美红会所继续办理。大量人口之移动，对于公共卫生最有威胁，美红会因之协助各地推进公共卫生计划，供给额外所需之护士。其主旨在使母亲及婴孩看护暨床旁医护，不致有感护士之缺乏。该会现正研究各地社会之实际需要及各地分会为满足此种需要应有之计划，现有公共卫生服务处一五九所。

4. 灾难护理

灾难护理系指在灾难准备及实际救济中有关护理部分之技术管理，包括对于灾难时受伤或患病人民之护理是也。避难所、紧急医院固须护士服务其间，即如家庭访视，一般医院之护士补充，传染病发生时当地医药护理及卫生措施力量未充时对于该地卫生机关应予之协助，暨在疫疠时对于病人护理之指示与协助，亦在需有灾难护士之补充与援助。灾难非可尽免，各地分会均应作此准备，总会及区办事处于组织及指示两方面亦需时时为各分会之后盾。截至目前，各地分会之灾难委员会中已有护士副主席一，一三四人。

5. 义务护士协助

自战时行将结束之际，本项计划已在变更之中。以前所注意者，仅为医院方面的需要，而今则为单独社区整个的需要。故目前趋势，系训练此辈义务护士协助者，使其在公共卫生机关、诊疗所及公立平民及退伍兵医院服务，若干义务护士协助者并经要求赴船舶上服务。故各地分会之有此计划者，均已奉命切实考虑过下列四项问题：

甲、继续维持为积极工作人员；

乙、一部分继续维持为积极工作人员，一部分仅为备用人员；

丙、完全作为备用人员；

丁、解散。

现时一，二〇〇个分会尚有义务护士协助队队员二七，〇〇〇人，而一九四五年六月卅日止之一年中，则有义务护士协助人员一一〇，〇〇〇人。自一九四一年七月一日以至一九四六年六月卅日止之五年中，受训结业得到证书者共计一九五，〇〇〇人。护理服务组之责任，系以简单护理常识训练此种义务护士协助者，同时并使医院诊疗所及公共卫生机关之专业护理标帜得能维持不降。此项科程由已登记的毕业护士担任讲授，而义务护士协助队之管理，则由美红会之义务特殊服务组负责。

三、急救水上安全与意外防止

1. 急救

急救系在无医师之场合对于遭受意外者施以紧急的意外看护之谓也。美红会举办推展有计划的急救训练，一方面固亦有此需要，他方面盖亦由于人类看护伤者之本能。急救科程所用者为极有权威之救材，如目前所用之急救用书即系早年由外科委员会、情报委员会、国立研究院医学组及其他有地位之权威机关共同协助而成。担任科程者亦为检定之教员，受训练毕业者可获得美红会之证书。无论男女或青年，凡经此训练者，莫不明晓若干选择过而极为重要之技术及方法。施行于紧急之意外时，不但可以减少痛苦，阻遏恶化，且足以保障生命之安全。就其个人论，亦较未受训练者为安全。此项训练使美红会对于健康与安全，乃有实际之贡献。

2. 水上安全

水上安全之目的，旨在减少因落水而不必有之生命无谓牺牲。此项目的，惟有利用有计划的教育，得以贯彻。因此之故，美红会特编纂有权威的教材，对于防止水上意外、基本游泳技术及技术性的救生方法均有极精通的说明。此项训练使男女及青年均得绰绰应付游泳及其他水上生活中常常发生的安全问题，并促进普通的游泳娱乐兴趣。无论战时或平时，此项训练均可斟酌适用。要而言之，凡熟谙此种技术者，总较之未有此项训练者为安全。不惟自身之安全增加，即于援助他人出乎危难，亦殊操有胜算。美红会多年举办之经验，已使此项训练尤见完备，不时因时代之需要，而在不断地演进中。最近之一项进展，首推游泳调养法。此法经军医当局之合作提倡，今已为战争受伤者体格重整所应用。吾人并相信，此项进展，今后必将进展未已，不惟伤残之退伍军人，即体力缺陷之儿童及成人亦行将应用及此。

3. 意外防止

意外防止之原则亦包括于急救及水上安全之中。急救与水上安全之每一科程中，均以明了其原因、矫正及意外发生时如何采取应急步骤为主旨，故美红会之意外防止训练，系自家庭及其他基本社会组织开始。故家庭意外防止训练、家庭及农场意外防止训练、青年意外防止均由合格之教师担任讲授，结业合格予以证书。为使一般人对于意外防止之认识更为深切起见，常年的、分季的或特殊的计划继续不断（地）在推进。故一般舆论对于意外防止已经引起注意，而其他机关之合作，亦已获致。

自一九一〇年开始以来，美红会急救、水上安全及意外防止训练发出之证书，已达一千五百万份。

四、营养服务

美红会营养服务之目的，系将有关食物之科学知识传播民间，进而实现改进民众健康之企图也。故特别对于都市与城市平常最缺少食物之确当知识者，为尤注意。自各地分会之调查中，吾人知仍有无数人民仍未灌输有此种知识，而其对于食物之见解，于其健康不但无用而极有害。故美红会企图造成有需营养教育之公共舆论，并为当地政府尚未负起此一责任时，发动当地之营养工作，使其逐渐改观。最适当之营养工作仍为训练。凡任教师者，均须为具备特殊的专业条件，并为红十字会所批准。所授功课均与受训人之特殊现实相适应，如年轻的女店员、工人、孕妇、小学教师、社会工作者是也。外国人之训练固须特殊设班，即为学校供膳室职员、日间看护中心及公共食堂亦均须特别之教材，借以适应其不同之需要。如主持家务之人，旨在保藏其园圃中之收获者，彼可参加果品保藏训练班或罐头制造训练班。如在远处乡郊，彼可参加流动制罐队，结果彼必因此而获助甚多。上次战争期间为使不能参加训练班之人士亦得享受此种利益起见，特在百货公司、水果店及其他人民出入较多地点设立食物咨询中心，教师作简单器具、新食物及新烹饪方面之种种表证。在工厂及其他商业场所，则放映电影。为居家人士，则利用广播宣传。自举办以来，均日见进展。该会所举办之训练班，有男女合班者，有分为男或女班者。该会在工厂内推行之选择食物运动，博得工人之极大欢迎。男女青年之营养教育，借中等学校教师。红十字会营养训练教程一书与生物、化学、艺术、历史及文学配合灌输，此一教程系由红十字青年与营养服务两方面共同推进。除以上各种活动外，该会并训练膳食服务队之义务工作人员，协助灾难救济处，推进紧急时期的大众膳食问题，并为国内服务处设计指导在役及退伍军人之家庭膳食预算计划。该会并与国内其他有关机关联系合作，如联邦政府农业部之营养部，该会尤切取联系，极力避免工作之重复。

（原载于《红十字月刊》1947 年第 16 期）

灭 疥 须 知

马玉汝

此次本会砂眼防治学校卫生组为南京市国民教育试验区所辖之七个小学检查体格，竟发现有疥疮的学生五一五人，除分校派人治疗外，特写灭疥须知以供参考。

疥疮为一种极易蔓延之寄生性皮肤病，乃由疥虫寄生于皮肤中而起。世人每因其为患较轻，遂认为皮肤小病而忽视，即或苦于剧痒而求治，亦多不知根绝疥虫之必要而仅求症状之减轻。故虽有灵效之药剂，亦常因满不注意，随治随发。实则疥疮之搔痒甚剧，足以影响成人之睡眠，亦大减工作之效率。至因搔痒而续发脓疱疖疮，乃至痈疽等重症之外科疾病，更无论矣。是以我人用科学的眼光而视疥疮，实有认为系一种可怕的传染病而加以扑灭之必要。

疥疮之发生，乃由于疥虫之寄生，已如上述。是以欲免疥疮之蔓延，势非尽灭疥虫不可。欲尽灭疥虫，则不可不熟知疥虫之生活史。兹略述如次：

疥虫属蜘蛛类，为一种以人体为宿主的外部寄生虫。分雌雄两种，雄虫长约零点二五粿［毫米］，雌虫长约零点四粿［毫米］。其体均呈圆形，头黄白色，八足，足端附有吸盘及刚毛。寄生于人体之表皮肤内，穿孔而栖息于其隧道中。我人若置扩大镜于皮肤之面，而观此种穿入皮肤之状，则可见其以钳状之颚部穿掘表皮，渐次向前，掘成小孔而达于真皮乳头之表面。我人称此表皮之小孔为冲坑或隧道，此孔之长，当为一密米至数仙米。此时虫坑既成，雌雄即行交接，雄虫于交接后死亡，雌虫则产长圆形之小卵于隧道内，且更掘分歧之孔而栖息于其中，于产卵后三个月始死亡。而每一雌虫之产卵数，约为五十，卵子则于经过四至八日后化为六足之幼虫，更经十四日化为成虫，再营雌雄之交接。其营养料，则为表皮之深层细胞。又此虫每乘其宿主之皮肤及其外围温暖时而外出活动，故恒于夜间感觉剧痒，此时亦为传染于同衾者之好机会。疥虫之生活史，约如上述，因其繁殖之速及传染之易而极易蔓延。故我人欲求根本上的灭疥，即应严格执行下列各事项：

一、隔离。疥虫于我人夜间卧褥时外出，故患者寝室之隔离，自为首要，而患者衣物、皮肤，与常人之不使接近，万不可忽。

二、消毒。疥虫及其卵每附着于患者之衣被而为传染及再发之原因，故患疥者曾经穿用之衣被，应行煮沸或蒸汽消毒法而杀灭成虫及其卵子，以备治愈后之穿用。其不能用煮沸或蒸汽消毒者，则应晒于直时之日光下而使疥虫之死灭。此外如将衣服等放置十五日以上，则疥虫亦常能因冻饿而死。

三、治疗。寄居人体之疥虫，应利用杀虫剂以毒杀之。我人根据以往之经验，关于此类药剂，实有完善之处方。过去疥疮之所以缠绵者，乃由使用药物法之不当。故外搽疥药时，下列各事，务须注意！

（1）疥虫及虫卵皆潜伏于较深之冲坑内，故搽药时务多加涂擦，以深入皮肤之孔道。

（2）搽药务须普及，以求无微不至，切勿以痒否为搽药之对象而遗留疥根。

（3）搔痒虽可称快于一时，然实予疥虫以蔓延之机会，且常因指爪之不洁，更易传染而续发脓疱等外科疾患。故遇剧痒时，可用药品搽涂，使收杀虫止痒之效。

（4）不得法之洗浴，其害亦如上述，且可减轻药剂杀虫之效。

（5）疥药概利用油类外赋形剂，因油类可溶解表皮之角质，使药效能及于皮肤之深部，且更有缓和刺激之功。再因油类沾染衣服后，其中所含之杀虫剂可不断地发生其扑灭疥虫之功能。是以含有油类之疥药，实有上述之优点，切勿畏其污染而屏［摒］弃不用。

（6）灭疥药类，为数甚多，但百分之廿的硫碳软膏，实有百分之九十以上的功效，且此种软膏，价廉易得。用此即可达成灭疥之目的，自无须多求良方。至因传染而发生之外科疾患，则应请医师治疗，不多赘述。

为增兴趣而易普知，特作歌曲一首，附如下：

儿童卫生歌曲（五）

疥　疮

杨大钧　曲　马玉汝　词

生疥疮，最肮脏，尤其夜间痒难当。
硫磺治疗最有效，无须四处求良方！

（载于《红十字月刊》1947 年第 16 期）

康乐文勾

防御死伤的教育

周　尚

"君子不立岩墙之下"，即表示西洋人所倡导的"安全第一"。孔老夫子教我们："升车，必正立执绥。车中不内顾，不疾言，不亲指。"《集解》，周曰："必正立执绥，所以为安。"绥是牵以上车的绳，上车必须小心地执住绳，以免跌倒等的危险。到了车中，"不内顾，不疾言，不亲指"，就是教我们不要回头后顾，东看西望，多说话，指手画脚，以致御者分心闯出祸来。这都是近代的安全教育，教育人类防御意外的死伤。

生命是一种伟大的探险，它不断地向前去找新经验，这新经验便是给予生命的意义。当机器时代进入原子时代，生命的探险性更大了，于是生命的危险性高到顶点。民国三十五年十二月廿五日是外国耶诞节，是中国民族复兴节，那天中国中央两航空公司三架客机在上海先后闯祸，讫廿八日已死七十人、伤十六人，殡仪馆中大哭小喊。真是二十七日上海英文《大美晚报》社论所称："酿成民用航空史上空前惨剧。"这分明是生命探索的失败，危险性的扩大。

如今，我们拿一点资料来证明不注意安全的可怕性。据美国安全协会一九三六年报告，一九三四年全国各种意外死亡的情况：

一、汽车——三六，〇〇〇人；

二、坠跌——二四，〇〇〇人；

三、焚溺——一六，〇〇〇人；

四、中毒，煤气，枪械——六，八〇〇人；

五、火车——五，〇〇〇人。

一九三五年的伤害，若以时间经济来分析，可得下列的结果：

时　期	死亡人数	受伤人数	经济损失
每小时	二	一，一〇〇	三九〇，〇〇〇
每　天	二七四	二六，〇〇〇	九，五〇〇，〇〇〇
每　年	一〇〇，〇〇〇	九，三四〇，〇〇〇	三，四五〇，〇〇〇，〇〇〇

一九三六年，美国意外死亡者近一一一，〇〇〇，受伤残废者一〇，〇〇〇，〇〇〇以上，经济损失三，七五〇，〇〇〇，〇〇〇美元。其中工业界死一八，〇〇〇，受伤者一，五三〇，〇〇〇，经济损失近六六〇，〇〇〇，〇〇〇。

一九二二年至一九三六年，美国汽车碾死人数增到百分之一五一。在工业界，因施行了安全活动，闯祸的案件固定地减少了百分之四十三至六十一。文化愈进步，不安全的机会也愈多。实业界用了机器，制造物用了化学品，车辆装置了摩托，近复发明空中交通。意外伤害在前十年中，每十万人口增至百分之八十以上。光是汽车，十万人口中多死一千以上。第一次世界大战美国死亡三十万士卒，那时作汽车轮下鬼的达三十二万五千，平均男子二十一人死一人，女子八十六死一人，每十八分钟死一人！美国因汽车发达，平均每四人就有一辆汽车，阔的公路同时可并行开八辆汽车，无怪肇祸的统计惊人了。飞机的安全程度十年前等于汽车的一半，公共汽车的百分之一，火车的百分之一，如今当然安全得多了，但无资料报告。

儿童受害的死亡数常超过各种普通传染病的总数。一九三四年美国各城市意外死亡总数为九万五千，而儿童占四分之一。各年龄的意外死亡，较其他疾病死亡率，除一至五岁与二十五至三十四岁外，却占首位。其统计如后：

一、五一九岁：百分之四十；

二、一〇一一四岁：百分之二一；

三、一五一一九岁：百分之五〇；

四、二〇一二四岁：百分之六九；

五、三五一四四岁：百分之七〇。

四岁以内的儿童，其死亡的首位系肺炎。二十五至三十四岁的青年，痨病死亡最多，但这种人死亡的（次）多数即为意外。总计疾病死亡原因，第一把交椅要让伤风和气枝［支气］管炎，第二为流行性感冒，第三即挨到意外伤害。

我国户口尚未清楚，教育未普及，生命统计一时谈不上。今姑依照（民国）三十五年，上海十月份和南京十一月一日至二十二日，单以汽车出事而死伤数作十个聊胜于无的推算。计上海四十八人，南京二十六人。这两都市居民共五百万，五十二天内死伤七十四人，则每日平均死一点四，近一个半人。全国人口四万七千万，每日死伤达一三一点六，约一百三十一个半人。一年三百六十五天共计死伤四万八千零三十四人。这数额一定不会正确，因为时间短，地域仅二处，但有令人惊心戒惧的价值。至于汽车以外的伤害，那无从计算了。意想这种数目一定吓人。看（民国）三十五年三月十七日戴笠将军专机以至此次三机止，共计十架飞机失慎［失事］，死伤二百零七人。短短九个月，已够证明了。

　　我国文明固然犹赶不上人，工商幼稚，汽车极少，航空落后，铁路不多，都市不发达，机器及化品的应用有限得可怜，照理意外伤亡可少。但因人谋不臧，设备不周，智识不够，工具破旧，自私自利，因循迷信，不听指挥，破坏规章，以不守法为荣，复加上不肯谨慎小心，闯起祸来往往集体的死伤，数十数百人同归于尽的悲剧时时演出。舟轮覆没、火车出轨、汽车翻身、化学品爆炸、大火成灾、房屋坍塌，一死便是数不清。我们每年枉死的病人有六百万，记者相信我们每年意外的伤亡至少达二个上海市的人口。此次飞机失事，不论是因为天有雾，机师不听命令，乘客缺乏降落伞，机内无线电或其他机件损坏，机场无盲目降落设备，公司人员马虎，或是机场数量不敷，归根结底都是不重视安全的眼前报应。

　　欲求安全，每个人该有完全的智识技能和态度，至少每个人该有"安全意识"。因此，我们要尽力提倡安全教育，教育人们防御意外伤亡。安全教育实施顶有效的机会即在危险发生的时候，这是"打铁趁热"的教学法，亦是实物示范的教学法。这次飞机掉下来，人死得［这么］多，伤得怎么重，许多学校的课室经验对于这桩惨绝人寰的悲剧，还像地球上看月球上的事漫不关心，还在教像老和尚传下来读、写、算的衣钵。文章写得好，数学做得不差，满腹经纶，博士、硕士在名片上刻出来堂哉皇哉，但是一只两脚橱，一旦遇着意外，上帝啊，文章、数学救不了生命！记者对现在只注重智识的教育，实在怀疑！为何安全的意识尚不能深入人心？为什么安全的智能习惯尚不获普遍培养？

　　安全教育是"救命教育"，是人生不可或缺的教育。狭义的［地］讲，"安全教育是训练人民避免自己的意外伤害，并预防他人的意外伤害"。但事实上不只如此简单，安全教育不只是防止意外伤害而已。故我们再来一个广义的意义吧："安全教育是保全生命有价值的各种要素——生命本身所依靠的健康机会和资源物质。"它的内容应包括下列各事：（一）急救法；（二）各种交通器具肇祸的原因及其预防；（三）社会对于人命、健康和财物的保护；（四）中央和地方政府所办的安全事业；（五）工厂的安全；（六）安全巡视队的活动；（七）火灾预防；（八）健康上的安全；（九）天然资源的保护；（十）实业和运输的安全。

"刀创药虽好，不割为妙。"救［教］育防御死伤应着重在"预防"方面。上月份 Coronet 杂志报告，据专家最近的实验，只有用预防的教育，才能真正解决安全问题。在意外未发生前，安全教育中应用机巧和想象，是保障安全的惟一良策。这里，记者还要加一句话，希望教育机关本身具有十足的安全，则更能以身作则而事半功倍。

三十五年除夕
（原载于《红十字月刊》1947 年第 13 期）

介绍圣诞防痨封票

徐仁初

圣诞节已经在热烈狂欢中过去，我国防痨协会在圣诞节边发动的第九届防痨封票劝募活动，其呼声却是这们［么］微弱。肺痨在我国健康问题中，可算是数一数二的严重病症，每个人至少有好几位亲属朋友或是同学感染着肺痨。其严重的程度，似乎难以笔墨形容。靠这小小抗痨封片的力量，能够发生若何效果，未兔［免］令人怀疑。不过我们试行考察 下美国发行抗痨封票的成绩之后，则对此区区方寸图案，似亦不能小视。

美国在二十六年前，肺痨患者严重的情形并不亚于今日之我国，平均每十万人中有一百人要死于肺痨。

但在今年，美国每十万人中因肺痨而死者，全国平均在四十人以下。除去亚利桑那州为七十人，一区为五十人强，此为特高以外，乌达州为两人，其他有十三州在三十人以下，六州在二十人以下。在所有病死原因中占居第八位。换句话说，即是已将二十六年前的数字打了个六折。此项成绩，大半俱应归功于美国全国各地防痨协会。

康乐文丛

美国防痨协会在第二次世界大战期间，预防肺痨颇为成功。人民团体对官方防痨业务的促进，已超过预期程度。现在他们正计划着如何将从事防痨的民间人力、财力转移到其他卫生业务方面去。

防痨协会工作方式之一为发行防痨封票。一九二三年圣诞节，封票在美国售出四百二十五万五千美元。及至一九四五年圣诞，售出总数竟达一千五百万美元。增加之速度颇为惊人。

各地分会计二千八百余处，其所执行之工作，视当地环境需要而各各不同。在圣安多尼亚地方，死亡率高达十万分之一百。当地防痨协会之工作，仍滞留于一九二三年时代所需要之疾病诊治，鼓吹推动建立肺痨必须之诊所、疗养院、诊断设备，追究接触而传染之病源，处理活动性病例等工作。去年圣安多尼亚用于一般防痨方面之经费达三万一千美元，但并未有立即可见之效而言。似该地情况如此之劣，尚须更多之财力、技能与知识，集中公私立团体之力以赴。

又如在 Syracuse 地方，死亡率为十万分之三十者，防痨协会之工作，即与此迥异。在该地之卫生协会，为国家肺痨协会，不仅做防痨工作，并且举办防止心脏病、心神病、儿童卫生、防癌教育等工作。该地肺痨病例已极稀少，但防痨活动仍极热烈进行。

以上所举两城，足为对照。就一般而言，美国的痨病病患，已大见减少，所以多数防痨协会均已将其工作范围扩充至防痨题目之外。已经允许在肺结核病率低以及防痨工作满意之地方，其防痨协会及各州地方防痨协会已将其业务由防痨而扩展至防性病、防心脏病、防糖尿病以及齿牙卫生等工作。惟因若干地方经费不足，效果不如预期之佳。

美国一般大众，现俱认为防痨协会应与一般有关之组织通力合作。纽约州慈善救济协会，其肺痨与公共卫生委员会即系该州防痨协会。在一九一三年，利用一九一二年之公债金实行改革该州公共卫生事业，促使州卫生处改组。至一九二○年，改用现在之防痨委员会名义。次年纽约城成立市卫生局，聘有医官主持之。再翌年，即一九二二年，该委员会通过法案，使每一文市收卫生经费皆应用于公共卫生方面。一九二六年，纽约防痨委员会从事消灭白喉工作。一九三二年，动支圣诞封票捐款，应用于性病之防治。去年应用圣诞封票捐款于心脏病治疗。历年俱从事防痨以外之工作，而于防痨工作本身力量讫未有所削减。对于防痨经费之募集，亦无减少之影响，反而一九四五年圣诞封票出售所得，较诸一九四○年超出四十六万九千美元。纽约市人口为六百万人，每人平均一角七分，为全国各州市成绩中最高者。（若以美金一角七分作国币

八百五十元计，上海人口有四百万，则圣诞封票售得总数应展三十四亿元。这是个很好的卫生教育与公德心的测验标尺）

美国防痨协会去年八月举行防痨会议，主持人发明演辞。除对以往工作加以检讨外，并对该会及从事防痨工作人员告诫。今后美国防痨协会尚应循树立广大会务基础之途径进行，由大学筹募基金着手。同时，（一）对缺乏诚意之大众间从事倡导之运动；（二）从事实事求是之工作；（三）出乎衷心的自动发动工作。

纵观美国防痨运动，已使肺痨在美逐渐消失其严重性，而有根绝之可能。其推动力量之来源，大部由出售圣诞节封票之防痨协会所供应。我们不由发生感想：（一）美国公众对公共卫生，尤其是防痨之重视与热情；（二）微小的圣诞节封票借大众的热情而发生无比的力量；（三）任何恶劣的情况，包括顽强的肺痨在内，都可以不挠不怠的工作情［精］神予以清除；（四）像美国，铲除肺痨工作已经达到优美的境地，防痨协会领导人犹谆谆以争取缺少热忱之大众实际工作及自动工作为座（右）铭。在我国防痨运动尚在发轫，这三［四］条信条何尝不更迫切的需要？

农历年关转瞬即届，第九届圣诞节封票募售截止日期在望，再看我国大众对这小小封票贡献的热忱如何？总不至落在人家后面太远吧？

（原载于《红十字月刊》1947 年第 13 期）

萧伯纳请医

朱心章

很少人能够和萧伯纳开玩笑的，但最近接连两次，萧翁却被一个医生和他的一个男仆捉弄得啼笑皆非。

医生的故事：

一天早晨，萧醒来对他的妻子说："我不舒服，我想我还是留在床上。"

"要我请一个医生吗？"他的妻子问。

"要的。"萧说。

半小时后医生来了。他是一个胖子，进室时上气不接下气，不住用手帕拭额。

"呵，那些可恶的楼梯。"他向萧长长的［地］注视了一眼后喘着说，"你住得真高，萧先生。我不懂什么道理，每次多走几级楼梯就要气喘。真的，我连呼吸也不能。"

医生沉入近旁一只沙发，气喘如牛。

萧探索地向医生看了一眼，扬眉而问："你不舒服吗？医生。"

"呵，略有一点头晕。那可恶的楼梯。"

"坐在椅子里休息一下，医生。"萧说。

医生点头，又喘气。静默数分钟后，萧问："你头痛吗？"

"有一点。那些楼梯，它们真要我的命。"

这时，萧跳身起床，冲进浴室，拿了几粒药丸和水出来。

"服这个，医生，它会使你好起来。"

医生把药丸和水一吞而尽。两分钟后，他快乐地微笑。

"我好多了，萧先生。"

深感兴趣的萧，坐在他的床沿上，向医生摇动一只手。

"你知道，医生，所有的疾病都从吃得太好而来。我的好医生，你不应该吃太多的肥牛排。"

"我应该吃什么？"

"呵"，世界著名的蔬食家回答，"你该吃什么？第一，别吃肥肉和酱油。像我一样吃固定的食物，吃大量的蔬菜和水果。且慢，医生，你今年几岁了？"

"四十三岁。"医生说。

"你不怕羞？我比你大一倍，我的身体却被［比］你软三倍。你跳舞吗？"

"惭愧，我不会。"医生说。

萧迅速起立，在留声机上开一张唱片，然后再［在］医生之前轻快地走了几个舞步。

"现在，亲爱的医生，因为我给你医学上的指导，请付给我五先令。"萧跳罢舞说。

医生昂起头尖刻地说："不算数，萧先生，你才欠我两磅钱。我于医治忧郁病，有特别心得。我一见到病人，便抱怨我自己身体不好，于是病人便会赶快跳下床来帮我的忙，而忘了他自己的病痛。我方才医愈你的便是这个方法。"

萧霎［眨］了霎［眨］眼睛，不再就辩，多开一张支票给医生。

"这不是给'你的方法'的报酬"，他说，"你有另一件功绩。你知道我从前老和医生开玩笑，现在你却使我受到了我自己的报应。"

（原载于《红十字月刊》1947 年第 13 期）

医学珍闻（十三）①

王一正

知识之岛愈大，思潮所接触的海岸线也愈长。

名医聚会

美国医界名人，七十人，应瑞士医药科学院之请，现已群集巴索，参加第一次英瑞医学会议。英国代表团团长为亨特氏（即伦敦大学医学院主任），其余与会之代表，有卫生部医官阿里莫氏，皇家外科学院之华逊琼斯氏（曾于一九四三年参加外科访问团访苏），伯明罕之儿童病理教授巴逊氏，名生物学者尼德汉博士及伦敦女子医学院院长劳合·威廉女士等。

人造配尼西林问世

美国科学促进协会官方刊物《科学杂志》宣布，人造配尼西林之产生，为国际最大合作努力之顶点。人造配尼西林之问世，由于英美杰出科学家三十八人，经五年集中努力之结果。康奈尔大学生物化学部主任维尼亚特指出，人造配尼西林，不但与天然配尼西林之式样一般无二，且对于克服不少细菌与病毒之效力，较天然配尼西林有退［过］之而无不及。

到南极，采眼睛

美国生物学家潘金斯，此次随南极探险队出发，将在当地搜集一批南极动物之眼睛归来。此次搜集，系绚［徇］海军部光学研究部之请求。潘氏将获得海豹、企鹅及其他鸟类之眼睛，但未悉其正确用途。按人类必须带［戴］太阳眼镜，以避免南极晕目之雪光，但当地动物与鸟类，则不受

---

① 序号为编者所加，因其出处为《红十字月刊》一九四七年第十三期，后"中国红十字会新闻""国际红十字会动态""编余"以及"中华民国红十字会复员期间最新设施"等处的序号，也是编者所加。

雪光之影响，可见其眼球组织之特殊。潘金斯之主要任务，在研究极区动物，搜集兽皮、鸟蛋等。另一生物学家吉尔摩，则将担任鲸鱼之调查。

联总在华推行家畜防疫

联合国善后救济总署宣布，中国农村家畜之死亡率，现已大为减低。此乃联总控制家畜瘟疫之结果。所用之防疫注射剂，已于海南岛、江西等市区施用。联总之兽医专家，携有手提冰箱、药剂等进入该区，旅行于各村间，施行注射。此外，联总尚协助中国之实验室，制造疫苗。奏效极速之牛痘苗，由受接种鸡蛋培养制成，亦属产品之一。

原子炸弹不如细菌武器

美国陆军部某官员称，据若干陆军高级人员之意见，认为细菌战争较原子炸弹对于世界文明之威胁更大，具有毁灭人口密集城市更大之威力。列强对此正研究甚力。其中若干国家（包括苏联在内），显然认为细菌战，可以对付美国之原子弹。除非敌国向美国先发动细菌战争，或已知敌国确有此种动机，美国绝不致采用细菌战争。但全世界迄今尚无与此次大战中禁止使用毒气相同之非正式协议，以禁止使用细菌。陆军若干领袖对于细菌武器与原子炸弹曾作比较，指出原子弹之主要用途，在于毁灭巨大工业中心时之战略武器。但战争一旦发生，此等工业中心，可加以疏散，居民亦可疏散于乡下各地。而未来之陆军亦必散处广大地区，以免受原子弹之浩劫。军队仅在发动攻势时，方始加以集合。但若进行细菌战争，在空中投下鼠疫等类细菌，顷刻散布各处，则防御方法，更见困难。陆军专家称，如果细菌传入牲畜以后，则一夜之间，即可毁灭该国较大部分之食物供应。

美国若干名科学家，在陆军部领导之下，在美国东部某处悉心研究有关细菌武器之一切方法，包括德、日在大战中对于此点之研究结果。此外一切防御方法，亦在研究范围之内。

据陆军部之细菌战争特别顾问及著名化学家茂尔克氏之报告，认为此种战争范围，迄今尚无完备之估计。茂氏曾作警告称：美国必须在世界各国中居于前［先］进之地位，庶可发明防御方法，而有发动反攻之准备。细菌武器不如制造原子炸弹之困难，各国可在医学研究之掩蔽下，进行成本低廉之细菌武器。

（原载于《红十字月刊》1947 年第 13 期）

世界上最进步的乡村医疗服务
——一位可敬佩的医生的故事

夏洛 译

"我不怕婴儿会死的，医生，所有种植场的婴儿现在都好好活着。"

这句话出自一位年轻女工的口中，正是对于赖逊医生一个很好的赞词。他为生长瑞典的美国人，二十年来在夏威夷群岛为减少婴儿死亡率而奋斗。他之继续不断的努力，使得甘蔗种植场工人妻子们所得专家的治疗比较在几个美国城市中有钱阶级所享受者更来得多。去年为种植场医疗人员打破世界婴儿死亡率最低记录的第五年——在一千个婴儿出（生）后第一年中死亡的只有十八人。与这比例最近似的只有美国康纳迭克州，每千人中廿九点六人。

斯坎的纳维亚半岛有句古谚说，一个瑞典人像一株松树——外表坚韧，而心中却充满了热力。赖逊医生虽然生长于美国，求学于美国，而且因考［参］加第一次世界大战美国医疗队而成名，但正足代表这个古老国家俗谚的全部精神。他于一九二〇年赴檀香山任皇后医院院长。他为人富有活力与创造性，而且喜爱一切公余［公益］活动。他曾徒步登临檀岛之高峰，而将瑰丽之风光留诸雕镂。他又曾身携照相机深入大海，而以奇异之海景摄入镜头。他又喜挈同妻儿，游宴于海岛之滨。在檀岛除了正当职业外，可以做的事情不计其数。

但当赖逊目睹檀岛工人的苦况时，恻隐之心不禁油然而生。每年因缺乏预防而患脚气病死亡者，每十万人中占四十五人。胃肠炎原来亦可以预防，而死亡率较前者更增加数倍。两岁以下儿童，因营养不良与不讲卫生而罹痢疾者达六百人。在普通种植场中，每个母亲视婴儿夭折为常事。工人因营养不足，而受肺病缠绵者每年十万人中达八百人，死亡者达一百六十人。檀岛向来可能成为世界上最讲究卫生的地方之一，而今人民死亡率高得如此。对于这位年轻而前进的青年，显然不能袖手旁观下去的。

赖逊被邀出席檀岛种糖业公会年会中演讲。公会的会员都为富有而保守的商人，原来想一聆赖逊检讨最近医药进步的宏论，却不料这位身体强壮、头发作波纹式的讲演者目光闪闪，声色俱厉地在批评他们种植场中种种不合卫生的设施，大家不觉惊异地面面相觑。赖逊最后以激动的语调，请求他们设立种植场卫生所。他说："在你们的种植试验场里，科学已证明为增加生产而化（花）的金钱是非常值得的。我可以表现给你们看，为增进人类幸福而化（花）的金钱也是十分值得的。"

一位公会会员就站起来冷淡地说："我们不是公共卫生事业机关，我们是从事于高度竞争的企业，不允许任何金钱为非生产而消耗。"

"一个病人能割多少甘蔗？"赖逊问道，"如果一个人为他妻儿生病而担忧，还能够做得好工作吗？"他劝求公会会员采取他增进工作健康的计划，暂时施行一年半的时间。他说："如果施行结果不会减少种植甘蔗的所耗，那末［么］我们就可以放弃这个计划。"会员们因此就同意他的主张。

因此一九二九年，赖逊在离檀香山二十英里的伊娃农场上开始从事于他第二种化［花］费全日时间的工作。

他费了许多心思仔细分析婴儿与母亲的死亡记录，结果发现妇女因生育过密而遭受许多无谓的牺牲。这只有一个补救办法——妇女生育时间应有相当的时间（间隔）。这种建议在这个宗教信仰甚深的社会里是颇足耸人听闻的。

"阻止生育是违反上帝的意志。"有个颇具势力的团体这样反对。

赖逊回答道："我们会相信上帝会如此残忍，而对一个因生育过密而垂死的妇人说：'你必须每年生一个不健全的孩子，而不应每两年生一个健全的孩子吗？'"

赖逊为种蔗工人讲解如何有计划地尽其为父之道。种植场中怀孕女工与经理太太一样地受着良好的医生看护。产妇每月必须赴卫生所检查一次，并由医生指导其一切。同时所有产妇，都劝她们在种植场医院中生产，而不应在不卫生的家居茅屋中生产。在第一年，产妇中有百分之九十都由医生与合格护士接生，而非由过去那种迷信的收生婆所经手。

卫生所对于婴儿的食剂都有正确的分量，而且婴儿一岁以内，药剂中又添置一种汤类，其中富于加路里［卡路里］、维他命与矿物质。

赖逊一方面劝告母亲们食用牛乳及其产品，一面却到檀岛牛乳场中去视察。他发现场中卫生状况之不良，为之惊愕不置，因此他就大肆攻击。当地一家报纸的标题大书"檀岛的牛乳杀害婴儿"，而且于一篇激烈的社论中拥护赖逊的立场。最后政府卒通过改善牛乳场卫生的法案，而且常川派员视察。

赖逊虽然时常劝人食物中各种要素应有适当的配合以防止疾病，但是当地的日本人与菲律宾人却老是喜欢吃一碗碗盈得满满的白米饭，而甚少以水果与蔬菜为食料。他以后［后来］发现，他们之（所以）喜欢吃米饭其主要原因在于它的价值最便宜。普通种植场中六口之家每日仅能赚得二元六角七分美金，显然是没法再顾到食物的营养了。

因此他就借彩色图表之助指示给工人们，为何体内需有营养食物以预防疾病，并与种植场商店经理设法以廉价供应这些食物。在工人住宅的后园里，又开始种了许多香蕉、芒果、梨树等。他又劝告工人家属们多辟菜园，育儿所也设立起来了，工人们可由此为他们儿女得到各种廉价的食物。

学校里每个儿童都由公家发给一本彩色滑稽书报，其中描写那些人因为饮食不当而发生牙痛胃痛的苦况，但是另外一页却说明那些饮食适当的人身体是如何健康的快乐。学校空地上也辟成菜园，把所收获的新鲜蔬菜做成各种生菜或烧成美味的食肴。儿童们由公家供给营养丰富的午膳，每次只收五分钱。

在第十七个月，赖逊很高兴地对着种植场的董事们说：“伊娃农场的婴儿死亡率已由千分之一百七十四降至千分之七十二，而且因为婴儿出生数减少，那些已生婴孩活着的数目与身体健康都已大事推进。”

接着他又提出一种图表记录一批工人被选作实验的结果。他们在实验过程中所得预防疾病的营养食物比以前多了一倍，如今他们生病的日子与其他未实验的工人比较起来，尚不到其半数。赖逊结论说：“讲求工人健康并不是件亏本的事，实在这是非常合算的，因为工人每月做工的日数可因此而增加。”

檀岛其他各地的医生与护士们，都相继到伊娃卫生所来参观其产前医疗所与育儿所、花园等，同时研究其各种营养与统计表。他们回到各地农场以后，伊娃农场的精神就迅速地传遍了其他各岛。

今日在檀岛卅四农场中，即设有六十四家药房与廿四家医院，其中有川八位医生与八十八位护士，私人医生们也与他们共同工作。他们医疗工作之完备，较之许多美国农村中所有者有过无不及。工人们每月由专家检查耳、目、鼻、喉一次，而且有传染病、畸形治疗及神经精神病学家们经常实施治疗。有一个活动 X 光治疗队巡回乡村，以推行全岛预防肺病运动。自一九三五年以来，农场工人中发现的新疾病之数减少大半。

农场主人每年虽然在每个工人身上多化［花］十七元二角美金，但是其收获却远不仅如此。工人们的工作疏忽现在不成其为问题了，每年的出产率，几乎高到百分之九十五。去年工人中有百分之七十五并未需要医药治疗，百分之廿一只到过医院诊治一次，治疗两次的少到只有百分之一。

赖逊一生忙着为大众服务，现在他准备退休了。在他退休以前，他颇希望檀岛的卫生计划能够推行到全太平洋各岛以及远东。他的一生经历是很好的例子，证明一个意志坚决的人是终能有一次成就的。最近种蔗场医师公会这样宣布说："我们对赖逊医生的合作与鼓励，使得夏威夷岛有世界上最进步的乡村医疗服务，表示十二万分的敬意。"

（原载于《红十字月刊》1947 年第 14 期）

人的形象与易患之病
——生理学家发现了这里的微妙关系

雨　辰

人的形象，各有不同，有的人瘦长，有的人圆胖。可是，近代的生理学家却根据多次研究的结果，发现人的形象与易患的疾病极有关系，几乎可以归纳成为一种公式。

有一位特赖伯博士，他专事研究病家的形象，将人的形象分为四种，而断定每一种形象的人最会患那［哪］一种疾病。这话讲来，倒是颇具兴趣的。

他时常拿一根皮尺，替病家测量身段的大小而诊断病情。可见，形象实在与病情有关。你不妨照照镜子，仔细看看自己是怎样的相貌，借资预防。不过，也不用惧怕，这种新的形象诊病法，只确定那［哪］一种的形象是最容易患那［哪］一种病，并不是说那［哪］一种形象一定患那［哪］一种病的，无非供你预防而已。

第一种形象：重量不足，头部狭长，头颅狭小，胸部浅平，牙床骨角度甚大，前臂及手短矮，手指修长，手心狭隘。这种人最易患胃溃疡，以及长期的头痛症。特赖伯博士在他防胃溃疡和头痛症病者中会［曾］遇到了许多这样形象的男女病人，所以格外加强了他的信仰。

第二种形象：圆胖的面庞，短头颈，高肩膀，人长得魁伟，胸部阔大，手臂长，手心阔厚，手指短粗。这一种人要不患病，不然的话，最多是患胆囊症。

第三种形象：看起来比第二种更魁伟，骨骼巨大，极当男性的健壮，手腕同脚踝甚粗厚，胸围惊人。这种人面色红润，血气很好。如果能善自把握自己的性情脾气，不擅加暴跳，决可长命百岁，毫无疑虑。可是破坏在一点，性情暴躁，时常暴跳如雷，因而血压甚高，或为一种危险的疾病了。

第四种形象：身体发展极佳，极结实，体重略过，肩膀阔大，臀部亦甚粗胖，有极健康的样子，往往最适宜于航海的艰苦工作，可是却最容易患胸部毒瘤。假使是女子的话，子宫亦最易生毒瘤。

当然，瘦弱的人最易患结核症。不过，由上述的四种形象看来，形象魁伟的结实身体反而更多患病的可能。

你究竟生得怎么样，自己可以知道得很清楚。那么，从此以后，你得当心你的身体健康，切莫让上面所说的易患之症临到你的身上才是。

特赖伯博士虽然创设了这种分析形象的诊断法，却从来不粗心诊断，贸然就凭一次的外表观察便下了决定。所以，话又得说回来，上面指示供你作一个医药卫生的参考、茶余饭后的谈料而已。

（原载于《红十字月刊》1947 年第 14 期）

残废者的安慰

天视　译

在病院里会见一个自战场归来不久的青年伤兵，他的两足伤势非常严重，而他自己却毫不忧虑，反而充满了希望。希冀着伤势复原以后，可以回到故乡和他的家人团聚。是的，他是这样安定着自己，虽然有人以为他的希望必不能实现，终将变为幻想的。

"我想将来仍旧可以走路的。"他对我说，"当他们替我装上假腿的时候。"说时带着乐观的口吻。

"你将来回家后打算干些什么呢？"我无可奈何地答他。

"我家里本来开设汽车公司，兼做出差营业。"他说，"我最喜欢汽车，因此仍想操理故业。这几年来，父亲一直单独经营着。"他显然在想念他的家了。

"那你一切都计划好了。"

"可是……"忧郁的阴影初次在他的瘦脸上显现，他怀疑地说，"父亲前次来说，想把公司变卖掉，他不以为我的两足会复原。"

一幅图画在脑帘中展开，使我想起一件事，决意告诉这位不幸青年。

"在一九三二年，"我开始把故事说给他听，"有一次会见了一个，他双足有病，走路不便。其时，他正在办公室内工作，后来我们谈到种树，他坚持邀我去参观他'林场'。"

"当时我在办公室外面等候，直至他工作完毕，一辆无蓬汽车已停在门外预备停当，两个人走来把他坐着的轮椅（一种椅子，底部装有轮盘，可以滚动，专备行走不便者之用）推至门外，然后将他置在开车的座位上，我就坐在他的旁边。不多几分钟后，汽车开了。这辆汽车的构造非常特别，大约为了他的缘故，许多机件会经过改造，驾驶时只需用两手，而无需用脚来帮助。到了他的家里，他高兴地领我欣赏其亲手栽培的各式圣诞树、橡树和多种树苗。回来时也照旧由他驾驶，也由两个人将其背出汽车，放入轮椅，推到办公室里照旧工作。"

"孩子，你可以把上面这件故事告诉你的父亲，不必担心你的命运。残废者非但能够工作，同时也能够享受人生的乐趣，因为故事中的那位残废者，他干着国家最繁杂的事务，负着世界最重大的责任，也受着全人类的崇拜。"

"是罗斯福总统吗？"青年伤兵问道。

"是的，他就是罗斯福总统。"

（原载于《红十字月刊》1947 年第 14 期）

接触眼镜戴在眼内

合瑟　译

像一枚五分铜币，很薄，托杯式，舒适的［地］盖在眼皮里。

玻璃裤带，玻璃皮包，源源上市。这些制品为玻璃，其实是可塑体，可塑体的用途之日行广大。在美国已有可塑眼镜上市了，名为"接触眼镜"，或称为无形眼镜。

接触眼镜是用无色、透明、不碎的可塑体琢磨的。戴这种眼镜的人，无论是工作或是游戏，都无眼睛受伤之虞。战时，美国海军体格检验于视线不正常而戴着接触眼镜的自愿入伍者，都予通过，而加拿大皇家空军的飞行人员更早已采用了这种眼镜，使近视眼的飞行人员丝毫不受影响。

一片接触眼镜的大小，像一枚五分铜币，很薄，托杯式的，外圈很舒适的［地］盖在眼皮内，遮着眼白与有光度的中心部分，并覆在角膜上。眼镜与角膜之间充满一种液体，这液体要在戴眼镜之前注入眼内。这种液体是一种化学合成品，与你的眼泪成份几乎相同。

于是，你戴了接触眼镜之后，角膜本身、中间液体和可塑镜片成了三位一体。镜片的本身也（却）成了你的眼睛的一部分，别人很难发觉你是一个戴眼镜者。

镜片能与眼球同时转动，所以你的视线会斜到片中心之外。你的自发流泪和自动闪烁的眼皮，可使镜片永远保持清楚。由于可塑镜片的重量仅及玻璃镜片的三分之一和镜片与角膜之间隔着一层液体，两者永不摩瘵［擦］，所以戴着接触眼镜不会给你不舒服，而且戴上一刻后，你甚至很难会感到自己戴着眼镜。

不过，接触眼镜现在尚不能普遍，因为一般眼镜店都不会配这种眼镜，一定要眼科医生开方后，请专家琢磨才行。它的价格也比普通眼镜贵，大约在美金一百元二百元之间。

接触眼镜最大的缺点是不能永不休止的［地］戴着，虽然有一个士兵曾在一场恶战中连续的［地］戴过两星期，但是一般的限度大概只在六小时致［至］八小时之间。这个难题正在专家研究解决中，希望不久即能加以克服。

（原载于《红十字月刊》1947 年第 14 期）

食物革命之新产物——食物酵母

麦戴玲

科学家们发明了一种食物，假使利用得当的话，能在一夜之间把全世界的饥饿情形改善。

这一种新发明的名称很为熟悉，它叫做"食物酵母"。不单是酵母，而是食物酵母，它的好处在于含有极高成份的为人体健康及生产所必须的蛋白质。

在一九二〇年时代，食物的基本是热量。三十年代，转向维他命。现在四十年代，营养专家致全力于蛋白质，因为全世界正闹着蛋白质的恐慌。

普通一人每天需蛋白质七十公分，但有两种人例外。孕妇需要八十五公分之上，假使不足的话，她养的孩子将又短又瘦，易致疾病。另一种是生长期间的孩子，每日需蛋白质四十至一百公分，至视体格大小及年龄而决定。

食物酵母是粉状加入麦品中服用的。一顿简单的午餐，奶油汤、鸡球、布丁，似乎不禁一嚼，但因为内加食物酵母的缘故，其所含蛋白质是抵得过两大块牛排而有余。从滋味讲起来，大家喜欢牛排，但从营养观点而论，则似乎又以前者为可取了。

食物酵母起源于第二次世界大战，英国遭遇空前的饥饿威胁，非采取紧急行动不可。经过藻森博士的埋头研究及无数次的实验，到一九四三年，他宣布用作肉类代用品的酵母制造已告成功，方法既简单又迅速。

在一只盛有七千加仑清水的桶内，放入一百二十五磅的酵母种、一吨半糖和少量阿摩尼亚，酵母种迅速吸收糖浆而把阿摩尼亚改变为滋养的蛋白质。

在十二小时内，这奇怪的混合物凝结成功一吨的乳浆，晒干后任意制成片、丸或粉。一经干燥之后，它变〔便〕永不变形，所含食物价值永不消失、减退。

仅仅一天之内，一只小桶能产生的蛋白质量足抵得过四头阉牛之所有。假使继续一年不辍的话，这样一只小桶所产的蛋白质比一千亩的蔬菜还要多。无怪科学家们要说，二十世纪的粮食问题端恃酵母（母）来解决呢。

假使你还想知道一点食物酵母的功用，可以白鼠的实验为例（白鼠对营养的反应和人类一般无二）。把两头同日出生的白鼠喂饲以完全相同的食量，只是内种一头的食量中添加一成食物酵母。九星期之后，得不到酵母的白鼠长六十九公分，另一头却长一百二十七公分！

倘若只加一成便有如此成效，那么把酵母量增加将有何种后果呢？另一次实验，把一成加为五成，结果白鼠的体重增加三倍之多。

也许你不喜欢酵母的那种怪味儿，别着急，新式的酵母已经大为改良，加入食物后，你绝对分别它们不出来。同时，专家们还在努力研究，它们还将具有从牛排到杨梅的各种香味哩！

（原载于《红十字月刊》1947 年第 14 期）

老年继续工作，倒是长寿之道

雨　辰

歌德在八十二岁时，完成他的杰作《浮士德》，并且仍具惊人的工作能力，还追求一位美丽的妇人。雨果死时是八十三岁，满有生机，且富创造力量。米赖却其罗在八十余岁时，仍很致力在他的艺术上。考罗脱在八十岁诞辰时，画成他的一张惊人杰作。

科学家研究人类长寿的神秘，有了一个新的发现，就是在这许多（长）寿的著名艺人身上，发觉了他们在年高寿迈的时候，并没有停止他们的创造力。因之，赓续研究，便得到一个新的结论。

他们告诉人们说："没有一个懒惰人，会得去受长寿之福。长寿，只限于工作忙碌而始终紧张工作，绝不懈怠的人。"

这个结论是奥斯克博士与西席尔伏格脱，以及德国的脑神经研究院全体研究员所研究的结果，他们在英国的《科学》杂志上公开发表的。

这般德国科学家说："如果我们在年老时候，让我们的脑子休息，闲荡不做工作，无异是自掘坟墓，催促自己速死。"

要知道我们生命的长短，完全决定于我们脑细胞的情形。如果这些脑细胞时受工作兴奋的刺激，便会因而加强力量，使我们在年老的时候"老当益壮"。如果工作不做，那么脑细胞便告腐化，而结果我们便不到天年就此半途夭折。

据专家分析，脑中的细胞有几百种，各司其责，性质绝不相同。脑，像一个总司令部，凭脑神经的发号施令，使全身各部的工作机能有效而安静地发挥着本能。这种细胞，在我们做婴孩只三岁时，就已具全了。可是，这种细胞，如果半途死亡，我们便永远失掉它，不再有其他的细胞可以代替。如果只有少数的细胞夭折，对我们的身体并无多大影响。如果所损失的细胞太多，那么一部分的身上组织，便告停止效用。换句话说，如果专司管理右腿的细胞死了，右腿便等于枯槁，没有用处了。

所以，据这许多专家认为长寿的秘诀，就是设法给脑部工作，而借此加强脑细胞的组织。如果你的脑细胞时受工作的兴奋而加强了，你准能长寿。

朋友，你要长寿么？请记得，不要偷懒，在老年时代多找工作！

（原载于《红十字月刊》1947 年第 14 期）

饱者可知饿者苦
——"饥饿六个月"的实验报告

夏　洛　节译

一九四五年美国明尼苏达大学举行了一个饥饿六个月的实验，我是自愿参加被试的卅六人中之一。这个实验之目的，在研究饥饿对于一个人究有如何影响。

现在全世界上，被困于饥饿线上的人不下数千万。你读了这篇文章，你就可以知道他们身心方面所受到的无比的痛苦。

我们的饥饿期开始于二月十六日。食粮是完全和灾区难民所能得到者一样，千篇一律地是那些萝葡、白菜、谷类、通心粉、煮山芋以及面包之类，外加每天一汤匙的糖，有时我们也可以得到大约二两的牛奶和一些果浆。

开始的时候似乎是无所谓的，但当我们所受的饥饿渐渐加深的时候，越容易发怒。我们又常常忧虑与烦躁不安，对于无论做那［哪］一件事情，开始就已觉得不很起劲，也很不容易。

我感觉腿部前面的皮肉十分麻木——这完全是一种情绪上疾病，与身体无关，仿佛有好几薄层橡皮贴在皮肉上面一样。这对于我的活动并无妨碍，但是我却十分忧虑。有许多同志的膝部与脚踝肿了起来——有的在半小时以内肿到比平常三倍大，有的人并因此而为之昏迷。

我们整天都觉得寒冷，即使有一天温度高到九十（华氏）度也不见得热。我时常得盖两条军毯才感到暖和。

平常有些事情，我们一点不会注意到的，这时却变成不可忍的难事。我们的听觉特别灵敏起来，有些人讲话的声音似乎特别尖锐，在房间内四处都可以听到。有的同志就因此诉苦起来，说这些人讲话讲得太多。

我们饥饿了三个月还不到，对于女孩子已经不发生兴趣了，我们在宿舍里也不再以她们为谈话资料，同志中很多人都设法避免见到那些精力充沛的旁人。我们差不多变成半死了，走路的时候也得当心，以免一蹶不起。

在五月底，我们有一天得到些救济食粮，使我们在用餐时有了两薄片鸡肉、马铃薯浆、汤汁与肉类。有几个同志见了这些，不禁扑在食桌上喜极而哭了。

在受饥饿试验的下半段时间中，我们的精神非常脆弱。我们再不会把实验的目的记在心中。我们体重减轻到一百二十五磅。我们的腿部和足部都觉得非常干枯，胃部和口部亦是如此。我们现在好像自己在吃自己了。

主持试验的人从不叫我们做工，因为他们想研究我们自动会做些什么工作。结果则我们一样也不会做。有些被派管理家务的人往往忘却洒扫宿舍。有位同志告诉我说，他每次看见床下积尘甚厚，他应该拿扫帚来扫除，但是他却一直没法动手扫除。

在试验之初，我常常梦想，即使别人设宴款待时，我也会拒绝不要，但是现在我即梦中也会想到吃东西，而且一些也没有内疚的感觉。我有时梦见杀掉那些统制我们饮食的医生。

到试验末期，我们都变成活骷髅了。我们的头发又硬又粗，有的人而且已经秃头了。我们的耳部、颊部与颈后都深深下陷，皮肤非常粗糙。我们觉得椅子硬得忍受不了。我们的心脏收缩十分之一，动、静脉血管亦是如此。眼白已经没有视觉静脉，只是白得透明。我们观察事物时，并不是把眼球四转，这个太费力气了，我们只是老把眼睛向前凝视，而且一次只能看见一件东西。这种呆滞的样子，正同相〔乡〕中常见的饿殍一样。

（原载于《红十字月刊》1947 年第 14 期）

医学珍闻（十四）

王一正

知识之岛愈大，思潮所接触的海岸线也愈长。

感冒菌苗

感冒菌苗（Flu Vaccine），是另外一种战时研究的产物，对于医学界是一个大的贡献。由于美国陆军预防卫生组的发起，在密西根大学，特别研究制备一种可以预防感冒侵袭的菌苗，已经成功了。此种毒素，只有在活细胞中才能生长，是在鸡胚中培养的，待净制后，用蚁酸处理，再制成疫苗。

此种新的菌苗，在一九四五年美国流行性感冒蔓延时，曾为学生义勇军应用过，成绩甚为美满。至一九四五年后，此种菌苗，方为世所周知。如此种菌苗可以大量供应时，对于每年感冒流行的防制［治］，一定是成效卓著了。

链霉素 Streptomycin

本品是一种杀菌的药物，去年已有少量的供应。在医疗上的价值，已可从事试验。本品对于泌尿器感染疾患，均为有效。配合通常的疗法，对于结核病的控制，也有所帮助，但有些细菌对于链霉素是有抵抗性的。

新的杀虫剂——666

666（加蚂散 Gammexane，六苯化氯 Benzene Hexachloride），六氯苯能杀害不畏 DDT 的虫类，此种化学药剂的大量使用，已使肉类及农业的生产量大大地增加。

在未来的广告中，将不会再看到 DDT 了，因为更佳的杀虫剂"加蚂散"，已经完全夺去了 DDT 的市场了。

新荷尔蒙

美国爱淮博士及其助手，自新宰之猪的大肠黏膜中发现一种新无色之荷尔蒙。经十年之研究，现已证明此种荷尔蒙可用以治疗胃肠溃疡。盖此物可以减少胃酸之分泌，增强胃肠内壁之抵抗力。爱淮博士在过去十年中，曾以胃肠溃疡患者五十八人为实验（病者至少皆患溃疡五年以上），每日施行肌肉注射，其中仅一人病况毫无进步，余者经 X 光透视，皆已先后康复。

生长液

美国癌病研究所之 Philip R. White 发表一种已知化学成分的溶液，能使某种心脏组织继续生活并跃动达六星期之久。据称此种生长液，系由葡萄糖、数种矿物质、十一种维他命、十二种氨基酸合成，并谓此种溶液，将来可趋于简单。至此种发明，乃表明生活体之组织，可以用人力加以管制，一旦完全满意之生长液成功以后，必可维持生活体之生长，并保持其生命。

新武器——腊肠毒素

此种发明，虽被原子炸弹的光芒所掩蔽，但将来可能与原子弹具有同样重要的军事价值。美国陆军部在生物学武器方面的研究，最惊人的结果便是腊肠毒素（Botulism Toxin）的结晶。这是一种细菌产生的，其毒力之强，即便是很微的分量，已足以致人畜于死命，且可用飞机散布。此种毒素的制造，无需复杂庞大的设备，像原子炸弹那样耗费，任何拥有酿造工厂的国家，都可能用来改装成为细菌毒素的工厂。所以在这一方面，美国显然不能像原子武器一般，可以在世界上独占优势了。

（原载于《红十字月刊》1947 年第 14 期）

原子能的医药应用

赖东耀

军事家利用原子能制造原子弹来结束残酷的战争，同样，物理学家、生理学家会同医学家，研究原子能在医学上的应用，利用原子能治疗非普通药石及医疗器械所不能治愈的疾病，使遭遇绝症的病人免除痛苦和死亡。由于科学昌明、医学发达，我们可以相信，将来由原子能救活濒于死亡的病人一定超过长崎和广岛因原子弹而遭难的人。

自然的放射性元素，如镭，永远放射着，不断将质量转变成机动的能。镭放射出来的 γ 线，其放射力非常凶大，能够击碎其通过线上的任何原子。这恰像 X 光线能通过电磁的放射作用一样。因此，物理学家和医学家发现放射线对于生物的组织的最小单位能予以破坏，故镭乃最先被应用于治疗恶症。此即原子能之利用。

镭的放射线能治绝症，但镭是世界罕有的元素，不能广泛地应用在医学上，仅足引起研究的兴趣。许多科学家想从另外的元素造成人造的放射性的同位素。自然放射性的元素共三十九种，都可以从铀矿与钍矿石中发现，但多数非常不稳定，不能妥切的［地］应用。其中以铊、铅、铋比较稳定，可是提取却非常困难。

经科学家精心研究，居然到达了所期望的目的。当一九三三年底，居里与居里奥氏共同发表《由"γ"线冲击而引起原子核反应》，知道世界上三种元素皆有人造放射性的同位素。因此，科学家群起研究，利用比较精确的原子旋转冲击机，相继发现八十三种较为稳定的元素经此冲击以后可成放射性的同位素。据统计报告，现时所得的同位素已达三百七十四种，但其中一部份乃借中子的磁击而成的。

这些同位素，由人力造成，同天然的放射性元素一样有一定放射速度，不受物理、化学反应的影响。但放射的速度有快有慢，慢者放射至一千年，其质量仅消失一半；快者经数秒钟的放射，已失掉大部分质量。吾人所要者，乃长期放射的元素。幸好每种元素都有一种较长期的放射性同位素，以供研究与应用。因此，原子物理学家与医学家会同研究，用镭的第四变质体作探测的元素，从事动物及植物的生理、病理的各种复杂现象的研究。寻求复杂的新陈答谢，并且探悉生物体内在常态与病态之下，有那些元素可作实地及临床的诊治之用。若袋鼠门齿的珐琅质的磷原子和哺乳后所生的磷原子，经镭的第四变质体探测后，可以很明显地分辨出来。

科学家继续不断的［地］研究，创下了医学界不可磨灭的功勋。当第二次大战发生以后，广大的战场上因受伤而流血过多致死者，非普通药石所能救治，除非新鲜的人血不断地供给，不足以事挽救。因此美国的生理学家、物理学家和医学家、血液学家急切注意与研究用放射性的探测物，研究从人体取出的完全的血应当如何设法长期保存，以便运至万里以外的战场去救治濒死的将士。这种工作是艰巨的。输送的血必须是完全洁净的类型，不能取自疾病流行的地方。

外来的血液注入伤者与病者的血管中，其红血球和伤病者的红血球，既要不同，又要不因此而起毁坏作用，而在病者、伤者的体内照样活动，如此血液才能有效。故负责研究的科学家取用铁的放射性元素，施行种种的实验，将极少的经过五年才减少一半质量的锰类转成铁的放射性的同位素和千分之五克的普通铁的放射性的同位素混在一起，后者结合前者，将此结合体同别的元素制成铁铍柠檬酸盐。消毒之后，医学家将少数的铁铍柠檬酸盐注入病者或伤者的静脉内，形成了由放射性的铁所成的血球素结合在新生的红血球当中。这放射的铁藏在该红血球的血球素中，伤者、病者经此预先注射之后方能开始输血。所输的血液，经缜密检查之后，每次以五〇〇西西［cc］为注射的标准量，加入少许保存性的溶液，制成应用的血液。该血液于一定温度之下，保存的期限亦有一定，在此期限中输入伤者或病者体内方属有效。医学家每隔一规定时间抽取被输血者已经注射后的血液，用盖格穆勒尔式电子计算器自动计算放射性的铁的电子数目，测知血液放射力的程度。医学家借此得知注入体内的血液有若干活着。若注入的血液，因备制、储存或运输不慎而致死的，则医学家必须在两小时内将这部分死的血液抽去。

于是，输血的医学使用原子能的反射性能广泛地应用在战场上，使伤者、病者减少痛苦，得获救治。因此，各地相继设立血库供应血液。因路途的遥远，血型的同异，储存的血液都不够完善，医学科学家乃采用一种称为 ACD-10 特别利于保存的东西。

吾人知道，甲状腺主要的荷尔蒙分泌是含碘的，它有调节人的体温和生长的功效。科学家早已借放射性的碘，在常态与病态的甲状腺中研究无机的碘元素如何与别的成份转为二碘干酪酸，而后形成甲状腺的荷尔蒙供给甲状腺肿大症患者的治疗。

科学家从综合维他命 B 的方法中加入放射性的硫磺同位素，借悉它的储存和使用的方法与功用，并且从人的排泄物看到人体内的维他命 B 每廿四小时要破坏失效十分之一。故医学家每隔若干时间，给予病者药剂及维他命 B 以收全效。

科学家将燐〔磷〕放射性的同位素喂给动物，经实验的结果，燐〔磷〕都集中在制造血球上。因此医学家利用放射性的燐〔磷〕，治疗红血球增多症，并且借此治疗血液的不调症。

爱克斯放射线以高速度将电子打击通过线上的细胞中的原子，若继以放射，则细胞将为杀死或毁坏，故爱克斯光线不可照射太久或太多。近日用碘的放射性同位素治疗甲状腺肿大症，并不会影响其他不相干的部份，此较爱克斯放射线为佳，并可自由控制，不致有过多或不足之弊。

此外，放射性的元素，对研究新陈代谢的过程已有显著的帮助。往昔科学家作新陈代谢的研究，必以病态或中毒的生物，或单独取用所欲实验的某部份组织。这样试验的结果必是片面的，且往往是反常的，不能据为通论，广泛应用在实用医学上。故科学家敏感地推断，利用放射性的同位素研究生物的新陈代谢作用方有完整的结论。当一九四四年，美国营养学家发现乳酸钠的某种含碳的元素可由放射性的碳的同位素结合成功。将配成的乳酸钠喂养被实验的动物，它的肝内可以产生富有放射性的肝糖。由此科学家知道，肝糖的碳原子多来自血液里的炭〔碳〕酸气。这种复杂的变化，非想像〔象〕所能得知。放射性元素的同位素，用以探测各种新陈代谢的过程，科学家已有很多精确的报告，惟以限于篇幅，不拟多为引述。总之，放射性元素的同位素已为生物、生理、病理、医学诸科学引为探测的圣品，为后世科学奠立了研究的基础。

放射性同位素的机能力，就是吾人所欲应用，故人造的放射性同位素，必须大量生产。大量发现各种元素的放射性同位素以供医学家的研究与治疗，此种艰巨的研究工作，有赖科学界的工作同人一致合作，使原子能广泛地应用在医学上。减轻人类的痛苦，增进人类的幸福，为吾人从事科学者应有的抱负与愿望。

（本文参考美国麻省理工研究院物理学教授伊万斯《原子能在医学上的应用》作成，特此附志。——作者）

（原载于《红十字月刊》1947 年第 15 期）

谈谈伤风——伤风与"风"无关

猷　先

　　伤风可以说是人类最多、最普通的病，普通人都不以伤风是什么希[稀]奇的病。虽是车夫、农妇都以为他们很明白伤风是怎么一回事，怎么是伤风了、应当怎样治。但是医师们都感觉对于这病所知道得很少，对预防和治疗都感觉到束手无策。无论中外古今的人，几千年来，都以为这病是由于冷风的侵袭。丈夫在夜晚的时候要出门去，做妻子的总是要他多穿衣服，理由是"小心，不要感冒着"。儿童们将将洗完了热水澡，母亲们总是不放他们出屋门，理由是"吹不得风，要伤风的"！

　　实际要想逃避伤风，只是避免寒冷，是不成功的，而是需要住在南极或北极，没有人烟的地方去。十几年以前，英国曾有一些人到北极去探险，他们生活在那种极冷的环境里许久没有一个人伤风，直等到他们将从伦敦带来的衣服打开的时候，许多人起始伤风。罗氏研究社曾派遣一队人去到挪威与北极之间一个极北的城市去研究伤风，全城五百○七人经过了一个整冬，温度永远是零度以下，却没有一个人伤风。其中许多人所住的屋子是生着很旺的火，屋子过熟[热]，或是许多人拥挤着住在一处，并且在严寒的风雪里旅行，又是整天的在煤矿里工作。到了五月，从挪威来了一只船，船员和旅客登岸之前，经过医师检查，没有一人伤风，除非就有一个人起始打喷嚏。一周以后，城里发现了八十四个伤风的患者；两个月之后，全城百分之九十的人都曾伤风。这证明伤风不是因为着凉，或是吹风，乃是一种传染病，与患伤风的病人接触就有被传染的可能。

　　当你出着汗，或是在寒冷的时候却穿着湿的衣服，站在风路口吹了风，岂不是一定要伤风呢？这是不一定的。曾有一位老教授抱了勇敢的科学精神，自己来试验这种常识。他在四十四度热水里浸了五分钟以后，赤身站在窗口一小时，那里的风是靠近零度的，结果他没有伤风。有一次在洗过冷水澡以后，赤身站在窗口，吹风五十四分钟，气温是三度，但是也未伤风。在最后一次的试验，他将一件衬衣浸在冰水里，拧出来就湿着披在身上，坐在零度的冷风里半小时，这次他仍然没有伤风。这证明了风与冷，普通人所认为是伤风的原因，实在与伤风并没有直接的关系。

医学界已经有了切实的证据，知道伤风的病原是一种滤过性毒。人类有许多接触传染的急性传染病是由于滤过性毒，例如天花和麻疹，伤风也是由于一种滤过性毒所起的。这种病毒很小，不但肉眼看不见，就是能放（大）一千倍的普通显微镜也无济于事。普通的一般细菌可以用磁质的滤器由液体来滤出来，但是滤过性病毒可以穿过磁质的滤器。

数年以前，已经有医学家很谨慎地做过动物实验。动物中能得伤风的只有猴子。他们将猴子养在很卫生的环境里，不与外界接触，喂养猴子的人都穿着消毒的外衣、头罩和橡皮的手套。这些猴子都不伤风。于是，将含有伤风病人的鼻喉滤液滴在第一个猴子的口鼻内，这只猴子就染上了伤风。容这个猴子与第二个猴子接触，第二个也就伤起风。这样一个一个接触下去，就一个一个地都伤风了。所以可以随意所之〔知〕，要哪一只猴子伤风，就使它与伤风的猴子接触就行了。

伤风既是一种传染病，并不是寒冷或是吹了风，所以伤风不是一个寒带的病，也不是冬季的病，而是任何地方、任何季节都可以有的病。北方有，南方也有；冬季多，夏天也不少。而且不分种类、男女、老幼，都可以得这种病。它是人类最普遍、最严重的一个敌人。

人类重友爱、讲交际的习惯协助了这种病毒的迅速传播。我们在大庭广众的地方咳嗽或打喷嚏，含有病毒的涎点，帆扬在空气内，可以使许多人被染。据精密的测验，这个屋子里需要经过五小时以后，才能消失传染的危险。讲礼貌的人咳嗽或打喷嚏时用手遮掩口鼻，但是很少有人立时洗手，就去与朋友握手，那人就有很多的机会将手上所沾来的病毒送进自己的口内。或者我们将手上的病毒沾在门把儿上，留给后来的人。同桌共食，各人的筷子就是病毒的传播器。接吻是表达爱情，同时也将病毒送给了对方。

伤风的初期，第一、二日，传染最烈。在你发觉伤风以前十几个钟头，你已在开始传染你的家属和所接触的亲友。这种病毒死亡得很快，在伤风的第三、四日，当你还在咳嗽、流鼻涕很厉害的时候，字纸篓里满了鼻涕纸，你告诉亲友们说，"我伤风呢，离远点吧"，其实传染的时期已经过去。所以，隔离的办法对于预防伤风很少功效。

医学家们自从发现了伤风的病毒，就尽力想制造一种抵抗伤风的疫苗，到现在还未成功。接种过疫苗的人，患伤风的次数并不减少，但是症状轻些，而且有效的时间至多不过两个月。还有些人，根本①伤风疫苗的接种，就不发生效力。

那末［么］，我们有无抵御伤风的方法呢？有是有的，不过很难做到。假如每一个人或是小孩子，一起始有点流鼻涕或是打喷嚏就自动地隔离，不到工厂或学校去，社会中的伤风就会少得得多。但是在我们的文化水准还没有达到某一种程度的时候，这是办不到的。营养的食品、鱼肝油、多种维生素丸、户外活动、照紫外线、赤腿、长期冷水浴，都不能预防伤风，这是曾经许多的医学家很小心地试验过的了。身体健康的也是一样的伤风，不过比较症状轻些，舒服些，并发症少些。你若要一定逃避伤风，那只有一个办法，就是住到一个孤独四无人烟的地方去，并且将凡是经外人用过的物件都预先煮沸消毒。可是孤独的生活是十分无味的。

好了，既是不能预防，伤了风，我们应当怎么办？用什么方法治疗呢？一位方正的医师，不是专想卖药赚钱的，只能对你说："没有药品可以使伤风的病程缩短，惟一的好办法是卧床休息。"今日的许多医师是习于滥用药品，他们会给你各式各样的药方，从阿司匹林到白松糖浆。每个医师又各自有他喜欢的一套处方，施用的药品种类很多，这也就表示没有任何一种对于伤风有特殊的功效，都是治标的，没治本的。有的是让病人舒服些，或是在心理上得到点安慰，有的只是让医师的收入增加了一些。

惟一的好办法是卧床休息。你一觉得有伤风的现象，顶好先洗一个热水澡，躺在床上不要起来，少吃饭，多喝水，无须发汗，不必吃药。若是你的鼻子不通气，或是咳嗽得厉害，需要药物的帮助，那就请一位医师指导一下，开个药方。不必搜寻名医，最好是学校的校医，或是工厂的厂医，还比较可靠得多。

卧床休息有两个意义，第一是使你节省全身的力量，用以抵抗这病。不一定好得快，但是可希望症状会减轻，并发症少些。伤风本身不是什么大病，但是我们的口鼻内时常是存着许多种的病菌，平常的时候

----

① 原文如此，似应放在"就不发生效力"之前。

无害，在伤风的时候黏膜发炎，就可能趁机侵入，致人死命。很多的人是在伤风以后发生肺炎。第二是从公共卫生的立场着想，使你躺在床上，免得你上班去将伤风传染给所有的同事，或是上学去传染给全班的同学。从死亡率方面来看，伤风是微不足道的小病，但若是从经济的立场来看，伤风是人类最大的危害。

小孩子们伤风，情形要严重得多，卧床休息更为切要。许多的儿童传染病，例如麻疹、猩红热、百日咳、白喉等，在初期都是以伤风为出发点。

（原载于《红十字月刊》1947 年第 15 期）

维他命狂——你也许正是这种"病人"

质　译

美国人实在可说是中了维他命狂，他们并且给这健康要素所麻醉了。他们拼命地吞吃大量维他命片或丸，以防伤风或一切疾病，更想借以增加他们的体魄与精力。

美国各级家庭里连洗东西的肥皂都会有维他命。中年的太太们用维他命雪花膏擦她们的皮肤，她们为的是想滋润皮肤的细胞，并且希望夺回青春的力量。

孩子们嘴里咀嚼的是维他命橡皮糖，病人在病榻上，服用的是维他命糖果或维他命蛋糕。药房里维他命制剂的销数，从第十位跳到第二位。制造商更懂得生意眼，只要他们的药品、化糖品或其他制品写上"富含维他命甲、乙、丙、丁、庚"，就会利市十倍，不胫而走。

一个广告商在吹着法螺：

"奇迹是会降临到你的身上，你会觉得舒服，也会变成漂亮。——换言之，就是你觉得自己富有生命的活力。这秘诀就是维他命。什么维他命呢？就是你所需要的一切……可以补偿一天劳累生命的损失——使你成为一个最可爱的人物。"

于是乎，千万美国人，不论男女老少，为了要变得可爱、感到舒服、面貌漂亮和活力丰富，就每天吞服维他命丸剂。连纽约夜总会内售香烟的女侍者，现在也兼卖维他命丸片了。实在这是愚笨不过的，因为这狂吹大擂的丸药，究竟有没有维他命成份，是有心人疑惑的问题。更坏的是，在人们脑海里留下一种印象，以为可以忽略食物和阳光，只要吞几颗就算了。同时更易使人误解，遇到生病或自己体力够不上水准时，不必去看医生，只消持几粒丸片，就消炎延寿，添生精力。

医生并不与维他命过不去，男女老幼确然每天必需定量的维他命来维持他们生命的活力，少了任何一种，就成为任何一种维他命的缺乏症。而此种病症之因何产生，也是疑问，因为多数人均能从一日三餐中获得足量的维他命。

我们的祖先，也就仅用此法以维持他们的健康，因为当祖先时代根本还没有发现维他命咧。

（原载于《红十字月刊》1947年第15期）

孩子哭声研究——母亲们的备忘录

花新人

孩子们的哭，我们可以训练自己的听觉，然后可以判断和辨别孰为正常，孰非健康。下面的数种哭声，可以帮助父母去鉴别之。

一、哭声宏亮，哭时面红耳赤，是健康的表示，是有益的声音。因为这种哭，可以帮助孩子们肺叶的膨胀，使呼吸能多量吸进氧气，这是每天必须的运动。

二、哭声悲哀，音调低沉，这是孩子有病的表示。在这时，孩子的体温是在升高的，即发热。

三、哭声尖锐，音调是不断的在嚎啕。低沉哭时，往往将手指塞进嘴里吮啜，这是饥饿的表示。有时孩子口渴也会如此的哭。孩子口渴，是易被父母所疏忽的。

四、哭声短促而有持久，哭时双眼时闭时睁，这是孩子疲倦欲睡的表示。

五、哭声响亮，音调拉长，双手双脚不住乱动乱弹，这是孩子发怒的表示。

六、哭声尖而长，双脚不住抽缩，这是腹痛的表示。假若你去摸他腹部，孩子们此时的腹壁是坚硬鼓胀。

七、哭声尖锐，时长时短，断续不停，这是疼痛的表示。

八、突然而哭，音调高长，哭时身子不停地摇动逃避，这是在陌生的环境，或是见了生客，害怕的表示。

上面八种哭的分类，我们可以证明孩子哭的原因，不外生理的要求和病理的不适。今后，我们如何的去处理孩子们的哭呢？有二点，父母们是当留意的。

第一点，要明了哭的原因。一位精干仔细的母亲，决不应该在孩子哭时就不问青红皂白去抱抚。因为这样，足以养成孩子恶习惯，可以使他知道能用哭来引起母亲的注意。日子久了，更会利用哭来作为达到目的和满足欲望的工具。

第二点，原因明了后，立刻予以纠正。例如，因饥饿而哭，就给他乳吃；口渴，就给他水饮；要睡眠，就给他睡。若是发怒地哭，切忌抱他、摇他，最好只有让他哭个畅快。若有疾病痛楚，立刻抱他去看医生。孩子只要舒适，总不会多哭的。寻找哭的原因，是特别重要的。

（原载于《红十字月刊》1947年第15期）

医学珍闻（十五）

王一正

爆发的疫症——霍乱

有一年，法国土伦地方突然发生霍乱，蔓延极速。因为附近各地并没有发生同样的疫症，因此大家都觉得非常的神秘。后来由医学界加以调查，发觉最初的患者是政府运输船"蒙特伯罗号"上的两位水手。这运输船已经许多年没有用了，停泊在土伦港口用以贮藏旧军服。这些军服有一部份是一八五五年在塞巴斯托波尔战役中死亡的法国兵所穿的。这两个得病水手，从船上的深处搬出一些旧军服以后，不到几天就染疫而亡。可见这次的疫症——霍乱，是直接从三十年前的战场上传来的。病菌在染疫死亡的士兵军服中躲藏了长久近三十年时光，以后经两位搬衣服的水手给它以再度猖獗流行的机会，于是土伦城遭殃了。

长寿血清

苏俄联邦乌克兰著名的科学家鲍莱摩兹最近发明了一种返老还童的血清剂，叫做"爱克斯ACS"。它的功能可以展缓人类的衰老，使用这种血清注射，人类经历几代之后，可能延长其寿命。

目前苏联各处正普遍使用这种血清注射新药，用以疗伤接骨，著有奇效。并由许多年已六十岁的莫斯科伶人，于定期注射这种血清剂后，他们的工作能力大有增进。

有救的——腹癌病

美国支加哥医学院勃郎舒维医生于最近支加哥大学出版社之书刊上透露，"无可救药"之腹癌病，已可得救。勃氏书内介绍电疗、化学治疗、维他命 K 以及外科技术之最新进步疗法等。渠发表在一百个"无药可救"之腹癌病人中，经渠试用手术，已有十九人得生。

鲸胰荷尔蒙

日本科学家已发现自鲸鱼之胰中提炼荷尔蒙之方法。按此事迄今，系世界科学家所认为不可能者。发现者为九州帝国大学教授泽田。据渠之研究结果，鲸体荷尔蒙对母乳及增进营养生长方面，甚有裨益。

齿科圣药

美国加州大学齿科学院莱特（Roy B. Wright）和罗尔（Robert W. Bule）两博士宣称，青黴素大约可以为治疗口腔之良药。对于牙齿施行手术时，处理和防腐的药物，诚莫与能比。齿科药物效验之宏，未有如青黴素者。不但能用为施行手术的防腐剂，并可用为治疗各种口腔中的病，如狭性咽峡炎以及其他口腔中溃烂性的病症等。

用于齿科青黴素为菱形锭剂，颇似普通药丸。将此锭置于牙龈与颐之间，缓缓地溶化，不停的将受伤部分洗涤。其在患处，能持久地保持浓度，而处理手续又极简单。此皆为其特点。

青黴素，虽不能治疗一切的口腔病症，但大部分足以引起这种病的微菌，都可能扑灭之。

（原载于《红十字月刊》1947 年第 15 期）

结核症的家庭疗养法

孙忠亮

这本小册子告诉你什么是治愈你的病所应做的，同时还指导你如何使你的家属免去传染。如果你还有什么不明了的，不妨随时请教你的医师。

你的医师已告诉你，你的肺部已有结核菌在作祟。虽然你的外表面看不出，你自己也不觉得有病，可是医师已用精确的方法断定你已传染有肺结核症。经验告诉我们，除非你能及时治疗，你的病总会蔓延开来的，于是你就真正地病倒下来了。那时再要求复健康，就须要更长久的时间了。所以要立即遵从医师的嘱咐，别耽误时间是最要紧的。

休　息

当身体的任何部分受了损伤，我们都知道要把这受伤的部分固定休息，方能早日痊复。这次你的肺部染有结核菌，而且成了病，亦是受了伤害了。这情形比局部的手足伤害更严重，因为结核会伤害你的全身。因此我们更得让肺休息，休息能帮助愈合。

你的肺好像一块海绵，你吸气时，它就膨胀起来，充满了气体；呼气时，肺就缩小，气体放出来。深呼吸使肺活动增加，运动亦能增加它的活动。因此，医生嘱咐你，要使肺有最好的休息，那就是安卧床上。当你的病情经在医院里仔细检查后，如果需要长期休息，医师会劝你在家里休养的。休息是最重要的嘱咐，也就是治结核的名贵处方，你必须忠实履行，方能使病痊愈。

当你刚开始卧床休养的时候，你会觉得很不自在。你没有耐心，你会不顾一切地起床来。你会感到你添了家里的麻烦。你会感到失望，似乎在你的卧床休息后，反不如前强健了。你会感到只吃不行动会妨碍消化。而最麻烦的，你会顾虑到你的工作问题、经济问题、婚姻问题等。但这些都是意料之中的。别放弃卧床休息，要克服这些初步的困难。到目前为止，科学家尚未发明一种治痨特效药，而休息、新鲜的空气和营养品，仍是治痨的最有效的药剂。就以休息为基础，数千万的病人已经由休息而获得痊愈，恢复健康，重享人生之乐。别迷信药剂，每天打针吃药而不休息，是只有使疾病蔓延，拖延时间而已！可是，休息也要得法。我们如何休息才能获得战胜痨病的效果呢？下面便是几种：

（1）平卧床上，头枕在一个低软的枕头上，有时医师会告诉你多睡在左侧或右侧。

（2）记着使你的肺愈少工作愈好。因此两手切勿举重，连厚的洋装书也不要拿。不要举手高攀。你的睡衣应该是在前襟中间开扣的。不要穿套头衣服，免得穿、脱时举手用力。大便不通，就请医师开一点药吃，别用力大便。

（3）不要作深呼吸，不要高声谈笑，连打喷、呵欠都要当心，饮食亦要缓缓细嚼。

（4）不必要的咳嗽就不咳，慢慢地等痰上来了，轻轻地一咳就吐出来了。如果咳嗽太厉害，无法控制的话，就请医师开点药吃，切勿把痰咽下肚子。痰咽下去后会危害你身体的其他部分，如肠子的［等］。

（5）情绪兴奋会使你的呼吸加重，医师会禁止你会客，不许你看惊险的故事、小说，或听兴奋的广播。慢慢的，你就会轻举慢动了。

你这样休息，一定要家里的人帮助你，于是医师有时会请一位公共医生护士到你府上来指导一切，希望你要竭诚欢迎她。她会讲解一切应做的事，回答你的问题，指导你家里的人如何照护你。她会常来，如果你家庭需要帮忙，她可以协助解决。她对你的家庭都有很大的帮助。

新鲜空气和阳光

虽然这两者和休息相比，是较为次要而可无从随意控制，但尚有下列各点注意的。

新鲜空气

新鲜空气是随处一样的，我们不一定要远道上庐山或西北去养病。卧室的空气应在摄［华］氏六十五度左右为最合适，冷空气是要不得的。卧室的窗户应当开，使有气流，但不能直接有冷风吹。如在温和的季候，你不妨在不着凉的原则下，睡在户外或洋台上去，但要避免直接受凉风吹袭。睡衣宁可轻软的质料做，使保温暖而又舒适。当你睡在凉爽的屋内，在下午还是感到微热时，或夜睡有盗汗，这实系你的病情如此。这是结核菌放出来的毒素所造成的，不妨请教医师。在你出汗之后，就请人替你把衬衣更换，才可以舒服。

阳光

阳光对治疗结核症是很重要的，但你得明白它是强有力的，她能杀菌。你需要充足的阳光照耀你的卧室或洋台，但你决不能直接让它晒在你的赤身上。所谓日光浴或人工太阳灯的应用，在未请教医师的意见前绝不要随便自己使用。阳光能杀菌，但也能使你的病灶活动，变坏或咯血。

结核菌在体外流动的空气下，受了直接阳光，六小时后就会死亡，但它们能在阴湿的地方生存至数月之久。因此痰液污染的东西，如果不便煮沸，或不能烧毁的，如书籍、枕心等，都应放在空气流通的日光下晒六小时以上，就可以杀菌消毒。

营养品

休息、空气和阳光，如果没有食物的帮助，还是不能治愈你的肺病的。医师不希望你吃得太多，充分的营养和均衡的食物，包括一切营养品，是最合适的。鸡、鱼、鸭肉固然是重要的，但蔬菜、水果也是不能缺少的。你要有好的胃口，愉快的情绪去欣赏三餐。在三餐之间，不妨加一两次牛乳和黄油面包，它们是最好的营养品。鱼肝油和维生素可以听从医师的吩咐加服的，至于烟、酒、咖啡等，还是先问过医师再用。

精神休息

要训练松弛你心神，真正的完全休息是要精神与身体同时获得休息才行。你在精神不安之下，是不会完全休息的，用脑比用力所费身体的能力更多。最好是坦白地将你发愁的问题向医师倾诉，当你病了的时候，让其他的人来解决你的苦难问题。

医师倒不一定要你整天躺在床上，虽然他亦不希望你抱卷终日而倦。轻松地阅读，如书、报、图、画，都可以的。自己一个人听听无线电的音乐，或在你房中欣赏一些盆景、金鱼、小鸟等，都可以的。慢慢的，当你的精神好转，可以得到医师的允许玩玩小东西，如下棋、书画、结毛线、木刻等等。但在和人玩的时候，总要和对方相距四英尺以上，别过分等你觉得累了才停止。

不要把肺结核症传染结［给］别人

家庭疗养中最严重的问题是怕病传染给他人。如果你家里没有一个身体结实的人来侍候你，或是你不能单另住一间卧房的话，实在还是住到疗养院去好。但你如因种种缘故，一定要住在家里，你也别耽忧［担忧］，只要你知道如何不传染他人就是。

幼婴和孩子不能留在你房里，因为他们是最易感染结核的。

你吃剩的东西，决不能再让别人吃，最好是烧掉它。

不要和客人握手，他们的手套、帽子、衣服，都不许放在你床上。

和人亲嘴当然是不许可的。

你的医师和公共卫生护士会指导你的家属如何处理你用过的东西。为你，你只要牢记如何不让你的痰去传染他人。

你的痰液是最危险的，因为里面含有结核菌。因此任何东西，一经沾有你的痰液，都对人有危险。所以，你口吐出来的东西，如痰口水、喷嚏，都是有危险性的。当你咳嗽或打喷嚏的时候，用手帕或软纸掩着你的嘴。把软纸放在你的床头或床前柜上，可以随手取用。你用纸掩嘴的时候，还要注意多用几层纸，别沾染了你的手，然后把用过的纸放入一个预备好钉在床前的纸袋里。当纸张快满了，就请人把它拿出去烧掉。别把它装得太满了，这样会污染别人的手指。

当你要咳嗽或打喷嚏的时候，除了用软纸掩嘴外，别把脸直对别人。

记着：凡是有你口鼻污染了自己的东西都对别人有危险性的。你应有你自己用的一份洗面具、漱口杯、牙刷、餐具等等。食具和床单等用过都要煮沸消毒。

怎样保护你自己

（一）切勿吞咽痰液入胃。

（二）就餐前要漱口刷牙。

（三）就餐前要用肥皂洗手。

你总要听从医师的吩咐

医师在你恢复健康的航程中是一位船长，你必须要听从他的吩咐。有时候会感到他是太严厉了，他总很慢地才准许你做这样、那样。可是要信任他，他总会很安全地尽量让你很快地做这些事。对医师要坦白，把你一切的症状都告诉他，要信任他的决断。他会告诉你什么时候可以起坐、每天坐好久，什么时候你可以做一点事来消遣，什么时候你可以会客、每天最多会几位客，什么时候你可以起来行动、什么方式的活动、每天活动好久。这些他都会按你病情进展的情形规定下来的。医师会请你把痰去送检，他会请你作肺部 X 光复查，如此他才可以决定你病的进程。他会对你作种种指导，并且对你家属亦时常留意，时常要请他们作种种检查的。

前往健康的道路

当你在家休养了一个时候，你感到好多了，一般的症状减轻了，或都消失了，体重增加了。于是，你自己、你的家属都会愿意你起来了。这个时候是个紧要关头，是最须听从医师的指导的时候。这时候你必须听从他的吩咐，他有时考量你的情形，嘱你再多躺一时，或准许你有一个时候在床上坐了。

所以，常常在一个外表看去健康的人，尚须再躺数月方能起来行动，这是很寻常的事。别做得功亏一篑，要彻底地听从医师的话。假如你自作主张，每天在洋台［阳台］起坐一二小时，可能就会使你以往的休息全功尽弃，于是又得从头做起。别听亲友或其他病友的话，说是在床上躺久了会没力气的，该起来锻炼锻炼，而且没有两个肺结核的病症是完全相同的，他们的话都靠不住而不负责任的。别害怕你没有力气，因为当你的肺病痊愈后，你慢慢地练习一时就能恢复如常的。这时你当看重你的肺，别管两条腿子，它们并没有病。

当你好起来了，你开始和别人在一起了，切切记着，依旧要做到：

（1）别让你的痰液和喷嚏去污染别人。

（2）休息和饮食要听从医师的吩咐，食具和床单等还是要消毒。

（3）别等你觉得累了才去睡，做事要留一点力气。

也许你这时会问医师，"我还得病好久？"或是"什么时候我可以恢复工作？"在治疗期间，实在没有人能回答你这些问题，因为痊愈是全靠休息，休息就在你了。有些病人恢复得快，有的慢，这在你了。不过，当你痊愈后，你会知道如何保护你自己，如何做你适当的工作。你会知道，你不能太劳累，你不能日夜工作，有规律地工作倒没有无限制地玩儿伤人。别让你的病再发了。

你从今天起，将开始和结核症斗争了。从今天起就开始休息，那你就从今天起开始向痊愈的路上走。别耽误，耽误是太危险的了！

（载于《红十字月刊》1947 年第 16 期）

妈妈们的备忘录

为母者的"不要二十一条"

向　妙

1. 不要使婴孩永偏于一侧卧睡。

2. 不要使强烈的光线直射儿目及光线偏于一目。

3. 不要在未到食时因婴儿啼哭而哺乳，或将假乳头使其吮吸。

4. 不要使婴儿衣服或包被太紧，使其手足不能稍动。

5. 不要使婴儿胸部及腹部受冷。

6. 不要用橡皮便袋、不洁土袋，或潮湿，不常更换。

7. 不要忘记每天喂婴儿白开水。

8. 不要使婴儿住于过热、过冷或潮湿的地方。

9. 不要忽略婴儿常时啼哭的原因。

10. 不要忽略婴儿大便的颜色和次数。

11. 不要忽略婴儿常时洗澡和换着柔软的衣裤。

12. 不要于洗面时用面水洗涤婴儿的口腔。

13. 不要让随便什么人和他亲吻。

14. 不要使苍蝇在婴儿面上和手上停留。

15. 不要使婴儿吮吸手指、衣物和玩具。

16. 不要在八个月至一年后仍然哺乳。

17. 不要使婴儿吃不易消化的东西，或口嚼东西喂他。

18. 不要用有传染病的乳母和劣质或陈腐的牛奶和奶粉。

19. 不要忘记替婴儿种痘。

20. 不要在婴儿病后乱服成药。

21. 不要使沸水、火烛、刀、剪、珠、钮、药品、污物等接近婴儿。

婴 儿 之 病

凌 波

婴儿有病委实是件"伤脑筋"的事，他既不能说出自己的病源，又不能用手来表示自己的病状。如果做父母的不能在婴儿刚起病时就察觉出他有病的话，很容易迁延时日，耽误病机，将一个可爱的小生命轻轻送掉。要是你具备些普遍的病学常识，就可以在你发觉婴儿的神态异于往日时认清病源，立即延医诊治，或者施行家庭中医治，不致于坐使病情扩大了。

这里，就告诉你一点关于检查婴儿疾病的普通常识。

当你发觉婴儿的脸色苍白而浮肿，身体瘦弱，血管呈现青色的时候，你的婴儿就是患了腺病了。要是笑容特别，精神不振，目光迟钝，口角上吊，这是破伤风的症象，应当赶紧延医诊治。

从瞳孔的大小也可以察知婴儿疾病的轻重。一个病势沉重的人，瞳孔往往会比平常放大或缩小。要是眼球羞明，这就告诉你婴儿的体内在发大热。还有一种小儿浓［脓］漏眼，这多半是他患有淋病的母亲传染给他的。最初眼呈赤色，渐渐眼皮浮肿，眼内流浓［脓］，结果就变成瞎眼。要是在眼睛初呈赤色时就请高明的眼科医生治疗，还有痊愈的希望。

别以为婴儿的啼哭就是想吃乳的表示，要知道引起婴儿啼哭的原因实在很多。想吃乳时固然要哭，身体上有了痛［痛］苦的时候也要哭，甚至于衣服太紧妨碍呼吸的时候也要哭。如果你已将乳头塞在他嘴里，还是断续地哭着的话，一定是受了刺痛。要是哭声甚大而断续，同时下腿向腹部屈曲，可以断定是腹痛。号啕大哭，好久不息，则无疑是在发热了。

婴儿的咳嗽声是做父母的应当特别注意的。在哺乳的时候，婴儿突然发出一阵咳声，同时喉间尚有水分存在，一定是乳汁进入气管，这是无足可虑的。要是吸气长而声音发出屈折，一定是百日咳。咳声干而短，是急性后黏膜炎。嘶喘声非常厉害，恐怕是白喉。咳声急促，同时身体发热，一定是肺炎。

你最好购置一个体温表，以备不时之需。因为用手来抚摸婴儿的头部，这种不科学的检查体温的方法是绝不会准确的。当你发觉你的婴儿的脸色不甚快乐时，就将体温表放在他的舌下或者胚肢窝下。经过几分钟后，再取来查看他的体温。普通婴儿的温度大概总在三十六度七八分至三十七度四五分之间，若在三十八度以上，一定是在发热。若体温升至四十二度，就有生命的危险了。

你应当随时替你的婴儿的口腔施行检查，方法是你先将手指消毒，然后伸进婴儿的口腔内把舌头压下。如果口腔内有混浊而有粘性的液体，同时发出臭气，一定是肠胃消化不良，你得对他的饮食须加注意了。

你要是懂得这些普通的医学常识，随时注意，妥加预防，我相信，病魔就少能缠到你的婴儿的身上来了。

儿哭剜娘肉

花新人

姚燮在《卖菜妇》一文中曾有一句话："但愿儿暖儿勿哭，儿哭剜娘肉。"孩子们的哭，有经验的人都知道，真像剜娘肉。

据心理学上的论断，"哭是人类不学而能的运动反应"，因受了一种刺激而发生的某种动作。我们知道，婴儿生下地来就本能地会发生啼声。以后，饥欲食，哭；不舒适，亦哭。但为什么要哭呢？这就是心理学家所认为的——哭是人类本能的行为。

孩子的哭，根据各家的研究分析，原因不一。就像德国的哲学泰斗康德说："孩子的哭，是一种愠怒的发泄，而并不是悲痛的表示。"这种理论，以现在科学的经验来定论，则是查无实据。据生理学家的定义，孩子第一次的哭，是因气管和肺部突然接触了冷空气，因而受了刺激，结果发生一种反动作，就形成了哭。这个理论，我们可由产科医生手中来证明。当孩子诞生被窒息，不会有哭声，于是医生就将孩子置于冷热水中刺激之，直等到发出第一声的哭。因此，我们可以解释，孩子的哭是生理作用，可以不经过学习，不通过教育，而能达到其动作反应，这就是我们人类的一种本能行为。

哭，我们决不能轻视它，因为他是我们天赋反应之声音。这种声音经过相当期间的练习，可以变为复杂，也就是形成我们发展未来语言的基础。因此，我们不能说，哭是没有重大的意义和深远的价值。

孩子哭，父母们是厌恶的。习见处理办法，不外体罚和抱抚。这都是错误，因为父母们还没有了解到孩子们为什么要哭。所以，为了停止哭，就不惜手忙脚乱，整日不干别事，专心去抱抚。这样就养成了一种不良习惯，形成日后孩子长大时会哭来作要挟的手段，并且以哭来代替要求欲望的满足。这种不良的习惯，就是父母们疏忽了孩子早期哭的处理方法。

正常的哭，是生理的一种必须的运动，因为哭可以促进血的循环，可以扩展肺叶，可以畅利呼吸，并且还可以增强消化功能。这种哭，是健康的表示，相反的，不健康的哭是疾病的暗示，我们当予以注意。

（载于《红十字月刊》1947 年第 16 期）

医学珍闻（十六）[①]

王从炎

脑部新外科术

日本熊本市立医院院长兆冈正雄发明脑部开刀新法，治疗神经衰弱、癫痫及其他精神病等。兆冈氏所发明之新外科手术，包括脑前叶之

---

① 原文序号为"四"，现根据全书体例更改为"十六"。

切开及移除等手术，此为外科手术向所认为最艰难而危险之手术。凡经兆冈施术之精神病患者，什九均可获治愈。

八万人中才有一个医师

联总医学专家艾罗梭，在中国考察一年半后，返抵美国旧金山。谈中国死亡人数中约四分之三可用极少代价而获得拯救，补救之法，不外提倡卫生、提高营养与增加医师三端。艾氏认为，中国医疗情形极为可怖，盖平均每八万人中仅有医师一人，而美国方面，则一千五百人即有医师一人，两国相差诚为太远。

细菌战的威胁

最近德国地下秘密团体密谋恢复德国，规模甚大。英当局在其德境占领区内继续捕获纳粹党人多名，并发现其极大之秘密。据英方悉，从纳粹细菌学专家罗森堡所获之证据，德方准备向英方建议组织"西线集团"，以细菌向苏联作战，否则纳粹党徒将以疫病细菌毁灭伦敦。该专家罗森堡曾函英当局，要求恢复德国军力，否则即将此秘密出售苏联。罗森堡曾称，德方派员十二人，即可毁灭伦敦；派员六十人，即可毁灭全英国。

肺病夜疗院

在苏联无数城市中，成千工人每天午后散工，并不回到自己家中，而到肺病疗养院去过夜。他们是初期肺结核患者，经医师证明，得以病而不废，照常做活，晚间就治疗于苏联所独有的一种医疗机构"肺病夜疗院"。

此种机构创设于大战之前，德军侵入之时，它的需要益趋显明，因为当时严重的局势须要每个工人尽他最大的能力来支持抗战。现在战争已经结束，肺病夜疗院既然在战时证实具有极大功效，苏联政府乃决心从事扩充，预备使其容量比战时增加一倍。

工厂里按期举行健康检查，被发觉患有肺结核的工人得到通知，要他们进疗养院受为期两月的治疗。在这两个月之中，他们过着如下的规律生活：起床，洗澡，吃由饮食专家配定的早餐；乘专车去上工，在特备的餐室内进营养丰富的中饭；工作时间只有六个钟头，下午工作完毕，乘专车回院进晚餐；经过一个清净的黄昏后，上床睡觉。

疗养院经常详细记录病人的体温、呼吸与其他症候，常常称他们的体重和用 X 光透视他（们）的肺部。他们在工厂里工作成绩如何，也有记录。

像这样经过两个月诊疗，病人通常体重增加两磅到五磅，并且显出其他健康好转的症候。如两个月期满，医师认为某一病人还需要治疗，可发给他继续住院的许可证。

从开办以来，设立在莫斯科、列宁格勒以及西伯利亚和乌拉尔地方的许多工业区的肺病夜疗院每年治疗五万病人。在最近的将来，数目可以加倍。

水上安全的救命衣

救命衣是降落伞之外另一种保护旅客降落在水面的安全保障。据美国空运局彻底实验的结果，证明这种救命衣能抗抵［抵抗］寒带的寒流，也能抵抗热带的烈日。穿着这种衣服，仅四十秒钟即能将全身套着仅露面部。入水时可以浮卧在水面，竖立水中，如加附件，更可安全坐水中。

玻璃眼睛

玻璃活动假眼，这是由路得曼博士（Dr. A. D. Reudemanu）及美国眼镜公司（American Optical Co.）的杰登氏（Frits Jardon）共同研究而发明的。他们在用百赖斯替（Plastics）制造之背部加一层钽金属的纲膜，如此可使外科医师很容易缝在眼部肌肉上，假眼球就可以如同真眼球一般地动作起来了。

电力灭蝇器

此种设备可以杀死苍蝇之类的昆虫，但对于人类则毫无伤害。是由许多水平的条子排列而成的电簾，昆虫身体所带有潮湿适足以完成两个水平条子间之十微安倍的电流通路，因此昆虫便受到电打杀而死。

温暖的电子被

电子被表面看起来和普通的棉被没有两样，可是它的内部却包藏着两组循环往复的柔软的电线，一组电线担任发热，另一组担任控制被的温度。控制温度的机关在床侧，是自动的。例如将控制器先调整到八十一度，然后通控制器的线放任电被的温度渐渐增高。到了限度时，立即发生电冲达到控制器，将电流阻断，电被就逐渐冷却。到了冷过标准一度的时候，控制器又能使电流复电，电被加热，因此电被常能保持规定的温度。

使用这种电被，手续简单，人尽能为。它又可洗濯，电被是可以在温水中用肥皂洗涤的。

侏儒变成巨人

美国加利福（尼）亚大学的依凡斯博士（Dr. Herbert M. Evans）已提炼成功一种纯粹的生长荷尔蒙，至少在理论上，证明它能够将侏儒成长为巨人，并且可能给毒瘤问题带来一线新的希望。

加利福尼（亚）大学的实验提供了无可辩争的证据，说明生长荷尔蒙是生物成长的惟一主宰。生长荷尔蒙，由脑下腺（Pituitary Gland）——一个垂生于脑下的微小器官——所制成。它的力量是如此强大，在实验中，极微量即足以促成动物的迅速生长。一万万分之一克，便可以使一只家鼠每天增加一克体重。实验者先把家鼠的脑下腺割掉，停止它们的生长，后来当它们达到"老年期"的时候，注射生长荷尔蒙，它们便"返老还童"，以青年的活力开始长大，末了长成了"魁伟"的异乎寻常的大老鼠。

另一实验用生长荷尔蒙注射骨折的动物，发觉荷尔蒙帮助身体保存用来合成蛋白质的氮素。而蛋白质，我们都知道，是一切生活体素的建筑材料。这种发现，固然对于医治骨折没有多大用处，但自有它的价值，因为它使我们对细胞生长的基本过程获得比较清新的观念。瘤的产生，既然是一种反常刺激所致的反常的细胞生长，此种刺激可能与生长荷尔蒙的作用有类似之处。从这点入手，或许有望发明抵制瘤病的彻底办法。

（载于《红十字月刊》1947 年第 16 期）

"好病人须知"决不可自作聪明！

我们都希望身体健康，一年到头没有疾病。但是，如果不幸罹到疾病，我们也总该自己做成一个合标准的好病人，才能战胜病魔，早获健康。

对于生病的未雨绸缪，我们格于传统的迷信习惯，往往不愿预作准备，以为是不吉利的。其实，在科学昌明的今日，我们决不容有这种思想。这里告诉你数点关于一个好病人的应有条件，如果你合于这种标准，便不愁在患病后躺在床上旷日持久了。

（1）在你初病时，你会从你自己预备的家庭药箱内，拿出一点旧藏的药品来服用么？这是危险的。你要知道，那些藏了很久很久的药品，还是丢掉了好。切不要在经济上打算，以为一样地服用，免得再去买，可以省不少。事实上，有许多药品经过长时间后，常会另起变化而变坏，如果胡乱服了，不免另生他病，或使病状加重。

（2）你是时常听取友人的劝告而进服药品的么？最好的方注［法］，切莫轻听友人处方。要知各人的身体组织绝不相同，病状也有轻重，你决不可轻听友人的劝告。无论进服什么药物，必须遵照医师的正式处方。

（3）医生给你诊视后，如果说你没有什么疾病，你会不会心中仍觉不安而辗转再请他医诊视？有些病人，往往在自己怀疑时就对请来的医生发生不信任，似乎他不给你开方用药总是他的错误。如果你也是这样的话，便不是一位好病人。

（4）你在患病间是否宁愿出高价聘请资历较深、富有经验的医师，还是只想省些金钱，随便请个医生？你若是一位好病人的话，必定是慎选医师，而不估计金钱的损失的。

（5）每当有新药问世或新颖的手术发明后，病者往往惑于该项宣传，而希望医师采用新法或新药，以获神迹似的迅速治疗。你假使也有这种心理，便不是一位好病人。当知新颖的药或手术固甚灵验，但往往在未趋极度成预前略具危险性，或易生其他反应。

（6）你是否每年请医检查身体？身体像机器一样，必须时作检查，才能熟［预］防疾病。

总之，在你不幸而生了病时，对于医药，更宜审慎注意。一个"好病人"是决不自作聪明地应付那病魔的。

（载于《红十字月刊》1947 年第 16 期）

比般尼西林更好，BQX 将正式问世
——法国的一个化学家的新发明

雨·辰

般尼西林是这次战争中的医药界的最伟大成就，它的效力特强，能够医治多种疾病。因此，一般人歌颂不已。

可是，据最近透露的消息称，在这次战时，法国的一位化学师保罗·法里克颂博士已经发明了一种比般尼西林更有特效的药物，能在二天内医治斑疹伤寒，十二小时内医治流行性感冒，恶性的血中毒在四小时内得到控制，且能在二小时内治愈般尼西林所不能治的婴孩痢疾。不仅如此，般尼西林定价昂贵，这药却成本低廉。通常治愈一病所需的般尼西林，约值美金三十元，如用这药治疗，婴孩只需二角半美金，成人只需一元。真是最平民化的济世良药了。

这一种新药的名字简称为 BQX，是一种化学名称的缩写。现在已在法国建造一所药厂，专候法国政府的批准，就将每日产生一千磅，大量地问世。在这药出来以后，各种传染性的疾病就将立受澄清，而般尼西林的销路也将大受打击。美国的《杂志文摘》曾为此消息专电巴黎办事处，证实消息却否可靠，回电说"已与法国医药当局接洽，完全可靠"。

BQX 是在无意中发明的。当初，保罗·法里克颂博士是一家啤酒制造厂的化验师，在研究一种新的人工制酒法。啤酒厂在附近空地养着一群猪，一天，猪群突患传染病，感到无法应付，保罗博士便把它所研究出来的预备制酒用的新消毒剂给猪试服（这种方法从来无人试用过，尤其是对活的动物更无人直接用消毒剂。但是，当时这群猪相信已必死无疑，所以才在无法中来试它一次）。殊不料，出乎意想之外，试服了这种药以后，不仅没有一只猪死掉，且都很快地复原。不多天后，竟都霍然而愈了。

于是，他知道在这消毒剂内必定有些特效的成分在内，便把自己关在实验室内，专心研究着这一点。而即因此，他终于研究出 BQX。

在战时，他专在牛身上实验。到乡间，在农人的病牛身上试用此药。（一）次，他买得死牛一只，用这药注射，没有几小时后，那只死牛竟起死回生。那个农人几乎呆住了，不相信他所眼见的事实。以后，他陆续试验过好几头已死的牛，亦都告回生。而农人们都在死牛复活

康乐文勺

后，再以原价向他买回。好在他并不要赚钱，乃在乎试验，所以也乐于给他们购回。

最后，他要在人体内试验，但是有谁可以供他试验呢？还是由自己来。这时正是一九四〇年的十月，法国已沦陷，而德人已风闻他的发明，颇有染指之意。

他先在自己身上注射了高度的有毒细菌，当夜就觉得身体软弱乏力，睡在床上。在半夜时，觉得全身极度疼痛，脉搏甚弱，心房跳动不正常，全身开始瘫痪，几乎濒于死境。他想自己设法去注射 BQX，已经无能为力了，于是由他妻子电召他的医师朋友来为他注射。几个镜〔钟〕头后，他的一切病痛都告失踪，已经霍然而愈，不过四肢无力而已。那〔哪〕知，次日德军便光临他家，翻箱倒柜，搜索一空，目的是要想抄获他的秘方，且强挟他去司令部。

但他并不在威胁利诱之下屈服，始终对敌人保守着他的秘方。后来他幸而获得脱身，又曾用此药医治过一万头牲畜，且治好了许多法国的地下工作人员的重伤。今日，这药已在许多人身上获得良效，就将大规模问世了。

（载于《红十字月刊》1947 年第 16 期）

分会园地

上海分会工作近况

红十字会的名称，是大众所熟稔的，但是红十字会的起源和组织，性质和任务，却并没有普遍地受人们所注意。为什么世界各国都有红十字会？而旗帜都是白地红十字的？首先揭起这个标志的又是谁？

红十字会创始于瑞士日内瓦。一九五八年①，瑞士人杜南特从北菲［北非］返籍，取到［道］意法战争的沙法利诺战场，目击战场上死伤累累，呻吟哀嚎，血洒原野，惨绝人寰。特地动员附近民众及过境商客，共起救护，把伤者安抚，死者埋葬。其后他便周游欧洲各国，宣传他救死扶伤的主张。费［经］过多次国际会议的召集和国际公约的签订，各国红十字会便相继成立。各国代表为表示对瑞士国的敬意起见，特地规定瑞士国旗红地白十字的反式——白地红十字，为救护伤病的标志。自此以后，白地红十字旗帜，便代表博爱和平，服务社会的崇高理想事业了。亦因为红十字旗帜飘扬所及，便有无数人获得解救，所以红十字标志，便益发令人钦敬了。

据一九三九年的调查，全世界已有六十一个国家成立红十字会，世界红十字会会员，已有七千多万人。若以全世界人口廿一万万计算，则每三十个人中，便有红十字会会员一人。中国红十字会，原是其中之一环，成立于一九〇四年日俄战争，已有四十二年历史。但是过去因为种类条件的限制和宣传工作做得不够，正式加入为会员的，为数很少。光复以来，来上海复员的红十字会干事，对征求会员经过一番努力后，现在上海一地会员已扩增至六万人。但是这个数目，在美国红十字会的负责人看来，是惊为太微小的。在纽约城中，半数以上的市民，都是红十字会会员。

---

① 原文如此，应为"一八五九年"。

各国红十字会都有他的分会，少自［则］数十个，多至数千个。我们中国红十字会战前已有分会五百十二处，抗战期中国受尽敌伪的摧残，或消灭，或失联系，损失异常浩大。胜利后，陆续复员的约有七十余处。预期在今后的一年之中，分会的数目至少增加四五倍以上。

红十字会是个民间服务团体，它从前的任务是"博爱恤兵，救死扶伤"。现在它的使命扩大了，不但战时担任救护，且于平时推进社会服务工作，是贫病的救星。但可惜在上海，真正为贫病而服务的红十字会，就只一所，那是位于新闸路八五六号，一所破旧的老式房子中。

该会的总干事是殷新甫，主要的负责人有干事童星门，干事兼服务课长汪涵万等。他们都是把终身献给社会服务，默默地苦干的一群。目前他们正在进行的慈善事业很多，举其重要的有下列四大工作：

（1）贫病诊疗——仅收挂号费二百元，复诊一百元，药费全免。每天求治者约三四百人，以外科占多数，由诊疗室主任候崧生医师亲自诊治。

（2）儿童营养站——该会自行总配，得鲜牛奶三百箱。除经常分配给肺病患者及营养不良者（须经该会医师证明）免费饮食外，特举办儿童营养服务站，每天上午八时半至十时，免费供饮淡牛奶。每日前往饮食的贫苦儿童约四百余人。

（3）施送冬衣——该会自美国红十字会得到大批救济寒衣，计男孩裤九百条，绒线衫一九五件，绒布睡衣四百件，女孩上衫及三角裤等多套。此外，还有婴儿用具六百包。因为这些救济衣服都太讲究了，譬如婴孩用具的包内，都是崭新的法兰绒料制成的，有尿布、绒毯、外套等，恐怕连中上阶级的中国孩子都难得享受得到的，所以这使该会的负责分配人员觉得为难了。把它配给赤贫吧，恐怕他们连用法都不知道，更怕他们会转卖市上，而使中国红十字会的信誉受到影响。所以他们在分配的对象上，费了很多脑筋，也经过好多手续的。除了委［托］本市各医院按实际需要化为分发外，现在尚有余下的，他们务必使它配给真正需要的人。

（4）业余辅导班——创办的目的，原是为了使青年会员，如学徒等，有业余补习的机会。但是开办结果，倒是失学儿童占了多数。这学期学费高涨，一般经济拮据，薪水阶级子女，都读不起书了。他们除了只能望着校门叹气外，求知欲使他们找到了这个地方。化［花］了两千元钱的报名费，每天夜间可以补习二个钟头，书籍费、杂费全免。教员都是尽义务的，只拿五六万元车马费。因为投校的人多，该会已将办公望［室］、候诊室都辟作临时教室了。

该会服务课课长汪君对记者说："看到中国清贫需助者的众多，像这样的纯慈善的机关，在上海一地，至少要有十个。但是到现在为止，就只有该会一所。该会尚余经费二千万，但是他们要做的服务工作正不知道有多少！"

记者自红十字会上海分会参观回来，除了徒增无限感慨外，只觉得像五十八岁高龄的干事们，尚且日夜地为那些贫困奔走，年轻的一群，该怎样地有所警惕啊！（《申报》）

（原载于《红十字月刊》1947年第13期）

邕宁分会抗战工作志要

一、关于一般者

在第二次世界大战的前夕，即奉到总会的命令：饬即训练救护人才，储备医药材料，以应付非常事变。于是在民国廿五年冬开办一个救护人员训练班，函请本市的卫生机关和开业医师协助训练，并且函请第五陆军行营、军校及宪兵营担任军事的教练。历时三阅月，结业了男女青年团员一百二十名。即输流调派在本会门诊部及留产院和救护队里面去实习。到了抗战发生，就将这批成绩优秀的学员九十余人，编成四个救护队。

本市的民众防空委员会组织的时候，本会曾派出常务理事梁禹生代表参加为该会委员，旋被推举为防空奖券发行处总经理。防护团的组织也有本会的分子，并且组编救护队三小队，拨归防护团指挥。

每逢各界举行盛大集会的时候，都应邀担任会场救护的工作。

南宁救护委员会主任委员一席，由本会会长李炽荣担任。并由本会编组急救队两小队，拨归指挥。

英国援华救济会南宁分会的组织，亦被邀请参加为委员之一，还得到该会不少的药物辅助。

南宁防空指挥部派本会会长李炽荣为参议。

转献稻田三十五垧，房屋一间，廊屋四间，小屋一间，园地两幅，给五路军南宁行营充抗战费用。

邕宁县难民救济委员会副主委一席，由本分会会长李炽荣担任。

本会会长赖涛铭被推荐为南宁救护院副除[院]长。

邕市历年组织的防疫委员会，均有本会参加工作。

南宁首次沦陷时，曾派救护队队员李庚祥、邓正民、雷永棠、曹宾麟等，由那龙潜返沦陷区之大塘村抢运卫生器材。当该员等行经心圩附近时，被敌发现，遂将队员李庚祥、雷永棠等俘虏，拉去挑担到钦县，旋又押回邕宁亭子墟拘留。后承[乘]簿[薄]暮下河挑水之隙，始设计免脱，转回大塘村抢运得药械十三担返抵那龙。

本会在抗战期间的工作人员除会长、副会长、监事外，最多时为一百四十人（内计有给职十五人，无给职一二五人），最少时为三十五人。

在南宁首次沦陷期间的工作者，仅六十二人为无给职。在第二次沦陷期间的工作人员，仅三十五人亦为义务者。

二、关于医防者

市区门诊内外科合计一十六万七千八百二十人。

留医一千四百二十人。

留产一千五百五十四人。

种痘七万五千七百六十一人。

防疫注射六万八千六百十五人。

郊区诊症七百四十八人。

三、关于服务者

南宁首次沦陷时，引渡难民由邕属大塘村至隆安，及领粥人数二万八千三百人。

代办平粜米十三万余斤。

代邕宁县难民救济会发给疏散证及难民路费者二万余人。

代写书信一千五百十二封。

职业介绍一百余人。

赠送特效国药散七万三千五百余包。

水枪消防队参加救火工作九次。

代访亲友一百四十四人。

代转书信五百三十五封。

施棺五十具。

此外，凡遇各界举行有关灾难救济和社会慈善公益事业等运动，莫不应邀参加工作。

四、关于救护队

敌机轰炸，本市受伤者的救护一千三百八十人。

火灾的灼伤、跌伤的救护十六人。

车伤的救护九人。

塌屋压伤的救护二十三人。

急病的救护一百六十七人。

潭洛东村被敌机炸伤经本会救护四百五十三人。

敌机滥炸锣墟，经本会救护者六人。

敌机滥炸富四，经本会救护者八人。

敌机滥炸邕属裹定武鸣英圩，经救护者十五人。

民国廿八年冬，敌寇陷境，本会随即西撤至县属那龙乡，继续办理救护军民工作。后因伤病官兵集中县属富庶墟为数极众，旋即接本县方县长电话，饬即派救护人员一队在副四乡设立救护站，以资救护过境伤病官兵。本会立即派由救护队邓队长文爵率同队员十五名，于十二月廿四日下午八时由潭洛墟出发，深夜二时许抵达副四乡富庶墟。随即开展救护工作，救护伤病国军及避难民众数在千人以上。

五、关于救济者

副四锣墟分设换药站，与过境换药受伤兵民五百廿一人。

辅助过境伤病官兵路费。

辅助过境难民路费。

本市临江街被炸，施粥到领者计十天合一万三千五百人。

本市平等街被炸，施粥到领者计七天合六千八百另四人。

设难民收容所收容难民。

振［赈］发寒衣五百十五件。

施发贫米五千四百六十市斤。

创办延龄义会（俗称老人会），以备贫苦的老人寿终时，得到义务同人的赙助。则丧葬费用，于焉有着。计已死亡以［已］得到赙助者一百二十七人。

邕河水灾数次救护收容人数三千七百三十人，领粥者一千五百十五人。

六、关于掩埋者

掩埋开辟湘桂铁路挖出无主枯骨四千八百七十二具（此次工作由江前会长懋松主办）。

掩埋无主遗尸卅三具。

掩埋其他露骨一百六十一具。

所有枯骨及遗尸均埋葬于北郊石牛岭本会的义地，先后不下一万五千坟。每年清明时节，本分会职员及会员例有捐资扫墓之举。

（原载于《红十字月刊》1947年第13期）

绥中分会的过去、现在与将来

过去沿革

本会成立动机，系于民国十四年间，当东北军出关，郭军倒戈反奉之时。战事频繁，炮火连天，军民伤亡甚众，至为痛苦。同仁等未敢坐视惨状，毅然引起悲天悯人之心，创开急救任务。当时参加此项善举者，有马书麟，及黄宝恒、谭玉麟（现任正副会长），及其他热心地方公益诸士二十余人。先后在兴绥四境成立妇孺救急，合计三十余处，专事救济流离失所民众。并聘有医疗及救护人员，组织简单诊疗所，分途救护与掩埋。弹雨枪林，风餐露宿，不分昼夜，数月之久，完此任务（计被救护军民万人以上）。故博得舆论推崇，军民爱戴。

为求永久工作，达成博爱恤兵之旨计，经众公推马书麟联络中国红十字会上海总会。蒙认为宗旨相合，核准在绥中组织分会，发下各种章则，依法筹备完善，即于民国十五年二月十五日通告绥中分会成立。当日假绥中南门内路宅院内举行开幕式。从此即为红十字会进行工作，大事募集会员。当时诊所，因系初办，仅聘医员二人，护士一人，但不分区域，一齐免费救济。外有救护队，编成二班（二四人），掩埋队二组，均由会员中抽调。训练完善，归家待命。有事由会召集，绝对严守日期。本总会指示办法办理社会事业，展开慈善工作。迭蒙上峰考核，成绩良好，奖给匾额（"足资矜式"四字），并扶助辅助经费。

无如民国十九年秋水灾后，辽西民众饥寒更深，以致哀鸿遍野，嗷嗷待哺。恻隐之心，人皆有之。况本会职员责有救护，敢不奋起急赈。乃召集理事紧急会议，决定放赈。除绥中街及山海关设粥锅十三处。三个月间，每日发放两次，每处每日食者三四百人之多。此外并在绥中七八区发放赈粮小米三十六石（旧斗），救人数万口。所有经费均由会员捐助，及向外募化，间亦有上峰补助。因人心向善，众擎易举，所以完成重大任务，救灾活人。收有实效者，不能不归功于各方热心慈善，地方有力者指导援助之力也。

未几，九一八事变及内外政令隔绝，本会无处请示办法。正当困难之际，又值翌年一月八日日军来绥，地方官兵不知日方行动底细，未敢出头露面。后当日军怀疑，似欲攻城，千钧一发之时，本会为求地方安全计，乃以万国同盟会体身份，挺然不顾一切向日军恳切联络，请准未向城内发炮，安然入城。未几出发热河，本会抽调救护及掩埋二队，随军出动工作。一路救伤埋死，半月归还。从此伪满成立，东北沦陷，本会施诊舍药，苟延一时，未容发展。兼以种种关系，药品购入无方，困难万分，竟于伪康德五年六月十五日，日寇以本会关联上海总会，诚恐暗通声息，勒令即日结束。同仁等于强权之下，无可如何，遂将会务宣告停办，以待光复。

此以往之情形也。

复员工作概况

光复以来，百废俱兴。本会当于本年一月六日，由旧任正副会长马书麟、黄宝恒、谭玉麟等，召定以前各会务关系者，开第一次复员工作会议。决集即日假绥中南街兴［与］降区公所内赁房，开始筹备。公推马书麟为主任，并由办事人垫款五千元，从事开办。一面聘请本县西医二名，护士一名，购买大宗药品，组成救护、掩埋二队。筹办月余，内外就绪，即于三月十五日，开第二筹办会议，推举理事等。结果仍以旧任会长马书麟为会长，黄宝恒、谭玉麟为副会长，新旧理事十六人。当经列表报县备案，通知各机关，布告民众周知。定于四月一日，正式开诊施药。所有本年成绩，工作事项如左：

计开

四月就诊军民人数计一二〇人（军方八〇人，民众四〇人）。

五月份就诊人数计六九人（军方三三人，民众三六人）。

六月份就诊人数计二六二人（军方一六二人，民众一五六人）。[1]

七月份就诊人数计七四三人（军方四二八人，民众二五五人）。

八月份就诊人数计一九八人（军方七〇人，民众一二八人），注射防疫军民一二，〇〇人。

---

[1] 原文如此，下同。

九月份就诊人数计一九八人（军方七〇人，民众一二八人），三二九人（军方二二〇人，民众一〇九人）。

十月份就诊人数计一〇六人（军方五一人，民众五五人）。

十一月份就诊人数计二〇四人（军方一九〇人，民众五〇人），掩埋军人，施棺木三口。

十二月份就诊人数计一七四人（军方九四人，民众八〇人）。

以上计共救疗及掩埋军民二，四四九人。

十月十日依总会所颁章则，实行改选理事，作成名册，报总会并通知地方机关。所有会员，截至十二月末，共征求各种会员一，〇七四人，收费三，四〇七，〇〇〇元，暂行充作兴办会务事业款。一切推进，尚称顺利。

此现在之情形也。

将来计划

查本会当前待决问题，即为固定会址及基本金两项。会址既定，则根据地有着，办事进展容易，固不待言。基本金达成，则经费充足。所谓凡事非财莫举，财源确立，事业计划即可实施。兹分别列述计划事项如左：

（1）确定固定会所。本会办事处所，本年已三迁，而后始请准县政府暂准占用县城南门外，日系官舍十二间（现会址）。但运搬联络对精神、金钱两项，已大有损失，好在现会址面积宽敞，空气新鲜，颇拾工作，拟永久占用，以免迁动。惟仰赖总会设法，特别向该房产关系方面交涉，圆满达成，是惟一之希望也。

（2）基本金确立。为使经费充足，来年（（民国）三十六年度）各种会员应大量募集，至少新旧会员须在二千人以上，会费达成一百万元。以之生息，按月支用，保留基本，俾兴办事业无阻矣。

（3）诊所扩张。增聘医师，一面加购药品，一面向救济总署联络，请拨发大宗药品，以便施诊而广救治。

（4）社会服务事项，举办可能的。本会原有青年会员，多系孤儿，拟收容实行教养，增加辅助，并使人学识字，以育英才。并作会员家庭访问，地方巡回施诊，使事业推展顺遂，以达成博爱人群、福利社会之大目标也。誓遵总会指示，愿我同仁共勉。

以上本会之将来计划也。

（原载于《红十字月刊》1947 年第 13 期）

敬向各分会撰写通讯稿同志们献言

杨宝煌　朱子会

　　本刊自第十期起增辟了"分会园地"一栏。我们恳［垦］辟这块园地的目的，不仅为向社会宣告我们红十字会究竟在做些什么，同时是想引植每个分会的工作种子，结为一块绮郁茂盛的园地，有花有果，有谷有蔬，以期万人来游，获得工作上的借镜，并促进各分会的服务事业，间接发扬红十字会的精神。

　　不过，这是一块处女地。锄下播种，犁后施肥，都须劳费很多的心力。一二园丁，只能恳［垦］殖一个角落，百人千手，四面翻兴，才可纷耘杂植，花果满园。现在，这块处女地，阡陌沟渠，藩篱脉段，总算由我们一二园丁，以数月的辛劳，完成了初步的规模。但施肥播种和长期的灌溉，还赖多数的园丁日夜不懈、春秋相继的努力。而后，百花竞开、四季长春的景象才能日盛一日。

　　二月，正是春天的季节，万物繁殖的时候，期望秋天收获的人们，都撩起了长襟和衣袖，流汗、喘气，努力耕耘。我们红十字会固是百年的事业，收获也不在一年的秋冬。但"分会园地"，是新辟的土壤，春天气暖，正宜载种。这就是今天我们愿以老园丁的资格，来唤请各位来做我们的伴侣，共同担负耕耘的任务。

　　"分会园地"不是用来装点《红十字月刊》的门面，而是每个分会的写生版，每个分会的播音台。如果一个分会不故步自封，不自满已有的成就，那即应该争取这里的地位，来反映她的事业。"分会园地"，原是大家的园地，请珍贵这块土壤吧！我们每期都准备了很多的篇幅，预备登载各地分会的工作与新闻。而我们做园丁的，更是随时伸着欢迎的手，接引大家进入这个园门。

　　是的，写文章不像说话那样的简单。请诸位常写通讯稿，也许是给予诸位一件很麻烦的工作。那么，我希望下面的话，能给诸作者作一点写稿的参考。

　　"分会园地"是为介绍各分会的工作，关于描写事业设施和工作推进的情形的文章固为主要，但红十字会的工作时是社会性和全面性的，社会上一切有关的情况，我们都须明了。所以，除了"工作报告"之

173

外，"社会通讯"也是我们所欢迎。

"工作报道"与工作简报不同，工作简报是只要求各个分会于每月月终将一月的工作分条别类列举确实的数字填写于一定格式的纸上寄呈总会即可，而"工作报道"与此不同，除其内容，仍须有具体的事实和详细的数字而外，关于（甲）一个分会的诞生和成长的经过；（乙）工作进展的程度，工作推进时所遭遇的困难和改革的方法，以及与兴建新事业的计划和方案；（丙）某一理事热心会务，或某一会员急公好义的情形，以及理事或会员的家庭、身世、教育、环境等；（丁）诊所或医院的诊病情形，某一病例的研究和统计，地方病及流行症的调查；（戊）会中职员的工作情绪，义务工作人员的兴趣，地方人士或政府官员对本会工作的观感。这些，都可以详细撰写，或综合的记述，或个别的描绘，均可。最好是用特写的方式（参照本刊十至十三期《分会园地》栏各篇文章），文艺的程度愈高愈佳，但要把握住不失其真确性和宣传的价值。

"社会通讯"是侧重揭露社会的病态，一些待救济、待解决的问题，例如（甲）某地发生火灾、水灾或兵乱等状况和善后的情形；（乙）民食、居民及医药卫生等情形；（丙）当地卫生工作和卫生机关的介绍；（丁）青年失教失业的状态、妇女运动的推行、荣誉军人的生活等项，都可从实际的观察及报纸上的记载详细写出。撰写方式，可以特写，可以专论，但要避免不正确的报道和过分的渲染。如能敦约当地学校教员、学生和公务员代为撰稿，亦至欢迎。

以上系就"分会园地"所要的文稿而言，如果有专题的论文及其他的文字，只要有登载的价值或合乎〔于〕我们的旨趣，可以转登本刊的"专题论综""康乐文勺""青年红友"等栏目。

"分会园地"开辟已经四个月了，但植下花果，寥寥数株，以前或是天寒地冻，园门未开，大家不便进来，现在冬天过去了，春光已到人间，希望各位鼓起心情与我们一齐负起园丁的任务吧！这原是大家的园地啊！

（原载于《红十字月刊》1947 年第 14 期）

在金陵望故乡
——忆北平分会半年来的活动

鲍　华

故都是一个文华物萃的地方，是北方的重镇。日本投降以后，一切在复苏，相隔了八载多的红十字旗帜也从复员中重新举起。

北平分会理事的阵容十分坚强，有国际声誉的基督教会督江长川、外科圣手关颂韬、大思想家的哲裔周梁令娴、市社会局长温崇信、英文《时报》孙瑞芹、崇实校长袁永贞等。会长王正黼，副会长全绍清、凌其峻，都是硕学多能望重燕京的人物。从这张整齐的名单中，予人以无穷的希望与信心。

分会办公的所在是中国红十字会总会的最初会址，一幢大楼，后面一排五大间平房，前面一个小小的场地，蔬［疏］植着几株花木，楼侧留有宽敞的走道。这会所建筑在民国十二年，二十四年来，她曾蕴酿计划，号令合作，她也曾与国运同蒙羞辱，为"华北医护委员会"所占用。如今她又抬起头来，显露原来的面目，她将使故都一百七十万人民成是她的伙伴。

经过第五届红十字宣传周的活动，征友接着大规模地展开。先后两个月，在李宗仁、孙连仲、胡适之诸氏的号召下，在会长和理事们的领导推动、全体工作人员的努力下，掀起了社会的注意，增强了各界的认识，赢得了同情的共鸣和热诚的赞助。一月十八日征友结束举行了一次"庆成会"，各机关的奖品分赠成绩优异的队员。会员总数二〇，三二七人，成绩以大陆队为第一。

十一月开始，在征友过程中同时推进各项活动。组织了男女青年知行社，男的有一百多人，大、中学生都有。成立的时候，曾经欢烈地举行了一次晚会。女社以中学生为多，有三十多人。他们每星期六聚会一次，或者是讨论，或者是游戏。记得去年深秋时节，知行社邀集了六十多位朋友同游颐和园。高高的排云殿，静静的昆明湖、铜牛、石舫，这幽丽的万寿山，使一群不甚谂熟的青年在相同的、纯净的意识下培植了友谊。

歌咏队在十二月初开始练习，每一个星期六的下午礼堂里传出了练习的歌声。抗战期中的名曲，在这儿再度流行。十二月二十九日在建国

175

堂举行了第一次演唱会，一切都由队员同学处理。在兴奋的情绪下，完成了这除夕的插曲。听众三千余人，都是青年会员邀来的同学。演唱后还放映了"天长地久"影片。他们将继续征友，加紧练习。他们非但娱乐自己，也将为社会呼出不平。

北平玩意特别多，蹓冰是北方冬季的特色。十二月二十八日，红十字会冰场开幕，在音乐的伴奏里青年朋友们电掣风驰的奔突，云霞样的旋转。有的携手成圈，有的婆娑起舞，更有技术娴熟的在场中央表演。初学者战战兢兢还不免摔交，引得观众们嬉笑。紧张的球战使人叫绝。从午后到黄昏，从黄昏到黑夜，一袭薄薄的夹衣，青年的兄弟们在北国的寒风里蹓呀蹓！

北平，这染有帝王气息的古城，至今世家门第依然朱红新漆。在这八字大门的簷［檐］下，晚来是乞儿们的安乐窝。如果问如此配备何以度此严寒，照例当局会设立暖厂和粥厂的，利用公屋庙宇生点火，让无所蔽荡的朋友住着。规定每午五时进厂，天明出厂。苦力们天亮就上工，乞儿们缺少行乞的对象，依然还蜷伏在屋角。粥是每天两餐，他们习惯地站队等候，领受这冬日仅有的喉粮。社会局设了三十六个暖粥厂，在城的东北，第一暖粥就是委［托］北平分会协办的，还有十来位荣誉军人住在分会里。

训练工作已着手的有看护训练班，每星期一、三、五的下午二个钟头，由分会医院方面负责讲授。参加的有二十余人，她们静静地听，细细地记，准备着为人们服务。诊疗所和医院是她们很好的实习场所。

因为交通梗阻，一再渴望早日来平的诊疗所终于去年年底达了故都。她带来很好的器材、药品，也带来了富有经验的工作人员。在忽忽的筹划下，已于二月六日开始工作，有内课［科］、外课［科］、助产等项目，目下每日门诊约十来人，愿她能好好地为大众工作。

北海的西岸，有一个著名的肺病疗养院，那就是北平红十字医院。她在全绍清博士筹划下诞生，已经有二十年的历史。这一个面对白塔，倚临北海的风景区，不难想像到筹划者的识谋深远。沦陷的八年里，全氏又煞费苦心地支撑着。复员声中，全氏以年迈推荐了谷光甫大夫继任。谷院长正义而热诚，他被选为参议员便是个好证。现在有七十张病床，四位医师，护士及技术人员十二人，工作侧重在肺病的治疗。这七十张病床很难找到空隙的机会。门诊各科都有，月约五百余人，收费较一般医院低，各方捐赠的少数医疗器材也不够全部病家的需用。在分会经济脆弱的今天，也无法补助。工作者的待遇呢？院长也不过二十多万块钱。大家在极低的物质待遇下为病家服务，这工作的最大收获将是任务的崇高和精神的愉快。听说谷院长还正憧憬着扩造与改善，使北平红十字成为国内最完善的肺病医院。

让孩子们多多活动，为恬静的故都制造一点生气，通过这般有生气的青年展开服务。我们愿红十字医务事业充实坚强，救济与服务更多、更广。

天坛屹立在南郊，颐和园蛰居在西直门外，这旧日的京城能使人恬静安适，红十字会与这环境阔别多载了。严冬已经过去，初春的太阳溶〔融〕化了北海的冰，愿初春的气息使生疏的红十字会与人们熟悉，让北方的大本营树立一个优良的基础。

（原载于《红十字月刊》1947 年第 14 期）

海上两红影
——一在黄浦江头，一在珠江桥畔

黎　阳

前　言

展开本会分会分布图，我们很容易得到一个印象，那就是西南及中原几省的分会比沿海几省为多。就复员以后的情形说吧，现在一百三十四个分会中，河南占三十一，四川估十六，山东有十个，而沿海的浙江、福建、广西、广东四省都只有四五个分会。江苏虽为总会所在，源流较近，但也只有十二个分会。究其原因，是由于西南和中原数省灾变（包括兵灾）频仍，人民常在流离困厄之中，不比东南人民生活之安逸，是以需要社会的救济甚为迫切。而红十字会的原始工作即为救灾恤兵，"应运而生"的原理，助长了这许多分会。也因为此，直到如今，那些分会仍然遗留在只以慈善为本的古老窠四〔臼〕里，没有随时代的变化而加紧她的工作步伍。东南的分会在数量上虽不足比例，而其工作的进步和分量是远在内地分会之上的。

第二次世界大战后，人类的文明是作了一百八十度的急转，政治、经济以及社会制度都为适应新的需要而开始了一种新的措施，而生活在这原子时代的人民对于生命的安全感也受了极大的威胁。在此时代中，人们所最感需要的是如何求得生活的安定与保障，这就要我们来发挥人类的爱的力量。虽然现今世界的杀云四布，和平的景象只是一个尚未破灭的泡沫，但这种动乱的局面，虽是人类的恶魔，我们若要求得光明的前途与幸福的生活，只有发动社会力量来制裁我们的仇敌——灾害兵乱，以互爱来围成生命的安全圈。我们知道，任何军事、政治、经济的力量，今日都不足恃，惟有完成社会的安全，才是人类生活的保障。红十字会是在人类的爱性中成长，它本身的目的，只是增进人类的幸福。以前因为范［限］于社会的环境，它只停驻在救灾恤兵的阶段，现在的世界是在极端动荡的状态，人类生活的惟一凭借，厥为社会力量的维系。那么，红十字会的事业就不应限于救灾恤兵，而要积极的保障人类全面的生活。本会自胜利复员以后，就是针对了这一个原则，决定了工作的途径，同时并循此点，指示各地分会的工作范围。

东南沿海的都市，因为接近海洋，国际文化沟通较速，文化、社会、经济各方面的动态，都是随时适应着时代的思潮，所以，这一方面的红十字会事业也是跟着时代前进。上海、广州是东南海上的两大都市，其对新文化和新思潮的接收，是在国内任何都市之上，而本会上海、广州两分会的事业之表现出新的身手，亦所宜然。

这一篇文章，就是介述该两分会复员后的新工作。

上海市分会复员工作概况

（一）会员之征募

本分会征募工作，于民国三十五年五月十日起举行，分别聘请总队长、副总队长，暨各界领袖六百五十人为征募队长。计至九月总结束时，共征得会员六万一千二百七十四人。其后入会者，至今仍络绎不绝。

（二）会员之保健与联系

会员交谊为本会工作之一，故于九月一日起在本分会二楼先行设会员交谊室，设报纸、图书、弈棋、台球等，以供会员阅读游戏，并经常举行会员交谊会、同乐会、座谈会。计在一百天内，参与会员共一万一千五百二十人。

保健之基本课题，在养成身心之康乐。本分会于双十节及十二月二十七日在沪西中山公园举行青年会员游园会，到会会员极为踊跃，除赠送糖果并表演游艺节目外，并请名人演讲"宣扬红十字会之使命"与"青年会员之责任"。计两次游园会之表演节目，有上海基督教主日学会之军乐，延平小学之舞蹈，南屏女中之歌唱，第五区中心小学之体育表演，口琴专家石人望先生之口琴独奏及精武体育会之双杠、单杠、国术、摔角等。

会员保健除养成会员之健康身心外，还应培育他们（的）知识。以是自九月份起，举办会员业余补习班，分初、中、高级之班，每班名额三十人，课程分国文、英语、数学三科。由分会职员兼任校务，并聘请义务教师一人。上课时间定为每日下午七时至九时，不收学费。入学者，纷至沓来，各级学生均超出定额。

"天下一家"的精神，红十字会充分具有，所以各国红十字会都很注重国际会员联谊。美国红十字会首先馈赠本分会糖果三〇，二四〇袋，嘱转送本分会青年会员。本分会乃在报纸刊发消息，并通知各学校校长转知青年会员来会领取，并制备受赠签名册一本，由各青年会员亲自签名册上。除分发青年会员外，并匀出一些糖果，分赠孤儿院、救济院的灾童。

礼尚往来，友情亦在于互相珍贵。本分会为答谢美国红十字会青年会员馈赠之情，特向本分会青年会员征集答赠礼物，作为圣诞节的礼物。该项物品均采取国产工艺品。因时间仓促，未能多量征集，乃将所首得者转送美国红十字会转发青年会员。兹获来函，云已完整收到。美红会青年部对于这些精美礼物，尤感无限之珍贵，除转发青年会员外，并将一部分礼品摄录照片，以广宣传。

（三）医疗服务

本分会自上年四月二十二日起，即在会内开设诊疗所一所，专应门诊。只收挂号费、初诊一百元，复诊五十元，急诊二百元，药品完全免费。开诊以来，工作日臻繁忙，原有诊疗、配药、候诊各室均感不敷应用，乃呈请总会发款添建医室二大间。各科就诊人数日有增加，统计至上年年底达五万零七百七十八人。

复于上年八月份起，为扩大服务范围，乃接受学校、工厂委［托］，专派医师、护士携带药品，办理指定之医务事宜。现已开办者，有统益纱厂委办诊疗所及大厦大学委办校医室，其他尚有励志社第九招待所及扬子木材厂等特约诊疗，此外中正中学并委办保健工作。

本分会又接准上海市青年军复员委员会来函，告以退伍青年远征军来沪或过境，嘱参加欢迎招待，并办理各项卫生事宜。当即派遣工作人员排日驰赴车站参加欢迎，并另派医疗队每日分赴各联络站担任防疫注射及致赠慰劳物品，并通知本会有关医院及各诊疗所，凡患病之青年军前来诊病，一律予以优待。

我们知道，治病不如防病，医疗不如保健。本分会为响应防疫运动，于去夏曾接受卫生局委托［托］，由诊疗所免费注射防疫针计二万一千八百二十人。此外并由医务股派员分组前往各学校、各团体、机关施行集团注射，计学校为武定、诸翟、税务、爱国、明德、三育、越旦、大厦、肇光、中国、正中、圣芳济、江苏、小闸等大、中、小学十四校；工厂为亚光手帕厂、恒大纱厂、义泰兴煤球厂、中华造纸厂、恒丰染织厂、享利肥皂厂及证券交易所等七家；机关团体为盐务总局、杨家渡官仓、药材业同业公会、卷烟皂烛火柴同业公会等。受注射者计二万一千六百九十三人，每人有分二次或三次注射者。并由医务股另行派员随同流动服务站出发市郊施行街头注射，继应各区之请分赴各保集合住民注射，共达一万〇九百七十人。

（四）社会服务

本会为接近群众，深入下层社会，乃设立流动服务站。用新式大卡车一辆，装置广播器，自上年六月十九日起分赴徐家汇、曹家渡、梵皇渡、闸北、南市、虹口等处，举办流动医疗服务，指导环境卫生，解答医药询问，同时广播防疫之重要性，深得各地居民欢迎。

健康才有生命，保健是卫生的基本工作。本分会借鉴于此项工作的重要，特设立儿童营养站一处。登记营养不良儿童，每日上午八时至十时凭登记证至服务站饮奶一杯。自上年九月十一日开办，已逾四月，每日饮奶儿童平均在三百人以上。截至上年年底，饮奶儿童共计二万三千〇十一人，发出淡奶五千三百六十八听。

本分会又为顾及患有肺病会员之营养起见，特申请行政院善后救济总署上海分署发给淡奶三百箱，计一万四千四百听。爰即通知各会员，凡患有肺病者，可至本分会医院检查，凭医师证明每月配发淡奶十听。自六月中旬起至年底止，领奶之会员共五百十八人，达［连］同分发团体淡奶共计五千九百〇三听。

关于救济工作，本分会曾由总署拨来战前余存之大小棉衣裤及白布短衫裤等共三千五百〇六件，分发贫苦难民穿着。至上年年底止，已发放殆尽。

广州市分会复员后工作概况

广州市分会系于民国三十四年八月中旬由连平迁回，九月一日起开始办理复员。一年来工作，计有下列各端：

（一）会员之征募

征募会员可分两个阶段，第一个阶段自三十五年二月至六月。此一时期只在广州市征集，计共征得会员一五，六七四人，收入会费国币二四，〇八九，五〇〇元。因离募集一万万元之目标相差甚远，兼以物价日益高涨，会中经费渐感拮据，乃与总会广州区办事处计划发动第二期征募。此之谓第二阶段。自民国三十五年八月开始推动香港区征募工作，但因香港属于英国管辖，许多问题须先解决，方能推行，如取得香港政府之同情许可及获得当地领袖之热心赞助，以及物色征募运动之办事处所等。所幸各项问题，均在各方热烈同情之下次第解决。人事方面请得国民政府顾问许世英先生（许先生前为本会监事，现本会已呈请行政院聘为本会名誉副会长——编者按）为征募委员会主席，国民党港澳总支部李主任大超为征募委员会副主席，及各侨团领袖为征募委员会委员。于九月六日举行首次会议，决定征求目标为一万会员。九月十六日举行征募队长出发大会，至十一月廿一日总结束时，共征得会员一二，一八七人，收入会费及捐款，计给港币六，〇八九，一六〇元，国币九千元。此项会费，后经呈得总会同意，完全作为本分会经费。

（二）宣传运动

第五届［届］红十字宣传周，本会于三十五年十月十日举行。宣传节目在报章发布消息，出行特刊并作图画宣传；请广州市欧阳市长讲播红十字宣传之意义；请三民主义青年团广州分团义务售卖红十字小旗，得款四十一万余元。

（三）社会服务

甲、设立营养站。由第一诊疗所办理，经向善后救济总署广东分署领得账幕一座，并按期向该署领敢［取］营养品。计自三十五年十一月至十二月底止，领取营养品者共一二，三五五人。

乙、儿童健康检查。民族复兴节日，本分会为促进儿童健康，举行普遍检查一次，并分发婴儿包（该包裹系装初生婴儿所用之衣物——编者按）及婴儿礼物二十二箱。

（四）医疗工作

本分会附属医院于广州沦陷时曾请示总会会长王正廷博士，仍留市继续工作，委讬［托］柯道医师代管。复员后柯道医师即交回本分会接管，仍由黄德光医师任院长，照常服务民众。后因广州市人口众多，平民诊所亟待增添，乃于（民国）三十五年九月二十日开办第一诊疗所。成立以来，成绩良好，颇获社会好评。兹将该所三十五年工作概况列下：

（1）内科初诊：一，三六五人；复诊：二，七〇三人。

（2）外科初诊：六一二人；复诊一，二四三人。

（3）产妇儿科初诊：八〇二人；复诊：一，二三三人。

（4）其他科初诊：一，三四〇人；复诊：一，八八七人。

（5）霍乱预防注射：二，五四〇人。

（6）天花预防接种：三，三八九人。

又于（民国）三十五年十一月一日开办第二次诊疗所，原系赠药处，后以求诊人多，乃扩大为诊疗所，每日平均诊疗人数约一百五十人。

综览上海、广州两分会的工作概况，我们并不认为是"均如我意"。但处在战后复员诸事艰困的情形之下，这两个分会很快地恢复旧观，并依照总会的计划展开新的工作——普遍社会服务，给整个红十字的事业画出了一个新的封面。所以，在工作的比重上，这两个分会是占有极重的价值的。我们在此之所以做一个综合的介绍与评述，目的不只是在鼓励该两分会益发努力，蒸蒸日上，而更希望本会所有的分会都能在新时代思潮的鼓盪［荡］之下，迈开大步，走上新的征途。

（原载于《红十字月刊》1947 年第 14 期）

八年来的即墨分会

任智经

狂风暴雨飘零苦，山穷水尽又一村。

当七七卢沟桥不幸事件发生后，我国华北军政相继撤退。民国二十七年一月，即墨沦陷，日军进占县城，我们这个无敌性的慈善团体也跟着同受威胁。会内药品、器械，损失殆尽，我们只有忍心常作一种特殊的施舍。但是，至今我们心中尚有发酵滋味的是所受的压迫，思之尤觉痛心。

从民国二十七年到民国三十四年，我们饱尝着沦陷的滋味。因为期间太长，所受的痛楚相当的多，如会员之受限制、会务之受监视。民国三十四年七月，伪地方政府并强占本会会址作警察分局，器具均被占用。这些，只有摄成影片方可表演当时的情形，用笔是不会描写万一的。当在忍无可忍的时候，我们曾秘密地讨论过，放弃吧！解散吧！呼嗟、唉［哀］叹的气色，由各个会员表现出来。结果是我国胜利将近，不忍抛弃，只得紧缩蛰伏，苟延残喘，以待光明。幸而不久，日本投降，万幸的即墨分会算是从苦难中甦生了。但自民国三十四年八月到民国三十五年七月，这虽是我国胜利的第一年，而兵燹战乱仍未停止，会中所遭受的仍是……这是我们的家务，说什么呢！所以从民国二十七年一月到民国三十五年七月，这八年零七个月，是一个漫长的黑夜。若是将会况作个总结的话，那除在狂风暴雨中受尽飘零之苦以外，所余的仅仅落一个山穷水尽，徒呼奈何。

民国三十五年八月开始，会中命脉稍见起色，气息略觉舒畅，但是已经疮痍满目，体无完肤。不过，精神是兴奋的，情绪是热烈的，觉着本会前途仍是无限，为社会服务的希望也很深，所以极力挣扎，要想奔上轨道。三十五年九月，本会奉令复员，调整会务。同月四日，本日［会］召开选举大会，由本地各机关派员参加，计到会员五十余人。公选黄礼亭充任常务理事兼会长，宋中田、姜世凯充任常务理事兼副会长，宋中曾、陆金三任常务理事，宋中曾兼总干事，宋中良、宋中才、宋明道、赵世友任理事，全体努力，进行会务，同月六日，恢复本会慈善医院，实行开诊。因本会恢复伊始，一切尚未就绪，药品、器械均不敷用，于十月二十九日召开第四次理事会议，决议通过暂将慈善医院改为诊疗所以符名实。部内组织力求完善，人事力求健全，为社会服务。又为通应时事需要，培植救护人才，便利工作起见，遵守总会颁发工作纲要第五条之规定，成立救护常识训练班。训练期间暂定一个月，于民国三十五年十一月二十五日开学。抽调会员受训，计到会员二十五人。训练课目有党义、药物、急救、防疫、防毒、外科、·看护、军训等八科，已于十二月二十五日结业。又于民国三十六年一月四日组织巡回医疗队，以救护常识训练班结业学员充编队员，由诊疗所主任宫嘉鑫兼任队长，聘任德麟为副队长，孙志甫为医师，共计队员二十六名，分别呈报在案。同月二十五日，即墨普东战役，该队全体出发，至马鞍山一带实地救护医疗。又于同月二十八日重行出发，救护伤兵、伤民，成绩极佳。刻正筹划去乡村及各学校防疫、种痘等工作，并计划进行组织第二期救护训练班，大量培植救护人材，为社会服务，为人群谋福。至会内一切，亦正在尽量扩展。希望八年来所受的创伤，能在今后的工作中求得平复。

（原载于《红十字月刊》1947 年第 14 期）

广德分会的新生

查九如

中华民国红十字会广德县分会从民国三年成立，到现在已有了三十多年的历史。在过去，一直举办着诊疗医院，经常地做着施疗病患、布种牛痘和防疫注射等服务人群的工作。受惠的民众都是有口皆碑，赞誉不置的。因此，在广德，红十字的标识和意义，确已深深地印入了民众底心坎。无论你去问谁，他会立刻回答你："红十字会是个做好事的机关。"

不幸在民国二十六年的冬天，县城遭受了兽蹄残酷的蹂躏，变为一片焦土。其后，时得时失，旋建旋毁。又经过好几次炮火的摧残，红十字会的工作，在环境的变乱和物资缺乏，以及经济困难等种种局面之下，结果陷入无形停顿之中。然而，在战事初起时，它还付出了最大的力量，组织了三个诊疗所，尽了为伤兵服务的责任。而维持到县城沦陷的一刻，也是值得称道的。

去岁胜利以后，会长赵一琴先生辞请退休之，政府便委派了陈宏图、姜祖荫、查培波三先生负责整理。年余以来，一无所有的红十字会，又渐渐复员了。首先，是将原有的基金整理就绪，然后由各理事推选陈宏图先生为会长，姜祖荫、何元培二先生为副会长，专负其责，并经总会加聘。继之便向政府借用公屋一幢为会所，并添置应用器具，恢复了会务。又尽先筹设了一个诊疗所，造福病人。诊疗所自八月十五日开幕以来，每日就诊者，在三十余人以上。其他团体服务，如各机关学校之义务诊疗、各项运动比赛之医药救护、地方卫生指导等，均不遗余力地去工作着。

目前，为谋推进会务，加强工作表现，扩大宣传红十字的标识和意义，广泛地征求会员，筹募捐款，充实基金，而奠定永久的事业基础计，现在遵照着总会的指示，聘请了几十位机关首长和社会贤达为征募队长，推行着民国三十五年度的征募工作。对于原有的会员，也再〔在〕积极办理登记手续，而求得系统的联系和助力。这是今后发展会务的一个最大的关键。陈会长和其他的工作同志，都付出了他们的所有力量，苦心孤诣地筹划着。

今后，会方的工作动向，是按照总会的指示，详查民众的要求，针对地方的需要，并衡量经济力量，逐步举办各项红十字会服务范围以内的工作。计划中的第一步是建造会所和医室，并增购器材，设立病床，将原有的诊疗所扩充为施诊病院，使病人必要时可以住院治疗。第二个是设立分诊所或举办巡回医疗队，使乡间的贫病患者普遍得到医疗的救济。第三是举办文化福利事业，如设置民众阅览室，办理平民识字教育或技艺训练，并经常举行卫生讲座等，必要时拟购置无线电收音机以提倡民众正当娱乐，并增加其时事知识。至于会员保健、灾难救济和协助政府办理大众福利等工作，也都在计划逐步推行之例。

广德，这一个遭受战乱最烈的地方，对于红十字会这样一个纯服务性的慈善事业机构的需要，是极端迫切的。因此，它的事业，在民众普遍的希望和拥护之下，也一定能够欣欣向荣的。

（原载于《红十字月刊》1947 年第 14 期）

这是一座桥梁

总会　杨宝煌

从总会到分会，从分会到总会，从总会到世界各国的红十字会，从世界各国的红十字会到总会、到分会，以至于全世界大大小小的红十字会，如果要互通声气，这是一条交通线上的主要桥梁之一。

一个人身体的健康，是四肢、五官、内脏以及各部器官健康的总和。一个人的机智灵感，是靠着各部机能共通的灵活地运用。

红十字会复员以来，还多在筹划新规，试行得失。各地分会为征友，为业务，埋头苦干，譬如武进分会白手起家（总会未予津贴之意），奠定了良好基础，展开乡村服务站等实际的工作。有位于医师"穿布衣，着草鞋，背药包"，奔走于穷乡僻壤，到贫民区里寻病诊疗。亳县分会会长王乃朴欣捐会所，副会长蒋璧清献金三百万。月前遭战事，该会救护军民一千五百六十二人，紧张热烈。这种牺牲时间、精神，贡献财力、劳力为贫病服务，决不想从团体中取一点一滴以满足一己的伟大精神，值得我们讴歌效法。

怎么样才能使完善的计划、行之有效的方法广播各地？总会就是个现存的桥梁。这种事实可以作为各地分会的一种良好参考资料，合宜的可以采择试行。彼此提出心得，交换经验，渐求改进，庶几可以避免重复的错误，可以节省不少精神、时间和财力。

红十字会是一个国际的组织，中国红十字总会每一个月有一次工作报告送到国外，所以我们很愿意各地分会随时把工作动态告诉总会，项目、日期、确切的数字以及经过情形、效果等等，使国际间了解各地分会在做些什么工作。

非但业务的活动如此，就是会务的情形亦然。总会应该充分了解全国各地分会的历史、人物、财产、计划以及各分会的特色，随时可以告诉国人以及各国。我们也借此了解某种工作对某分会较为合宜，某种业务有困难，某种部分需要协助。这样总会对分会不会隔靴搔痒，分会对总会也息息相关。大家都如此，非但分会本身方便不少，整个红十字会也一定大有生气。

所以我们愿提请随时把业务、会务、财产、人事、会员人数等等，告诉总会。每月的"工作简报"应该按时填寄。虽然工作不多，也可以如实以填，甚至没有什么可填，也不妨把空白表写上日期照寄，而且可以不必备文。如各项工作动态能摄成照片附于"工作简报"，尤所欢迎。分发的"战时损失调查表""战时工作情形调查表"等，还有很多分会没有寄来，我们正急盼着早日完成这全国性的调查。

能完全了解分会的总会才能是灵活的总会，能与总会密切联系的分会才是有生气的分会。分会的成绩须要会长、理事以及全体工作人员一致努力。同样，各地分会与总会密切联系，中国红十字会才是一个完整的有力的机构。

同时，今后总会有什么通告也希望尽量在本刊发表，请在本园地多多留意。

（原载于《红十字月刊》1947 年第 15 期）

视察归来谈
——江都、武进两分会之一瞥

总会　陈蕙君

二月二十六日抵达江都分会，当由王总干事玉光引领参观该分会各部门工作。该分会现已举办之工作，计有诊疗所一所，儿童营养站一站。诊疗所内医师一人，由王总干事兼理，外有助理员二人。儿童营养站系方筹备成立，定于三月一日正式供应牛奶。现登记合格者已有三百余人，定每日上午六至八时为饮奶时间，下午四至五时为领奶时间。

江都分会自筹备到现在不满一百五十日，一切均系初创而能有今日之成绩，粗具事业之规模，厥为王总干事玉光热忱极高、能力亦强以及地方人士努力协助之故。惟因该分会创基未久，所以在人力和经费两方面，均嫌不足，影响事业进一步的发展。不过，红十字会事业是如平地起阜，一切须取助于当地的社会。如能扩大征募，充实基金，充实人士，则该分会事业之前途，至为无限。

二十七日下午由江都到武进。武进分会吴总干事逸樵接待后，首先引导参观该分会举办之儿童营养站，这是该分会最具规模和最有成绩的一部门工作。自去年十一月四日开始举办儿童营养站以来，在一个月内即连续地成立了五个站。其工作进度之速，诚足惊人。兹将各站情形，分述如下：

第一，儿童营养站设于该分会内，专作领奶之处，平均每日有一百人前往领奶。

第二，儿童营养站设在城门口，该处空地颇多。该站房屋系该分会自行建造，用款一千余万元，目前专作儿童来站饮奶之用，平均每日饮奶人数在五百名以上。因该站房地较宽，该分会现在正计划将该站扩充为儿童福利站。由行总拨给活动房屋二幢，准备搭盖在站的后面。开[关]于搭盖活动房屋经费，原已恰妥由行总拨给面粉以代工资，现因苏宁分署面粉告缺，无法动工。据吴总干事谈称，据目前物价估计，建筑活动房屋经费及扩充站中设备共需六千万元左右，经常费约需五百万元左右。此笔巨款，分会本身无力负担，拟发动当地人士捐给，最少希望达到半数，其不足部分或转请美国红十字会资助。

至于儿童福利站的工作，拟先办理教育、游乐、营养健康检查及青年男女职业训练班等工作。对于青年职业训练班，计划拟分两部：

（1）男子职业训练班，包括制造篮器、皮鞋（已由行总拨给皮鞋器具十套）、木器等技术训练。

（2）女子职业训练班，包括缝纫、刺绣、编织等手艺训练。每项训练中，均给予识字教育。

第三，儿童营养站设于城内，专门供应儿童饮奶，平均每日饮奶人数在四百名以上。

第四，儿童营养站附设于分会诊疗所内，平均每日前来领奶者三百五十人左右。

第五，儿童营养站设于距城四十里之前黄镇，镇中有一千四百余住户，该站系应镇民要求而设。站址系利用祠堂房子加以修葺，修理费二百万元，大部分系镇民自动捐助，少数由分会津贴。现该第五儿童营养站因适应人民需要，已扩充为乡镇服务站，并添设医师一人，每五日来站应诊一次。助产士一人常川驻于站内，专门负责前黄镇住民之助产工作。此外尚设阅览室、理发室及办理公共卫生等工作。

综观武进分会各部门的工作，个人所得的印象与发生的感想，就是觉得该分会不仅本身拓具了现代化的规模，并已将红十字会的性质与任务、救济工作精神，深深印入当地官商及一般人民的脑海，所以深得当地人士协助。乐予［于］捐输、乐予［于］与红十字会合作，这在本会整个事业的步骤上说，确是一只最前进的号角。仅将此次视察感想，书出以为各地分会之借镜［鉴］。

（原载于《红十字月刊》1947 年第 15 期）

灌县分会三十年

灌县分会　雷净业

远在民国五年，当罗、戴两军阀争战成都时，灌人吴啸烟君携友寓于成都盐市口客栈，迫于兵火，无法脱险。适有中国红十字会新津分会会员方瑞林君借红十字会的立场，予以营救，始得脱出危机。啸烟君感于红十字会工作之伟大与超然，返灌后乃宣传筹组灌县分会。经过一番经营，于民国六年十二月二十七日始由新津分会介绍呈准总会颁发印旗图记，正式成立分会。时光不再，屈指灌县分会成立迄今已三十周年，现有会员一千四百六十二人，会务推进有足多者。追忆三十年来，世事沧桑，人间多难，灌县分会发挥红十字的精神，为人服务，间亦遭受恶势力的冲击。爰就所记，概略述之，其中虽多点滴细故，然劝善惩恶，不分巨细，只须可反映红十字会的事业足已。

灌县分会初假江西会馆，即今之女中校舍为会所。民国八年王维纲、陈子庄争城巷战时，市民不及避锋，群趋本会乞救，本会均一一照料食宿，后集体予以引渡，出险三千人。此次事平，乃另觅前岷江书院废址为本会会所。历年修葺，现已颇具模范。民国二十四年夏，县城失火，医院街延烧过半，本会门头亦遭焚毁。旋即修复，并开设中西医院，成立西医接生处。医师刘锦波，看护王采芹、刘淑明等，均热忱服务，虽在严寒风雨之夜，不辞出诊，充分表现红十字的精神。病人挂号，只取少数手续费，药费全免，征属、贫民或现役军人并免收挂号费。西医院受诊疗者年达万余人。中医院医师，多为名手自愿义务服劳者，每逢农历二、五、八日，咸来院中应诊，药费亦由本会付给，受诊者年约四千人。每年春季种放牛痘，夏季注射防疫针者亦恒在四千人以上。二十九年，遵奉总会命令，成立防空救护队四分队，配备医师、护士各三人，队员三十二人，担架二十副，急救包三十个，每当空袭时即驰赴指定地区待命。曾参加防空节检阅四次，成绩优异。

与施诊工作同时展进者，尚有赈济，调查孤贫、残废人民。每月于〔于〕初二日放赈一次，每人各得赈米三升四合与二升一合不等（园丁按：所写之升系四川老升，每升约合市升二升办〔半〕）。月赈之外，又有年赈，此无定量，系于每年残冬视募得米款之多寡分配散发贫民，并于农历除夕赈济乞丐。计年赈受惠者，每年均约万余人。

本会不仅安生，且亦慰死。平常年间，每年施棺约六七十具，路毙者并为安葬。而民国廿二年，昆河内战，城东南太平、普济各桥均断，刘军炮攻城垣，伤亡惨重。本会竭尽救治与赈济之能事，当围城时，误死者数百人，草殡文庙山，事后尚余四十八冢无人迁葬，本会代为移葬外北义冢，树丰碑为纪经过之情形。同年八月二十日夜，叠溪积水溃流，涛高七八丈，沿江数百里田庐尽没，人畜葬于鱼腹者无数。本会于灾后觅得淹毙之尸七百一十七具，招人收领者二百零六具，其余均由本会就地掩埋，刊碑纪事。

民国二十四年，"赤匪"① 越嘉陵江西犯懋汶，劫掠烧杀，难民载道，饥寒交迫。本会四处收容难民二千三百二十人，筹供衣食，并设伤兵医疗所。至后匪窜，留灌无力还乡难民复给款资遣。是役共耗赈米三十五古石零六升，面粉八千九百斤，衣履四百五十三套，资遣费二千三百元。

总计历年赈灾凡四十六次，受惠者不下数十万，用费之大，概可想见。至问此款之来源，约为两途，一为会员之会费，一为临时之劝募。乐善好施者自请捐助巨金、田地、房屋，尤为有力之支援。本会职员，常达数十，然皆义务服务，各在家中膳宿，办公即到，而发动募捐时，更常以身作则，先为倡引。张苑林、吴啸烟、张善征、张玉辉、张百昌、李翁达、罗懋昭、罗新吾、董元宪、熊一清、李慕华、王抚安、欧阳健堃、李

189

---

① 原文如此，引号为编者所加。

见成、罗蕴修诸君，尤公而忘私，热中[衷]于红会的事业，至堪钦赞。

诚然，红会与公廨相反，于此任事者虽非洗手焚香，然皆善性超人，爱人如己，决无败类。于此，请述二三有趣的事：

某次，会员某人入松茂遇匪，匪搜其身见红十字会会员证，乃还其衣物，释其去之。

又一次，一会员自渝乘轮东下，时值军事戒严，当政机关护照均不生效，间有通行者，亦受苛细检查，而该会员因配有"中国红十字会灌县分会"证章，竟免查通过。而更有趣者，即本会各会员避免不良分子扰害，各于大门挂一木牌，上书"中国红十字会灌县分会会员某寓"，而兵、匪、流氓及贪污者亦竟"敬而远之"，是较军政长官之告令为尤效验。

然而阴阳互补消长，光明之处，亦有阴影。本会工作精神虽深入一般人心，为大众所拥护与爱戴，但仍时受恶势力的侵袭。在行防区制时，本县驻军长官为强横无道之龚某。其强暴之情形，可证于县人所赠之诗："我县龚皇帝，蛮横胜暴秦。苛征劳瘠土，惨杀痛良民。监禁关肥主，衙门走劣绅。苍天如不昧，何以纵斯人！"当时本会神田、庙地以及公共房产基地及仓储等财产，均为"龚皇帝"提卖净尽，并正式组织所谓"公产清理委员会"，收容地方劣棍为其爪牙，后对本会亦同样施以掠夺伎俩。先是某神会捐给之产交接已久，清理公产时为龚某侦知，派出如狼似虎的爪牙于夜间焚毁本会会长李达翁大门，并拘捕李会长，押赴公廨，迫交该项捐产契约。李会长当时因迫其势焰，不得已将契交。后乃邮电纷飞，通告各界本会被劫经过，呼吁救援。但李会长因恐遭龚某之毒手，乃匿迹蓉市半年，会务亦因之停顿甚久。

又某年，本会募捐演木偶戏，本拟具文县属备案，乃因会内职员师竹君者，云与县知事吴思有旧，自愿担任口头通知之责，兹事甚小，无需具文。殊料正演戏间，忽有知事大老爷之侄儿前来观戏，不肯买票，司阍者又不识其何人，阻之不许进，乃起争执。侄少一怒之下，立回县署率来差役多人，查封戏院，并逮捕数十人，会长亦被拘受辱。会方当开紧急会议，向层锋呈控吴令，结果吴被撤查。但当时县知事命运，实系于驻军长官之手，驻军去则随之去，而省府无权调免。吴知事在未被北京政府明令撤查之前，曾因灌县宋大麻子提兵夺城，驻军力弱，准备撤退。仓皇骇急，访征收局长吴丕臣同计，许约："县绅张苑林与仆交厚，同赴可避锋凶。"吴不知张苑林为何许人，及至，见门牌书有"中国红十字会灌县分会张寓"字样，大惊失色，叹曰："今至此，吾必死矣。"为许备述前与本会衡[冲]突事。许慰之曰："张乃卸任会长，为人宽厚，绝不害君。"是夜乃宿张寓。至初更时，敲门声甚急，贼人心虚，惶恐莫知所措，避匿床下，泣请苑林救命。苑林复允设法，及命人登垣窥视，始悉县署差役为吴令送印来，请示善后者，心乃安定。次晨，吴乃化装潜逃。后语人曰："灌水凶凶，灌人不可侮。红会人员，德高仁厚。"

又某年，本县一媪，以自置街房数十间，来会请捐。交接以后，忽有府官垂涎此产，唆使媪孙呈控乃祖，不愿捐赠本会。本会为捐赠由人自愿，乃返还捐产，而媪好善心强，复售其产，改捐食米六十古担，时价值款六百余万。

以上缕述，未尽其详，然皆事实，于亦可见红会之事业与社会关系之深耳。

（原载于《红十字月刊》1947 年第 15 期）

新工作与新作风
——一位红十字小姐的自述

南京分会　赵昌敏

"何必要庞大的办公室呢？空泛的行政机构远不如实际的服务工作……"一股"苦干"的思潮在沈会长慧莲女士的脑海中闪亮起来，于是她笑嘻嘻地决定了房舍的分配问题，除了一间留为本会办公室以外，其余全部都作诊疗所。这是我们开始工作时的一件小事，但这点小事影响了我们以后的工作精神。

现在诊疗所已开办了半年多，业务非常忙，天天拥挤着病人。我们的办公室紧邻着候诊室，终日都在吵嚷声中工作。

在这小小的房里，有总干事、组长、干事、助理干事等十二个人，三男九女，分占着十二张办公桌。前些时因发动征募工作而动员的男女义务干事已无法可以安放他们的办公桌了，只能放着几张凳子作为他们临时集议的座位了。为着征募工作得到理想的成效，为了使京市民众深刻了解"红十字"的意义，达成红十字会工作的任务，他们都不怕路途遥远，不怕口角舌燥，终日奔跑，到处劝导，纯粹义务地工作，为"伟大的红十字"，发挥了牺牲的精神！

我们的总务组，好像是家庭的主妇，除了文书、人事等例行公事外，还得筹划着本会与各部门业务的经济来源。任何一件购置，任何一处修理，只要是急需的，从不因公事牵延而搁置。虽然巧妇难为无米之炊，也得设法维持着，宁使自己举了债，不愿业务搁浅。

业务组呢？好像是一家主人，天天筹划业务的推进，设计未来工作，同时改进已具规模的工作成果。

这种种的工作都由我们十二个人负担着，真所谓"麻雀虽小，五脏俱全"。所以我们每人都兼负数重工作，例如总干事以前之兼任业务组长。总之，每一部分的工作，大约最多只有二人担负，虽然我们也只领着一般公务员的待遇。

每当一个新来的职员晋见会长时，会长常是很坦白地说："来红十字会工作的人，必须抱有牺牲自己利益的精神，所有的业务都是繁重的，每一个人都要兼管数种工作。你且来试试，要是不愿意，或是精神不够的话，我也不能勉强。谁有兴趣，谁有能力，即使没有人介绍，直接告诉我，我也会任用的。"事实确是如此，一个一无关系的失学者，凭上帝给予的机缘与灵敏的头脑，常常由一封自荐书很快地能踏进我们的办公室！

这种大公无私的任用职员的方法，确是创我国官场的先例。记得一位心理学家说："女子是最纯洁的、热情的，在很好的教养下，女子事业的成就，一定超过男子！"这话至少不是没有根据的。在这里，我热忱希望各机关、各团体，在民主的前进时代，对于任用人选方面，无论职位大小，必须采用公正的考选方式，试用方式，没有人情，没有包庇，尽量雇用有才能的失业者，尤其是徘徊无依的女子。

现在，我们办公室里，聚集着来自各地的工作人员，操着不同的方言，在紧张的办公时间，常常给你一个发笑的机会。在融合的空气中，谁也没有官僚的架子。办公期间，依着程序工作，谁也不原谅谁。公毕，大家一起谈笑，乐气融融，亲爱如同兄弟姐妹。沈会长曾希望我们的办公室成为划时代的模范的办公室，现在我们就要实现她的希望。而最与别处不同的地方，是我们的工役，受着职员一样的待遇（一）——一种人格的待遇。除了公事，他们是不受职员支配的，即使买一包火柴，拿一支香烟，泡一杯茶，我们都是不使唤他们的。

是的，红十字会事业是一种新的事业，我们应该具有新的作风。我希望我们的模范工作室里，常时闪亮着美丽的事业的火花。

（原载于《红十字月刊》1947 年第 15 期）

分会医疗业务之初步商榷

王从炎

总会前为明了各地分会医疗业务起见，特有分会医疗机构及人事的调查。截至四月卅（一）日止，收到填来表格，计诊疗所二十七单位，医院十六单位。初步统计的结果，诊疗科目普遍设立者为内科及外科，其次为小儿科、皮肤科、眼科、耳鼻喉科及妇产科。设立各科的单位数如下表：

内科	四三
外科	四三
妇产科	二六
小儿科	三八
皮肤科	三四
泌尿科	一〇
眼科	三三
耳鼻喉科	三〇
放射学科	六
保健科	六
肺痨科	一七
精神病科	五
齿科	九
检验科	八

举办救护组织者二十七单位，设置社会服务部份者二四单位。合计各科病床五一八个，其中免费病床一五四个。合格医事技术人员，计医师八二人，牙医师一人，药剂师二人，护士四四人，助产士二三人，X光技术员五人，检验员九人，药剂生二三人，助理员一二六人。

根据调查所得的事实，愿就现阶段分会医疗业务作初步商榷如下：

一、最简明合理的名称

这次收到的分会医院以及诊疗所的调查表，在名称上，很多是把医院或是诊疗所的前面加上"附属""仁济""仁慈"等等的名字，于是医院、诊疗所的名称就趋于难以一致的现象——"中华民国红十字会某某市县分会'附属''仁济''仁慈'医院、医疗所"的一类名称。当然像这种名称，本没有多大问题，总是分会的医院，总是分会的诊疗所。可是在去年（民国卅五年）曾经确定各分会医院及诊疗所等医疗机构的图记样式、全文以及字体等（见卅五年戌、巧、代电）。目前分会医疗业务，已逐渐开展中，原有的正在从新布置扩大充实，新近成立的也都在力求合于标准，往后去更有蔚然蓬勃的新兴气象和远景。所以，为求医疗机构的名称简单、整一，应该要合于规定，也就是正名的意义。

最简单的合理的名称，举一例子，譬如长春市分会医院，它的全名即为"中华民国红十字会长春市分会医院"。诊疗所如此，救护队、巡回医疗队、救护训练班等也都是如此。

二、整理吧！分会的医院和诊疗所

分会的医疗机构，是一件有成效，难以做得完善的事业。

分会诊疗所的组成和内容，在《法规辑要·诊疗所暂行通则》里面（见《法规辑要》内"组织"部分），有了相当标准的制定。在一般的分会医疗业务机构中，可以说是比较有了一个概念和轮廓可供参考。一面可供旧有的诊疗所重新加以新的部署和改进，使其迎合潮流之所趋，使科学、医学和卫生工作得以发扬光大，能够确实地担当一部分的治疗、防疫、保健等等任务。在地方上，市县里，分担一些地方上卫生医疗机构的漏网或未竟，或是力有所不逮的工作。是分担，是协助，是合作，而不是在和人家抢饭碗、争位置地做什么宦海沉浮之争。因为红十字会自始至终是人民团体，替自己谋一分幸福，这原是很平常、很自然的事。

在目前，在五十年内或是在再多一点年月，我们的国土，我们各个自己，对于医药的需要，还是十分迫切。何况红十字会的工作，是博爱人群、服务社会的。所以，在目前或是未来，适应需要的还是医疗工作。

各分会方面的今后医疗工作，还是有待于努力、增进、加强。希望这已有的一点基础，再不要命短夭折。纵不能企求它发达灿烂，与盟会的新兴事业一步一趋争一日短长，但也毕竟可慰寒伧［磣］了。今后的诊疗所以及医疗机构的整饬，似乎是可以值得重视。这些力量和成绩的表现，胥有赖于各市县分会。事业的永垂久远，诚然是"非闾里之荣，乃邦家之光"了。

医院的标准，很难替它规划一张蓝图。人们的经验从摩天大楼设备新颖，以及从事医疗技术人员的众多等等，确乎是洋洋大观。但是另一些稻草铺，每天喝不着一口水的医院，在记忆中，也未必就可以忘记于九霄云外。在《红十字月刊》的第二期，披露了医院、诊疗所调整及管理办法，及分会医院编制表（见《红十字月刊》第二期第十页），那只是一个标准的要求。

在上海的红十字会第一医院、第二医院，重庆医院、西京市分会医院，北平市、广州市、长春市、沈阳、锦州、台湾等红十字会医院，都设备完全，规模宏大，要皆非一朝一夕一蹴可成。

当前人力、物力，皆是十分艰难。分会既以医疗业务为中心，抱博爱人寰悲天悯人的志愿，人力、物力方面，在在都成问题。一个诊疗所或是医院的设备，真是要费几番心血和精力，方能达到今日炳然的成绩。财力、物力、人力的无缺，该是如何辛勤。现时交通阻梗，较远以及民知［智］乡俗守旧的地方，在多方面都是大感棘手。有了财力，未必人力可以济事。此种现象乃通常的一般情况，推行医疗工作，真是苦难重重。

根据本年二月所分寄的各分会医院调查表所得大概情况，相机加以整顿。如医院床位不足以及设备人员的缺乏，就改院为所。实际上有名无实，徒拥虚名则大可不必。其次为重复医疗机构的整饬。比如在一地一街，有医院又有诊疗所，此种情形，太嫌重叠，因此即将诊疗所撤掉而为医院门诊部，以免多一个名目。因为简化医疗机构，也是经济人力、物力、财力的惟一方法。

其次如甲地的分会，尽量在甲地范围辖境以内力求发展，着实可佩可敬。但是忙到隔壁邻家的地区里，总是超越了市县的单位，很容易发生地区政治纠纷的问题。人力、物力、财力，是限制业务扩充的最大因素。一两处的工作，还可以竭尽力量去推动发扬。太多了，分散了，就很难为力。如何能够顾得到那么（多）哩？

至于分会创设伊始，或筹募基金未齐，一时不能达到成立医院或诊疗所的愿望，当然可以徐图实现。草率决定不是成功的条件，何况医院等设备，都是科学的技术的机构。

总会自复员还都后，卫生材料、医疗设备库存的数量较少。是以有关卫生医疗材料拨发与各分会，就得斟酌各分会的医疗机构是否完善，而为拨发卫生材料的标准。完善的医院、诊疗所，在拨发材料方面，只要它能以运用、需要，为了配合它的业务，就可大量拨发。至于人力不足，设备较差的医疗机构，自不能大量拨给。且已如前述，现在交通尚未十分畅达便捷，邮局只能寄递小包邮件，大件的器材，就运送不大方便，而且费用都很昂贵。所以，在现时材料供应上，有很多的问题不能解决。还有远道来南京（现在拨给材料只有南京库）领运材料，旅运、膳宿杂费，都是很可观的数目。

关于门院挂号、药品、手术等收费，除外国捐赠的以及总会所拨发的，一律不得收费。挂号、药品（限于分会自购）、住院、检验、萤光透视、X光照片等收费，都应当低于当地卫生医疗机关。病床应该有三分之一是免费床位。诊疗所以及医院，只有门诊及住院等规定，但为推行安全助产，出外接生、访视、护理，仍为必要。

三、门诊的二三事项

挂号是登记病人个案的初步工作，而且是维持秩序所必须的。挂号的类别太多、太复杂，只是徒滋纷扰。因此"免费号"，尽可以包括了赤贫号、名誉号、送诊号、优待号。反正不交挂号费，都可以称为"免费号"好了。急病号也就是快诊号，可以改称为"急症号"。号金的数额，"初诊"号金应高于"复诊"号金。号金的多少，也要低于当地卫生机关的数额。

四、怎样任用医事技术人员

各分会有了医疗机构，就得需要任用专门医事技术人员来担任医疗的一应工作。任用专门医事技术人员，是与病家的人命有生死存亡的关系，该是如何的紧要呵！也许正因为如此，在一个分会有了医疗工作之后，对于任用医护人员，可能是很难处置适当。医事技术人员，是指医、牙、药、护、助产等以及公共卫生专门人员而称，应当着眼在"技术"两个字上。

医事技术人员，一定是国内外公私立专科以上学校或是职业学校、中央及省级卫生训练机关毕业的专门人员。这个学历是十分严格，学校以及训练所都是政府认可的。医师、牙医师、药剂师、护士、助产士等，都应当领有卫生部（署）的证书，才能执行医疗业务，否则草菅人命，谁能负得起这个重大责任哩！而以人命为儿戏，决不是红十字会办理医疗业务的初衷。所以，此后对于各分会医事人员的任用，自应力求严格，没有任用合格医事人员的医院和诊疗所，可从速在最短期内加以改进调整。红十字会的医疗机构，应当保持一贯的向上的风度。

五、发动义务医事工作人员

合格的医事技术人员，已如上述。发动义务医事人员，参加分会医疗机构中一起工作，临时的、经常的参加都可以。在分会方面，可无须给以任何的报酬，如薪津、津贴、车马费、膳宿等。参加工作人员，既是义务性质，当然是不能有丝毫的企求和作用。而且在服务的时候，也必须矢勤矢勇、尽忠职守地完成他自动参加工作的志愿和任务。义务工作人员，在外国的红十字会确是一种具有成效的运用人力的办法。

义务工作人员，是值得发动的。义务工作人员的服务热忱，是值得敬佩的，并且是在当前人力艰难的时候可以发动的新兴工作。但发动义务工作人员，应以合格为前提，则不可忽视。

（载于《红十字月刊》1947 年第 16 期）

南京市分会的医药服务
——本会医药服务概况报告第一篇

据本会最近的统计，本会各地分会已有医院廿八个，诊疗所五十四个，救护队卅一队，救护训练班四班。兹为明了各该单位实际工作并便彼此观摩起见，特由本会第四处约请各单位负责人撰写报告，汇编为本会医药服务概况报告，陆续在本刊登载。本期介绍南京市分会的医药服务工作，即分下列各节：

一、太平路诊疗所

1. 内科诊疗

2. 外科诊疗

3. 健康检查工作

4. 在国民教育试验区的健康检查工作

5. 检验工作

6. 产科工作

7. 药局工作

8. X 光工作

二、玄武湖服务站的诊疗工作

三、新街口义诊所工作

四、陵园诊疗所工作

一、太平路诊疗所

（一）内科诊疗（黄兴汉）

本分会自复员后，对于业务继续推进，去年先后成立诊疗所四处，太平路诊疗所为其主要者之一。本所于三十五年八月十五日正式成立，内设内科、外科、妇产儿科及 X 光、检验二室，内科室于同日开诊。本室有医师一人，护士一人，自去年冬间并另聘特约医师王世辅、王几道二医师义务来所协助内、儿科诊务。本室除星期日及例假外，平均每日挂号人数约有五六十人。计自开诊日起讫本年四月廿日止，八个月间，共有初诊病例七，一二一人，复诊病例四，二七三人。

病名		初诊数	复诊数
法定传染病	霍乱	1	
	伤寒	4	
	斑疹伤寒		
	天花	6	
	白喉		
	赤痢	239	186
	回归热		
	疟疾	657	307
	脊髓		
	流行性脑膜炎		
	猩红热		
其他传染病		5	35
呼吸系病	肺结核	502	586
	其他	1，812	919
消化系统		1，385	714
循环系病及血液病		260	546
运动系病		22	21

病名	初诊数	复诊数
神经系病	539	461
泌尿生殖系统	108	143
新陈代谢病	8	17
诊断不明及其他	1，573	338
共计	7，121	4，273

本室病人，大都为公务员、店员、劳工、士兵等平民，因其一般营养状况之恶劣及个人生活上之重负，理想之治疗方法，较难实施。此则如何促进社会卫生教育及改善国民营养等问题，实为急需决定之政策，庶不致医疗事业招落空之地位。

（二）外科诊疗（吴景尧）

太平路诊所成立伊始，时当夏末秋初，外科治疗工作即甚频忙。当时有袁松人大夫热心主持，溽暑之际，处方操刀，贫病德之。迨后袁大夫赴沪，刘乾初大夫接任，自十二月其［起］由景尧负责。外科病情最为复杂，以国人不重卫生，有兼患数种病患始来求治者。尤以疥疮、传染病几占百分之四十，梅毒、淋病患者亦不乏人，需要开刀之痈疮病患，无日不有。而以本诊所毗连交通要道，车伤、跌打、火烫时有来所求治，平均上下午外科疾病百二十人。

兹者盛夏将至，蚊蝇毒虫猖獗，百病丛生，皮肤损伤易受感染，行见外科工作倍行忙碌。器械之添置、药科之补充，与乎加紧急救训练，普及初步治疗常识实为当务之急。

（三）健康检查工作（华）

南京市分会办理健康检查，首次试办系在民国三十五年十月初旬之红十字宣传周第八日举行。当时在太平路诊疗所全日检查，由全体医师、护士担任。为应付此大规模的服务，特停诊一天专门办理。结果是忙了一天，有二百〇七个会员自动参加，每人获得一张检查记录卡片。身体检查确系需要营养辅助者，发给鱼肝油一瓶。

因为每日应诊工作极忙，分会方面虽然有心欲举办健康检查，但时间与人力均成问题，所以一直没有顾及。自从三月以来，来会洽办检查的机关颇多。最初都一一婉言拒绝了，但有些实在来得非常诚恳而且非要求我们帮忙不可，所以极力设法。同时，因为后进房屋可以利用，就答应下来。但要在不妨碍诊所日常工作之下照办，可多方设法借助分会外的许多医师护士了。首先是四月六日、七日两天，为特种税务考试人员考试委员会办理检查。后来因为远道不及赶到者，在十九日补行检查半天。四月六日受检查者二二九人，四月七日八十七人，四月十九日检查七十五人。

其次是四月十八日全日为南京市公共汽车管理处车务人员考试作体格检查，是日有二百三十八人参加。再次是四月二十九日为财政部直接税局南京分局全体职员作检查，参加者凡九十四人。

以上接受三个机关七百二十四人的大规模检查，为他们解决一个技术问题。但我们最初是收回检查费每人三千元，以后是每人五千元。这笔钱也不无小补，可以作当日杂支及添置器械之用。还有外交部也向诊疗所取得联系，每逢星期二、四两天，得接受外交部职员作体格检查。

（四）在国民教育实验区的健康检查工作（林守训）

学生为社会之中坚，国家之柱石，故学生时代之身心发育以及卫生习惯之养成，与整个民族健康有极大之关系，因此学校卫生颇为重要。本会有鉴于此，自本学期起，与南京市国民教育实验区接洽，在该区之国民小学从事卫生工作。在推行工作之先，施行普遍健康检查。自三月十一日开始，直至四月十七日止，历时一月有余，始将健康检查及种痘完毕。计检查学校有琅琊路国民小学、汉口路国民小学、三牌楼国民小学、玄武门国民小学、渊声巷国民小学、鼓楼国民小学、北阴阳营国民小学等七校。合计学生六千八百二十六人，受检者六千二百三十八人，种痘者五千二百〇五人，缺点数计一万〇四百二十二例。今将各校缺点统计列表如下：

各校健康检查缺点统计表

校名	琅琊路小学	玄武门小学	汉口路小学	三牌楼小学	鼓楼小学	渊声巷小学	北阴阳营小学	合计
全校人数	1，120	1，140	1，542	1，646	793	193	394	6，826
受检人数	1，038	1，085	1，536	1，307	733	173	366	6，238
缺点总数	1，794	1，221	2，536	2，228	1，296	404	943	10，422
种痘数	1，028	1，080	1，180	698	733	173	313	5，205
沙眼	590	441	628	575	366	82	216	2，888
其他疾病	39	50	27	26	14	6	23	185
扁桃腺	123	66	241	277	162	37	130	1，031

校名	琅琊路小学	玄武门小学	汉口路小学	三牌楼小学	鼓楼小学	渊声巷小学	北阴阳营小学	合计
淋巴腺	436	33	608	571	240	147	281	2,316
皮肤病	72	71	82	125	82	26	57	515
整形外科	3	5	10	8	5	3	1	35
鼻病	81	83	131	112	22	17	25	471
甲状腺	2		2		3			7
疝气			3					3
头虱	50	42	149	230	147	37	62	717
耳病	71	24	114	21	17	2	23	272
牙病	316	1,221	543	283	238	47	125	1,958

此次检查，各校主管人员对该项工作极为重视，尤以实验区主任陈越梅及孙鹏两先生对此予以协助。故工作施行，颇称顺利。惟心肺检查预备全部用 X 光透视，现已承南京市分会沈会长允予便利，不久即可每人检查。其统计数字，容再报告。

健康检查之所见，缺点既多，当予矫治。兹已订定时期，每日由公共卫生护士前往各校推行。计至今日，有头虱之学生七百一十七人已全用 DDT 灭虱，成绩甚好。其他则皮肤病已于本周开始治疗，沙眼则俟沙眼防治所成立后彻底根治。

（五）检验工作（李世忠）

检验一科，集合了细菌、寄生虫、病理、药理、解剖及医化等应用技术，而为化验技术。利用显微镜，以观察肉眼所不能见之细微生物。利用培养，以孵育鉴别各种不同之病原体。利用特种药物，以分析体内所含之各种成份。一个医师对于患者之诊断，除了应、打、触、视、听等诊察外，则全部有赖于检验之结果，而断定其病原。因之检验乃为医师诊断方面所不可或缺。而防疫方面，尤属重要！

本室现有化验员一人，工友半名。因限于设备及编制，其工作较难开展。但除培养、动物实验以及必须特殊试药或特殊设备者外，其余大多均可检验。查自去岁八月开始迄今八个月当中，计共检验材料二千五百余件。其间虽有数度缺乏康氏抗原及试药等，故数字为之减少。兹将所得，简表如后：

分会园地

201

类别		次数		合计	备考
		阴性	阳性		
大便	阿米巴	24		24	
	虫卵	102	65	167	
小便	蛋白	79	10	89	
	沉淀	72		72	
	糖	28	1	29	
	淋菌	61	15	76	
分泌物	淋菌	42	99	141	
	白喉菌	6	1	7	
	其他	4	1	5	
痰	结核菌	16	8	24	
血液	白血球计算	101		101	
	红血球计算	4		4	
	血红素计算	19		19	
	血球分类	21		21	
	原虫	182	27	209	
	福马林反应	5	4	9	
	康氏反应	男	女	男	女
		261	406	413	464	1，544	
合计				2，541	

化验工作，至为艰苦，以终日陷以污秽之大小便及血、脓、痰、涕等之包围中。夏日尤不堪言！且操此业感染疾病之机会特大。因此一般青年视为畏途，常不愿学习。而除少数医学院校附设此种训练班外，专门培养机构尚属罕有。因之化验人员，甚为缺乏。医院中每以人才之不易罗致，对于患有疾病之延误颇多而引为憾事！故如何多设训练机构，并使现业者有进修之机会，而提高其待遇，改善其生活，以鼓励青年学生乐从研业，其对于治疗、防疫方面，实有莫大之关系也。

（六）产科工作（楼占梅）

胜利钟响过了的一年，市民来归，机关复员，我们的首都又拥有八十万的人口。可是因战争遗留下的贫穷、疾病，到处皆是，而仅有的几个医院、诊所，无处不患人满，以致求治无门，呻吟于病院门外者，更不计其数。便是这下一代民族幼芽的诞生，亦无法受着科学的保护，大多数均操诸一无医学常识的稳婆之手，横遭摧残，任其夭拆〔折〕。在这迫切需要医药救济的首都，红十字分会的诊所，八个月来带着一支稀少的兵卒，日日与病魔应战，也果能给病者杀开一条求生之路，几百个民族的幼芽获得红十字旗帜的保暖。仅将八个月来的产科工作，向读者作一简略报告。

首都的房荒使我们没有产房的设施，遇着初产及早期破水、阵痛迟缓之难产时，惟有花费很多的时间在产家耐心等候。而无法在家施行手术之产妇，亦惟有转送其他医院。因为我们仅设有诊察室一间，以作产前检查之用，俟产妇阵痛发作行将分娩时，始被请往其家接产。但凡顺产应用之药品、器械及急救药品，大多完备。其他产后每间日一次之访问及护理，亦均能按规进行至产母康复婴儿落脐，未使产家感到不便与遗憾。

当去岁八月十五日开幕之始，按编制仅有助产士一人，担任检查、接生、访问。每感无法应接，遂于九月初增助产士一人。而门诊检查与接生工作亦与日俱增，其中自十月至十二月间，几是画〔昼〕夜奔走于各产家，废寝忘食。耳中无时不闻产妇阵痛的呼唤和含着泪的道谢，眼见着一张张似痉挛又涨得通红的脸孔和阵痛过后安闲地抱着婴孩的微笑。我们的生活也一度的紧张，一度的松懈。拖着极度疲乏的身子，俟过了近百天的时光，至三十六年的元月份，终于又增加二位助产士，现在已有四个助产士在担负着这份艰苦的工作。只可惜期望中的产妇科医师迄未请到，难产多无法进行，是为憾事。

凡是在困苦中能给人服务，不但是一件乐事，也最能获得真诚宝贵的友谊。曾经我们接生的产妇们便和我们紧紧地握手了。她们不断地寄来感谢与宣扬红十字会的函件，送来小宝宝的照片，做了红十字会的会员。她们更希望我们能做她们家中之常客，也介绍了一些孕妇来做我们的新朋友。三八妇女节的那天，我们也曾召开了一次母亲会，将由红十字会接生之产妇已经满月者多请了来。为她们备着牛奶与面包，放映儿童教育影片，欢欢乐乐犹似一家。欢聚完毕，每个母亲多带了一包红十字会赠送的小宝宝衣服。在道别时，还期望着下次的集会。

南京的人口已增到百万以上。据查，每月婴儿的产生，数在三千左右。反顾我们的工作，真是微乎其微。一切为需要，我们为着需要，已经由一个人而增加为两个，增加到四个人了。只要我们有经费、有设备，我们是愿意日以继夜地服务，努力为妇婴工作而服务到底的。

　　下面是我们小小工作统计的数字：

三十五年八月十五日至三十六年四月十五日止

目次 月份	八月	九月	十月	十一月	十二月	一月	二月	三月	四月	总计
产前检查	107	185	280	320	271	220	350	288	233	2，254
产后访视	8	61	110	186	200	270	197	253	141	1，226
接生次数	4	18	33	48	62	52	53	54	34	368
男婴数	4	11	19	25	33	31	36	27	21	207
女婴数	0	7	14	25	29	21	17	27	13	153
手术产数				2	3				2	7
活婴数	3	18	33	48	62	52	53	54	34	359
死产数	1									1
难产转院				1	1				1	3

　　附注：内死产一人系先天性梅毒，未及施行驱梅疗法。

　　（七）药局工作（彭华勋）

　　自南京市分会诊疗所成立，药局方面，即以少数人力肩负起此零琐繁重的任务。然药局工作，究属如何？自不外乎外勤、交接、领取、购置及调制配发、汇集报销等等。在此诸工作中，则以配方烦神，汇集报销，费时伤脑。而吾人得能应付自如者，则在同仁等之通力合作及其他各部门负责人之时加指导与协助。兹将工作情况分条简述于后，以示概况。

　　（1）药品敷料及诊疗器械之来源。除本会沈会长自己捐输一部分及最近由善后救济总署苏宁分署拨给一部分外，其他则按月向总会支领，其仍不足者，则临时向药商购置。

　　（2）药品之保管。除按月及随时配给各分诊所——陵园诊所、新街口义诊所、玄武湖诊所——以资应用外，余品则均置于特设之药库，盖免挥发、氧化、潮湿、干固以及其他意外之损毁。

　　（3）配方。从本年度起，于此四月当中，共发出一万五千六百多张处方。于如许处方中，数出了成千整万的各种不同的锭剂与丸剂。同时由极微小的计量，把各种不同类的二百四十多磅的散剂与酊几［剂］、油剂成药，分成千万小包及投若干小瓶中，授予每天排着队等在药局门前的许多呻吟互嚷的患者手中。每以语言的不通，须再三解说，使其完全明了服法而后已。

（4）制剂。因限于设备，对此项工作，则仅调制一百六十多磅各种不同的种类的膏剂及二百八十余磅各种溶液与合并剂，此外则为敷料的发给二百二十余磅。

（5）报销。按月将日积重叠案头的处方，由分、丝、毫、釐，彙集成分、钱、两、磅，然后分类造表呈会审核。对此种繁琐工作，不妨于此重复申明，已不知摧毁吾人多少脑力及耗费多少公余时间。为了"服务社会人群"的宗旨，不惜消磨生命活力于如斯工作中，但不识社会人士咸能寄以同情否！

以上所述，乃吾人工作情况之大概。虽看来容易，言之简单，然而稍一不慎，则有误人生命之虞。总之，非业此者，不足以体味此种工作之烦苦，责任之重大也。

（八）X光工作（姚浩然）

只有一架X光的我们，因陋就简地每日在工作。我们是只要能做的，就想尽方法去做，同时是极其细心地保护着X光机。所以从去年八月份起到今年四月，我们的机器还没有发生故障。但是我们一面要工作，要多做工作，一面要体恤X光，不肯要它吃一点亏。我们，我们是伤尽脑筋的！

我们的检查工作，分透视和摄影两部。透视比摄影来得多，因为我们的片子的确少。透视方面，胸部最多，胸部则以肺部为多。肺部的透视，则肺结核的数字来得大。摄影方面，胸部亦多，照牙齿的片子亦不少。

我们的X光起初是只看本部门诊的病人，后因各诊所的医师委［托］透视和摄影的日多，所以外来医师介绍的病人，我们也在帮忙。现在南京市国民教育实验区的学生都要透视，马上就要有几千小学生要到这里来。

我们的透视和摄影都收一点费，但收费的数目，在南京算是最少。本来我们是社会服务的团体，也应当如此。现在我把去年八月至今年四月工作统计的数字附在下面：

月份		小计	透视				小计	摄影					
			胸部	四肢	关节	腹部		胸部	关节	腹部	齿片	头部	四肢
卅五年	八月份	202	193	5	4								
	九月份	33	30	2		1							
	十月份	580	567	6	5	2							
	十一月份	357	348	4	4	1							
	十二月份	208	195	5	8		28	14	2	2	10		
卅六年	一月份	145	138	5	2		25	13	3		7	1	1
	二月份	216	206	7	3		33	18	3		11		1
	三月份	266	248	10	8		66	35	4		25	1	1
	四月份	387	375	6	6		73	29	6	1	36		1
总计		2，394	2，300	50	40	4	225	109	18	3	89	2	4

二、玄武湖服务站的诊疗工作（沈德铸）

设立玄武湖服务站之目的，不但要提倡康乐活动与社会服务工作，医药的治疗却是最现实、最影响附近民众的工作。无怪乎（民国）三十五年八月十五日开幕之际，湖民代表送来一只银鼎，配上一枝［支］稠［绸］旗，绣着"湖民福音"四个字，而且大放其爆竹、火炮，热闹异常了。

虽则玄站的医药设备是很简单的，但后湖三百户人家无新式医药设备与机构，晚上闭城门以后甚至日间的游客与居民出了意外，那是大有问题。我们有了这个小小机构，也就给予湖民及游客许多方便之处。在（民国）三十五年八月十五日起至十二月底止，有左列的成绩：

	初诊	复诊
内科	767	549
外科	468	1，228
妇儿科	85	63
其他科	425	529
以上总数	1，738	1，399

湖民的病，外科或其他科居多。他们身体较健，恢复得也快。玄站多了一个诊疗部分，无形中提高了他们的生活水准。因为一些疥疮及破损，本来懒得进城看病的，而今也可以蹓跶〔溜达〕到站上来医治了。

（民国）三十六年一月份起至四月中旬止，有左列的数字：

	初诊	复诊
内科	352	269
外科	208	541
妇儿科	100	103
其他科	264	419
各科总计	906	1，332

从两个统计数字，初诊人数总已有二，六六七人，复诊已有三，七二四人，可知这部（分）工作并没有白费。在后湖五洲公园中有这枝〔支〕红十字旗存在，究竟是令人怀念的。

三、新街口义诊所工作（王玉麟）

当你从社会服务处门前走过，你总看见很多的人在门右的巷子里出出进进，那就是到红十字会南京市分会和社会服务处合办的义诊所里看病的。因为它交通的便利和附近的区域差不多都是私人挂牌的医师，平民和公务员的疾病多到这里来看。

义诊所的地点比较的小，设备可以应付，药品由红会供给。职员的薪津，则除社会服务处担任大部外，其他则挂号费的收入，也补足了一部分。

我们的挂号费，初诊是一千元，复诊八百元，其他则药品、手术等，都分文不取。

诊疗疾病，当然是我们的责任，但防疫、保健和医药咨询等工作，我们也没有偏废，这是列入社会服务处医药服务一□的。

（民国）三十六年一月至三月的工作统计数字是：

	初诊	复诊
内科	419	589
外科	318	1，296
其他科	427	998
牛痘接种	2，463	

四、陵园诊疗所工作（章萍）

陵园诊疗所为南京分会与陵园管理处合办，自去年九月下旬的成立，设于国父陵园管理委员会内。该会指派挂号及工友各一人协助，并每月补助若干，以为本所津贴。

本所分内、外各科。诊疗对象，以陵园员工为主，居民次之。员工持就诊证者，免费优待，居民则收极低之挂号费，其他诊察、药品等概不取分文。开诊以来，乡区称便，故有不远数十里而来就诊者，于此益见乡村卫生之需要及其不可忽视。兹将过去半年工作情形，综合略陈如次：

月份		初诊	复诊	总计
卅五年	十 月	371	267	638
	十一月	342	250	592
	十二月	314	67	601
卅六年	一 月	343	256	599
	二 月	513	336	894
	三 月	488	558	1，064
	四月（至中旬止）	252	164	416

另体格检查一四九人，牛痘接种一五〇人，营养辅助二一人，清〔请〕发陵园区贫童寒衣五二件。

（载于《红十字月刊》1947 年第 16 期）

母爱？

南京市分会　赵昌敏

在我们诊疗所里，常常发现一个妇人，穿着小褂裤，抱着一个年约二岁的孩子，满头满脑生着疥疮，瘦得不成样子，手臂只有大人的二个指头粗。为了误过了挂号时间，她老是向我们哀告，说是为了做女佣，脱不开身，请我们原谅，给她一点通融。望着可怜的孩子，我们默记着外科人数的多寡，在不十分拥挤的时候，就给她通过了。

一次、二次……三、四次了，我们有时少不得要遇到许多责难，虽然所得到的，不过是那位母亲的口头谢意。不过，当我们想起那可怜的小生命，心里又泰然了，好像尽了一种责任。

　　一天，这位母亲又迟到了。虽然每次都经我们警告，希望她能早些，她一些不在意，好像成为"当然"的老例了，照样迟到。每次塞进几百元钱的挂号金，也忘记多说一句求恳的话，而且若无其事地与同来的一位女伴谈家常。孩子的细瘦的颈项，好像不胜支付似的，在任他的头东倒西歪地抽噎。于是，开始引起了我们对这位"母亲"的怀疑！

　　"你怎么不把他抱好，又过了时间！孩子有病，也得起劲些呢！"勉强压制着内心的忿〔愤〕怒，和缓地询问着。

　　"我有事啊！太太一定叫我洗了碗，做完了事才来。"好像找到最大的理由，毫无感触地回答。

　　"这次可不能了，你明天早一些吧！"我们觉得需要给她一个警戒。

　　"你不懂这些规矩，本来我也不高兴来！"她的赌气，使我们惊奇了。不待我们开口，她的女伴插嘴说："不是她的孩子，是她家太太的！"

　　"是太太的？那为甚不自己同孩子来呢？"莫名的忿〔愤〕慨使我们大声嚷着。

　　"太太的事多哩！在家写信。"

　　"许多次了，你太太常常没有空吗？"

　　"有时有来客，在家打牌应酬着。"

　　"生了不会养，真是活作孽啊！"

　　"怕不得好呢，大概是黄水疮……"旁观的几位老太太在叨叨私议了。

　　"今天太迟了，不能再挂号。回去对太太说，你不大懂病情，最好叫她自己同来！"这位女佣得到我们坚决地回答，她叽咕着回去了。望着消失在门缝里的孩子头上的绷带布，心里感得无限空虚，也有一点儿后悔，为什么不给他一个医治的机会呢？对这小生命，似乎有些虐待了！但是想到他的母亲，使我冷酷地怀疑着人类间是否存有爱！

　　自此，我心里多了一个心事，希望这位母亲翻然光临。但是失望了，连孩子的白绷带布，亦永远消失了！

（五月于红十字会诊所）

（载于《红十字月刊》1947 年第 16 期）

满湖春色伴人群
——记南京市分会的春季游园会

黎　阳

春天，是最美丽的！

春天，也是最快乐的季节！

今年的春天已静悄悄地告辞人间了，就在她这临去的当儿，她留下了无限的芬芳，给人珍惜和眷恋。"江南三月，草长莺飞"，这是说，江南的三月，正是春情毕露的时候，也就是这个季节最容易诱发人们的情感。你不看，玄武湖上柳荫深处，桃花人面两相映红的画面是数不尽、看不穷的吧。

四月二十日是晚春，也是初夏，柔和的阳光，暖而不热，轻拂的东风滑腻地抚过人们的脸面，飘起了人们的情丝。在这个春情蓬勃的日子，谁个不想挣脱物质生活的枷锁舒展一下春怀呢？碰巧今天又是难得的礼拜日，应该游玩的日子。

"天有不测风云"，这是一句古语，但我们却无法抗拒它的摆弄。昨夕满天星斗，今朝又是长空一碧，逢着这样春光明丽的天气，我们格外的高兴，今天的游园会一定吸到很多的观众。可是当我们乘车出发在玄武桥边下车的时候，一股股的黑云从东方涌向天空，掩没了骄阳，带来的疾风。树簌簌，水粼粼，大有山雨即来之势。这时我们虽非坐在楼中，但我们的心情被震撼得胜在危楼之中。眼看我们的工作要受破坏，而成千成万的人们的快乐，都将在今天找寻不见了。对这将行横来的暴雨，说不出的痛恨。南京分会的沈会长在我们到达后的几分钟也手提一只黑皮包来到玄武厅前的草地上，看到这种天气，她也非常扫兴。"天公似乎故意同我们开玩笑，许多天来都没有风雨，逢到我来举行游园会的时候就要兴云作雨。"她说这话的时候，是带有很沉重的感情。是的，一个感情热烈的人是最怕她的工作中途遭受波折，所以，她说后就默默地呆立在一个园角处。

花香、月亮，是宇宙的生机妙理，也是大自然的美的点缀。光明没有离开人间，太阳毕竟是会出现的。风，括动林梢。湖水，不留踪影地遁至山谷、天涯。云，由墨浓化为灰淡，一片片飘上碧绿的高空，让出鱼肚色的东方给太阳照耀。园树挺直了身腰，青翠欲滴。湖水反映出银光，像一面圆镜。鸟儿在唱了，我们也摒去了愁容，高兴地笑了。沈会长在一阵沉默之后——也许在祈祷太阳吧！张大着嗓子指挥我们开始准备各部门的工作。热闹一天的游园会，即此开幕了。

在玄武厅前广平的草地上，我们以白布围城一个四方的园，白布的外面贴有大幅的红绿标语和插着鲜丽的国旗和红十字会旗。微风飘动着红旗，青树掩映着白墙，给人们一个鲜明无比的印象。园内的游戏分文虎（猜谜）、边高（Bingo）、掷圈、掷彩、钓鱼、投镖六个部门。另外在林荫处设有茶座，专供游人之憩息。

各种游戏，都备有奖品，但奖品之获得是要靠个人的智力和技巧。譬如精［猜］谜和玩边高，如果你的智力很强，得奖的机会是非常之多。而钓鱼、掷圈、掷彩、投镖这几项游戏，就要靠你的技术了。总之，这些游戏对于一个人的身心含有甚多的训练。所以，自早晨八时到下午六时，来园里游戏的人总在一万人以上。

虽然到这个园里来玩乐，每人平均要花费五千元，但是每人的收获除那些智力好、技巧好的人所得的奖品已经超过五千元的价值外，在精神上，每个人都赢得了极多的愉快。这在进园的人没有一个不喜笑欢谈的容态上可以证明。

早上八点钟，我们当执事的人都已到齐，一共有一百八十多人。除了本会的同人外，沈会长私人请来了许多个年轻的小姐。她们个个漂亮，个个活泼，美丽的春装上，佩上水红绸子的"干事"条子，风度特别的健（康）。另外在红十字青年服务团里调来一些漂亮活泼的团员，还有各中学校派来的许多童子军。这些年轻的小弟妹，都是服装整齐，精神抖擞［擞］。如果欣赏青春美也是一种享受的话，那么我们这些当执事的人，已经够装饰这个园游会和吸来很多的观众了。

本来礼拜天是个休息的日子，都市里的先生、女士都要睡个甜蜜的早觉，但是很多人知道今天玄武湖有个热闹的游园会，所以个到九点钟玄武湖道上就一对对地盛装来游了。

彩门前的乐队很会把握人们的心理，每当一对游侣走进时，就奏起了悠扬的乐调，提高他们的情绪。而我们当干事的小姐，也真会招待人，她常当一对爱人或夫妇走进园内时，就走前去，向他们解释各种游戏的乐趣。

差不多十点钟时，边高部的奖品处出现了南京市社会局谢征孚局长，他由沈会长引导着参观游戏（的情形）。沈会长并向我们介绍说："谢局长是南京市的地方官，帮助我们很多。今天他来参观我们的园游会，足征［证］他对我们红十字会事业的关切。"谢局长向我们含笑点头，似在答复我们，他对园游会感觉非常的满意。

不一会，我们红十字会总会的蒋会长偕他的夫人陶曾谷女士在掷圈部出现了，售游戏票的小姐都争着向他们兜揽生意。会长夫人自皮包里抽出一张钞票又抽去一张钞票，笑容可鞠地将钞票换来的戏券送给会长。会长口含着香烟，连将戏券向掷圈部干事调来许多藤制的圆圈，又将圆圈一个个地掷向目的物。说也奇怪，每个圆圈儿掷到目的物上，跳上两跳，就又滚开了。好久好久，会长都没有圈到一件东西。等到手上的圈掷完了，他又向夫人要来一张戏券换来一把，最后有一个圈掷到一块肥皂上面，只剩下一角没有圈进。他笑笑地说："这下圈到了吧！"沈会长也帮着说："圈到了，圈到了！"可是那位干事小姐毫不容情，因为一角没有圈进，硬是不给奖品。结果会长看看圈到奖品的希望很少，他仍偕着夫人同沈会长去玩别种游戏了。

在这个时候，美国大使馆顾问 Find 先生同着他的高个子的太太也来游园了。他们对各部游戏，兴趣都很浓。玩了一阵后，他们同会长夫妇都到茶点部坐下来吃茶。一面吃茶，一面说笑，现出非常悠然的情态。坐了一会，会长夫人和 Find 夫人都觉没有玩够，又相偕去掷彩部和钓鱼部玩了很长的时间才回落原座。直到十二点，他们才握手道别，离开这人越来越多的园地。

天气是无比的清明和丽，人们的情绪也愈觉飘然。这时，各个游戏的部门都拥挤着非常多的人。公务员携着妻子、儿女，飞将军挽着吉普女郎，西装毕［笔］挺的青年挽着时装摩登的小姐，闲情逸致的老太婆牵着天真洵［绚］烂的孙儿女。五颜十色，鬓丽发香，像流水入了漩涡，不由自主地乱转。看看红绿杂陈的奖品，放出悦心的微笑。五千元的门票，在他们是极细微的花费，但这些由美国红十字会用船装来的物品，是多么精致，多么令人向往。无怪乎小孙儿吵着祖母要拿得一样玩具，公务员的太太想要为他［她］的小宝宝抽得绿绒的外套，连用惯了美国货的女郎也曾在这些陈列奖品的摊前顾盼流连。游戏是一种快乐，但游戏中能得到一种心爱的东西，更可加浓快乐的色彩。这是人性，这也是人情。

柔和的阳光普照人间，园里的游客涌出又涌进。我曾忙里偷闲，跑到湖滨去享受一点清净。湖边的石凳上，坐着一对对相偎的爱侣。远看波光荡漾的湖水，木掉［棹］挑起了水花，水声响应着歌声。春天是多么可爱，人间又是如何的美丽！

英国大使施谛文先生要算是使节中最懂点游乐之趣味的人，下午他也偕同他的夫人来观光我们的园游会了，陪伴他们的有前南京市长马超俊先生同马先生的令媳。马先生卸去南京市长以后，心情似较安闲得多了，政治到底是最烦苦的工作。譬如本会蒋会长，假如他还没有辞脱行政院秘书长的职务的话，在这政务多艰的时候，他今天上午决没有闲余的时间和心情来游园了，虽然有人说他"由老还童"。

"夕阳无限好，只是近黄昏。"西山的阳光渗过树叶洒下满地的疏影，感于天将暮的游园的人们，都带着兰［阑］珊的游意走上归途了。当执事的小姐们，忙了一天，都现出了倦容。游客们收拾起游意，我们也捲［卷］起了幕布和剩余的奖品。一天的时光在暮霭中消灭，遗下光明的丽影，笼罩了我们的心情。

中原北漠，烽烟正浓，战场的血腥连续地吹到江南，人间的爱已为"打天下"的先生掘起了根。社会中失去了安全的保证，多少人在流浪途中痛苦，多少人在复家之后又丢了生命。然而享乐的加倍享乐，贫穷的日益贫穷。人间没有了爱，人间也没有了同情。红十字会为了想从头培养人间的爱和重新结起人类相互的同情，一面苦口婆心提醒人类的自觉，一面以训导的方式诱起人类的善性。谁个不爱乐？但须乐与人同。可是现在人间的乐，只是少数人的专利品。今天的园游会是以乐为号召，但以同乐为目的。五千元在富人是一根毫毛，但给穷人可以多延长几天的生命。所以，今天的园游会，如说是为富人设计寻乐的方法，那是假话，只有为贫人找些乐的资本，才是真的目的。此外，我们还想以游园会做一道桥梁，来接通人间的爱和同情，满园春色应伴到灾难的人群。

（载于《红十字月刊》1947 年第 16 期）

武进分会纪念儿童节剪影
——只有健康值得歌颂，谁有儿童就有幸福

朱子会　辑

在这桃花灼灼，柳树添绿的春天，光临了儿童节，象征着中华儿童的生机蓬勃，幸福无限。

午后两点钟的时光，太阳柔和地照耀着，风是那么细致，使人们心

里起着飘然之感。本来攘攘的局街前，今天加倍的攘攘了，无数穿红着绿的小天使以及无数打扮得花枝招展的小天使的母亲们，像潮水一般涌进了城二镇中心国民学校的大门。大门口处又［插］着两面旗子，一面是国旗，还有一面是红十字会旗，在微风里招展着，显得加倍的庄严。

一进门，里面已经立无隙地了，但外面的人还在不断地挤进来。武进分会的几个办事人员紧张地在人潮［朝］里跑来跑去，忙着这样，又忙着那样。谁的头上都冒出汗来，虽则这还是旧历二月的天气。

奖品陈列室里陈列着红十字会各式各样的奖品，真个是琳琅满目，其中还夹有孙县长、张旅长、王主任、医师公会等所送的奖旗，什么"活泼天健"哪！"小英雄"哪……使人看后，精神上感到一种莫名的兴奋。

靠右手边的来宾接待室里坐满了各机关的首长，春风满面地在讨论着今天给奖的问题。门口也挤满了人，探头探脑的，争想瞻仰一下他们的风采。嗯！用心深长的母亲们呀！你们怀抱里的小宝宝，他年也许就是"他们"，并且还说不定有"孙国父""华盛顿"哪！

上午举行纪念会的时候，大会中的主席、司仪记录以及乐队都由儿童们来担任，现着现代儿童的自治自力的精神。

主席叶凤琳小姐是局小的高材生，年仅十四岁。站在主席台上，态度大方，报告筹备经过，头头是道，口齿伶俐。她请诸位长官训话时，必每官一鞠躬。这彬彬的礼节，累得她头昏眼花了。

会后，城内各电影院招待他们小朋友们看电影，特地选些《东亚之光》《苏联之光》等类的片子来满足他们的胃口。

下午举行儿童健康比赛。当给奖典礼开始时，大礼堂里黑压压地挤得不透一丝风息。大会主席由孙县长丹忱担任，他把儿童健康比赛的意义阐述了一下。虽则只是短短的十几句话，但句句话都十分扼要，博得了满堂掌声。之后，武进分会的吴总干事及顾峤若先生等，都相继作了简单的演说。半个钟头里，掌声断续地起伏着。

台上的人在笑，笑得非常愉快。台下的人也在笑，笑得非常热闹。笑闹的声音，震荡了整个的会场。大家都急于要知道哪一个宝宝好。究竟哪一个宝宝好呢？从五百五十三个中检出优秀的来。这个和那个一样胖，那个和这个差不多重。在比较上，毕竟不是件容易事。看着这些可爱的母亲们和宝宝们，我觉得都很好。他们将来，这下一代里面一定有着肩荷国族重任、缔造人类幸福的人物。就在这些都好的宝宝的里面，评判先生拣出了最优秀的。这个急须知道的谜，终于获得了解决。儿童组，第一名邱玉萍，第二名周美芳，第三名张粹青。婴儿组，第一名王正华，第二名张秋秋，第三名刘国元。千百只的眼和千百只的手都集中这六个宝宝的身上，于是奖品也开始从张旅长的手里移交到孩子的手上。孩子侷〔局〕促了，孩子的母亲的脸上也露出了安慰的笑，骄傲的笑。从这个笑里，别人都知道了谁的孩子是最健康，谁的孩子是顶好。

在六个最健康的宝宝领了特奖以后，五百多名小天使接着都挨次得了奖。他们看看奖品，小圆脸上也都跟着展开了灿烂的笑容。

这时，武进分会的钱芳女医师和于开明医师都默默地立在一边看着，但你别以为他们是在袖手旁观。这五百多名的儿童的体格检查，都是她们执行的。她们是幕后英雄哪！

大会在热烈的二小时内结束，人又像潮水般地涌了出去。然而武进分会的几个主持人和办事人，自李副会长、吴总干事以下，工作却还没有完毕，他们还得整理会场，忙着送客。当送各机关首长出门时，吐出来的"再会"声，已经有些"麒派"了。他们为什么呢？建筑人类的幸福！

（载于《红十字月刊》1947 年第 16 期）

青年红友

各国红十字青年会员的活动介绍
——给红十字青年会友

陈履平

亲爱的青年朋友们：

自从你们加入红十字会为青年会员以来，你们一定时刻地在想着红十字青年会员应该做些什么有益的活动吧！这里给你们举些实际的例子，给你们参考。我希望你们从此得到些启示，斟酌你们所处的情形，订你们的活动计划！我们要迎头赶上，和世界其他各国的红十字青年会员并驾齐驱，共同发扬青年的光荣呢！

作者　一月十五日

亲爱的红十字青年会员诸君，世界上现在已有三千二百万个红十字青年会员了，这是多么伟大的力量啊！他们遵循着红十字青年会员组织的目的，以卫生健康、服务社会、国际合作为他们工作的范围。平时如此，战时亦如此。不过在战争的时候，他们的工作益发积极焕发是了。我现在先就各国红十字青年会员的一般工作，选择几个重要的例子说一说。

健康和卫生活动

加拿大红十字青年会员有一个残废儿童基金的组织，他们利用这笔基金为残废儿童供给必须的治疗和费用。他们又设立了儿童医院、儿童诊疗所和儿童牙科检诊所，并供给医院需用的被单及其他用品。在一九二〇至一九四〇年的二十年间，受诊儿童达两万人。澳大利亚红十字青年会员创办了几个虚弱儿童疗养院。该国维多利亚州的红十字青年会员，组织了一个救济基金，从这笔基金聘请了一位医院护士长，专门看护儿童瘫痪病患者。已经离开学校，年纪稍大的青年会员所组织的服务团，购备了一辆救护车，专门护送这些儿童病人。匈牙利红十字青年会员建筑了一个夏令假期休养院，并有森林露天学校一所。新西兰红十字青年会员组织了"健康营"基金。意大利、比鲁、土耳其、布加利亚、瑞典、挪威各国的红十字青年会员，都举办夏令营或假日休养院。菲列滨红十字青年会员办理流动牙诊所二百个，每年巡行各地乡间，受疗儿童无虑数千人。犹哥斯拉夫的红十字青年会员替各学校设置饮食部、饮水喷泉和澡堂。据红十字会国际联合会的报告，各国红十字青年会员部，对于供应辅助食品、设置游戏场、开辟校园、设立洗澡室、供给牙刷牙膏，都有很好的成绩。印度红十字青年会员对于防盲防痨运动，都已积极地参加。其他各国红十字青年会员对于防疟、防疫，甚至社会疾病，亦均参加，不遗余力。

社会服务活动

在服务社会方面，对于老人、病人、残疾以及一切孤苦贫穷的人士，各国红十字青年会员均在普遍地推行。美国红十字青年会员对于在救济机关内之盲童服务，供给书籍、玩具及手工艺材料，并由年长会员将故事制成瞽目字，供给盲童利用。红十字青年会员对于大家庭中妇女之协助，有制衣、裁缝、购衣，供给食物、书籍、玩具、娱乐等。他如看护救济机关及医院中的病人、收养贫苦儿童、医院留养的退伍士兵的慰劳，红十字青年会员均与红十字会及其他服务机关合作，贡献了他们的力量。为了这种种的服务，他们想尽了多种的方法，来筹集经费。有的用工作来取得报酬，有的以撙节来得到剩余，有的则集体地举办音乐会及别种社会服务，借以获得代价。

急救常识的灌输亦为各国红十字青年会员所普遍的一项活动。有许多国家，年幼和年长的会员是分级予以训练的。因此年长一点的会员，离开学校后，就可以直接参加成人所组织的救急服务。除急救训练外，还有救生及人工呼吸的训练。这在游泳发达的国家，尤其如此。许多国家的红十字青年会员都已组织了救生队。有的国家更进一步，且有了空袭救急的训练和组织。至于卫生常识、婴儿看护、家庭护理、营养及家事管理，亦是各国红十字青年会员训练的节目。

第二次世界大战发生以来，红十字青年会员的工作，在下面两项范围内益见活跃。这是那〔哪〕些工作呢？

战时活动

第一，在已有战争或其军队业已动员的国家，红十字青年会员为军人缝制衣服并制造医院材料，为出征军人家属及流亡难民之儿童服务。法国红十字青年会员全体动员起来，男青年会员东奔西跑，征集衣服及其他慰劳品，女青年会员则致全力于缝制。为购置羊毛材料，红十字青年会员募集捐款。捐款不可能时，则向红十字会总会请领了材料来做。英国红十字青年会员在疏散区内协助军人及医院，招待难民，看护小孩，搬运行李。青年会员襄助红十字人员举办难民儿童娱乐，筹集捐款，女青年会员则担任缝纫工作。加拿大、澳大利亚、南非、印度、新西兰等国红十字青年会员亦然。瑞士教育部通令全国内所有学校，不论有无红十字青年会员组织，均应为红十字会工作。他们所缝制的有枕头、护士及医士用衣服、医院中供病人用之衣服、洗涤巾、医院用拖鞋等。比利时的军人及征属服务为一九四〇年该国红十字青年会员的主要工作。挪威挪顿城的红十字青年会员且设立十个病床之难民医院。

第二，救济国内难民并参与国外难民及战争罹难者之救济工作。大批波兰难民流浪于匈牙利、罗马利亚及波罗的海各国，红十字会青年会员均参与救济工作。匈牙利红十字青年会员除集征金钱、衣服、食物外，又自行采集果子，制造果酱，以飨难民。他如加拿大、法兰西、瑞典、瑞士、美国等红十字青年会员，或制造或购买衣服，送往波兰难童。美国红十字会拨济波兰难民的捐款，一部分是该会青年会员所捐助的。一九三九年至一九四〇年，红十字会国际联合会鉴于芬兰的流亡儿童受严寒的威胁，特向各红十字青年会员发出呼吁。各国红十字青年会员当即响应捐款，实在是非常的热烈。比利时的红十字青年会员为此特举行节约周，捐款一百五十万法郎。瑞典、挪威、丹麦三国的红十字青年会员，不但捐款救济，而且对于留住各国的芬兰儿童表示欢迎之意。美国红十字青年会员送给英国的捐款和礼物，英国红十字会为五岁以下儿童设立了许多保育院，收容自轰炸区疏散出来的儿童。衣服、被褥和玩具都供给得完完备备，并为那些自医院出来的儿童建立了十个疗养院。同时英国红十字青年亦以大批童衣、被褥、牛乳、肥皂、巧克力、可可及小孩食品送往法国。这种救济国内难民和国外难童的工作，几乎各国都普遍的推行。

亲爱的红十字青年会友们，我拉杂报告各国红十字青年会员的活动，已经相当冗长。现在我且把别的红十字青年会员团的工作写下十个例子，以便你们于集体活动之外，还有些个例作为参考吧！

布加利亚青年会员

布加利亚罗塞城的红十字青年会员于红十字日前一周，准备了许多宣传标语，满贴街道。并于红十字日全体会员集合于一教堂内开会，由一领队登台呼吁与会人士协助红十字会，会毕并举行游行。另有一小队青年会员，则举行防火救护演讲。青年会员所组织之募捐委员会，当天募集一八〇，〇〇〇利佛。

加拿大青年会员

加拿大魁白克省的红十字青年会员，搜集并利用废物制为各种玩具。另在一个新康顿学校内，全校仅有青年会员六人，但此六人对于青年活动最为积极。他们每个月均有物品一包寄至加拿大红十字会。他们常常举行简单的荼［茶］会，招待同学好友，征募捐款并自定每星期五捐入一分钱。他们即利用这些钱为病童购买糖果，并以其余捐入残废儿童基金。他们所定的目标为每一学期捐款千元。

古巴青年会员

古巴哈佛那第五十一公立学校之红十字青年会员，其团部之下系分七组工作。第一组为慈善组，看护有病及贫苦之学友，并协助老年和残废人士的救济工作，本组设有衣服部。第二组为卫生组，供给急救材料，每逢校内校外发生意外时，本组即派人前往服务，同时并负责督进校内及同学之清洁。第三组为风纪组，督促同学之言行及仪表。第四组为环境改良组，管理博物馆、图书馆及校园。第五组为财务组。第六组为政治组，政治组亦称国旗护卫组，参加爱国集会或游行之事属此组范围。第七组则为博爱组，担任与其他红十字青年团、其他学校、家庭联络工作。倘有服务需要时，即将该事移送慈善部办理。

捷克青年会员

捷克卡佛苏夫学校的青年会员以守秩序、维持清洁为其主要⊥作。他们首先把地板油漆一新，凡学生进入课堂时，必须先将泥土括去，再在门外地毯上把鞋子弄干净，然后才能进入。他们设有二个检查员，一男一女，分站在入门处，担任纠察工作。纠察工作的范围，还不仅是鞋子一项，还包括衣服和身体的清洁。他们因为讲究卫生，把纷［粉］刷换了个海绵刷。窗子也不时地开着，以使流通空气。他们并组织一个医药服务部。他们个人的手巾和十大健康守则都悬在墙上，每个月并举行总检查一次，看看有谁犯了规则。他们并买了许多牙刷，分送许多贫穷的儿童。

英国青年会员

英国斯特里汉模范学校的青年会员，参加急救及家庭护理讲演，扮演受伤者及病人。一方面替讲演坐了实证，一方面他们自己也受了实际的训练。有一个领队的青年会员和他母亲一道赴空袭地点服务，有一次炸弹尚在附近地区投掷，他却奋勇地在供膳厅工作了。

匈牙利青年会员

匈牙利有一所尼拉基初级小学，都是穷苦的孩子。他们自己所受被人的赠品，再加上自己的征集，都送了校外穷苦的儿童。有一次，他们发现有一对贫苦的老夫妇住在学校的附近，他们就举行一次访问会。不但送了些东西给老夫妇，还替老夫妇唱歌祝福。老夫妇两口子说不尽的欢天喜地。还有一个女学校，举办了一次极好的游艺会，每个青年会员都出了力。他们个个人精诚合作的结果，使游艺会的观众都很满意。结果募得了一大批款子，捐输救灾，灾民受益匪浅。

立陶宛青年会员

立陶宛蔡加小学仅有三十五个青年会员，他们去年召开一次年会，讨论礼貌态度和行为的金律，并研究如何预防伤风、遵守健康守则、急救及清洁等等问题。他们举出几个清洁委员，检查同学的洗面、洗手和衣服是否清洁。另外又有一个学校的青年会员，曾经组织了一个国际合作讨论会。他们收集了不少书籍，制作了不少的纪念册，分送外埠的青年会员。到了春天，他们搜集了不少花卉，制成标本，以备赠送。

挪威青年会员

挪威德郎学校红十字青年会员，制造衣服送给受灾区域的儿童。他们并组织假日营，每逢放假的日子，到假日营去享受野外的生活。每年圣诞节是他们最活跃的日子，他们要开游艺会、音乐会，并制造种种礼物，送给贫苦的孩子。

新西兰青年会员

新西兰梅德小学有红十字青年会员二十六人，他们为了要共同抚养一个中国人的小孩，捐募了两个金磅。他们把学校课堂布置得光线充足，观瞻优美，没有一点尘埃，还点缀了许多鲜丽的花卉。他们举行书画比赛，优胜的书画，装成活页本。每个会员带一件东西来，义卖所得的款项，作为救济之用。

瑞典青年会员

瑞典斯凯因红十字青年会员团在圣诞节及新年举行同乐会，并为学校添了许多手巾和四个药品箱。斯笃柯诺红十字青年团筹款供给学童每日午餐一顿，并以收音机及其他运动器具，补充各学校的设备。有一个青年团以新鲜水果送给远方的朋友，并搜集邮票出售，将所得款子送给附近的养老院。

亲爱的红十字青年会员诸君，各国的红十字青年会干得多起劲！他们做的我们也能做！我们应该急起直追吧！祝你们努力，向前！

（原载于《红十字月刊》1947年第13期）

红十字会青年会员国际通讯

陈蕙君

组织青年会员是结合世界青年，共同从事健康的增进、疾病和灾难的预防工作的一环。

全世界青年会员有三千二百万人。她是一种自然的国际社团，与政治、种族或宗教无关的中立性团体。

青年会员活动的园地是学校，因为她的组织完全是青年的工作，与学校生活是很协调的。这一运动曾被许多教育家所欢迎，因为这种工作中是给学生以发展他的特长的机会，而且能扩大他的见闻。她与任何教育原则均不抵触，也不妨碍教育制的推行。红十字会青年会员工作不是一种理论的，乃是通过教育原则使青年循着正规而发展的一种实际方法。

一个青年会员必须要具有"我服务，我为红十字青年服务，帮助他们完成下列目的"的志愿：

1. 养成健康的习惯，并且帮助其他的小朋友改进他们的健康；

2. 准备自己于必要时帮助不幸者；

3. 准备自己从事意外的灾难救济工作；

4. 通过友谊的关系，联络世界各国的青年会员发展世界大同思想。

什么是国际通讯

国际通讯是使国际红十字青年彼此取得联络的方法之一，使之在共同理想上结合起来。

要使红十字青年通讯能继续不断，则应不仅限于两个学校或两个学生间的通讯。在展开工作之前，一定要取得教师们的赞助。青年会员通讯时应利用纪念册，其中包括友谊的消息、收集的各种材料。在两个团体中，应限制作单独的交换，必须彼此具备着交换的兴趣和要求，才可使之长久地继续不缀。

纪念册应有的内容

纪念册应包括大多数学生的共同兴趣，例如青年会员的工作学校生活的报道，游戏所在地区的历史地理、风俗国情、时事等等。第一本纪念册最好能送给外国的朋友，使他们能大略地知道你所在地的情形。以后继续交换的纪念册，便应该有计划地进行，或者按照通讯以后彼此的兴趣所在，使之自然地发展。

一本纪念册应该介绍许多不同的材料。大多数的纪念册，包括学生们的图画、水彩画、作文、照片、风景花片、图表、手工及植物、自然界的标本、音乐、邮票等等。杂志报纸的剪贴必须与你纪念册的题目相适合，才能应用所用的材料。不应花钱过多，只要尽量使其艺术化，也能使人感激作者的苦心。其实，国际通讯的主要条件还是要整洁。

通讯的价值

红十字青年会员国际通讯已广泛的成为教育界所认识，因为：

（1）通讯可以刺激学生努力学校功课。收到一本从外国寄来的纪念册，可以使学生希望学习该国的语言和文字，历史和生活状况。同时，因为自己做纪念册，也就使他对于自己的国家能有更多的认识。另一方面，也使他们对于所学得的有实际应用的机会。加之为一种能获得"作品选入纪念册"的希望所驱使，常能使他们非常小心地工作。

同样的，因为要做纪念册，先生也可以用各种不同的、具有吸引力的教材去诱发学生们的兴趣。这种通讯，除了学校原有的功课外，不需要增加其他的工作。它可以配合课程的进度，收集适当的材料。

（2）通讯可以增进世界青年的友谊。通过这种交换，学生可以从其他国家获得活生生的知识。他们对于其他国家更能表示同情，同时也提高了自己的知识水准。我们有许多理由可以希望这些青年在他达到成年时期时，仍旧能保留着他们青年时代由通讯所得到的知识。

（3）通讯可以唤醒青年人博爱主义的情操。纪念册的通讯可以表现红十字青年会员的健康和服务的工作，他们交换新的思想和经验，用自身的活动和国家已有成绩的福利工作来彼此鼓励。

会员的特征

红十字会与政治、宗教无关的中立性的特征，应在通讯中常常着重渲染。因为这种通讯，不仅仅是一种学校工作的交换，乃是青年会员为其他在同一世界的广大组织中其他青年会员而准备的东西。她应该将自己的志愿，活泼泼地表现出来。因此在每一本纪念册的开头，应该以团体的名义给予一封友谊的信。

每本纪念册都应该有红十字的标记，并应多利用空白的地方举例解释。特别是对于图画、照片等，应有翻译和简单的说明。

通讯中可以自然地表现出青年人的理想和兴趣。遇有问题应表示欢迎，并且必须答复。因为有问题便是表示他对于收到的纪念册已经很仔细地看过了，并且表示他个人对于这异邦的友人很感兴趣，愿意继续地与他们保持联系。

怎样进行国际通讯

每一个国际通讯的单位可以直接寄往自己总会的青年会员部，由该青年会员部再寄往接受国的总会或红十字会国际联合会。该总会或红十字会国际联合会，则负责加以翻译红十字青年会员的通讯。无论采用任何方法，皆不准许由两个学校直接交换。私人的住址不应出现在纪念册上，但学生的名字可以写，因为年龄班次对于一个不认识的朋友也会感到兴趣的。

如果是可能，纪念册应用一个坚硬的封面。为使国际邮递通讯时方便起见，可用下面规定的尺寸：不大于十四时宽，十二时长，不重于一磅半。不要将一本纪念册做得过分精致，致使受赠者无法酬答。在一年内寄两本小的比较寄一本大的好，因为这样可以减少酬答时的困难。

在接到一本纪念册时，青年会员应该有一封复信，说明准备回答。

国:① 红十字会的国际通讯规则

红十字会国际联合会印有各种卡片，专为青年会员国际通讯之用。每次的通讯应有一底卡保存红十字会国际联合会内，以供各国红十字会的参考。

红十字会国际联合会为联系各会员国家，每年三次用英、法、西班牙三国文字编印公报，分寄各会员国。

（原载于《红十字月刊》1947 年第 13 期）

红十字会与世界安全

清华·政三　林大成

战争产生了红十字会，现在红十字会要求创造和平，以和平为其最后之目的。和平是人类普遍渴求着的，所以红十字会在第二次大战后，风云动荡、危机四伏的现阶段下，是世界上每一个爱好和平的人民，应该加以深切地了解、同情与全力支援的。如今我们愿意一谈红十字会与世界和平中间密切的关系。

红十字会最初是起源于战场上的受伤士兵的救护。不论敌人或友人，一齐（受到）无差别的待遇。医疗他们的创伤，通知他们的家属，然后设法送他们回家乡去，或者再为他们在可能范围之内，谋得一个适当的职业。其后，红十字会工作范围扩大，工作对象增多，普遍地作起社会福利救济事业。从少数的国家，扩张到世界大多数国家，成了一个有力的国际组织。于是红十字会开始进入与世界和平有密切关系的阶段。

红十字会是博爱的。有人说，人类所高于万物的是发达的脑子和独立的双手，但是，有人说，人类之高于其他生物的是有理智的。有人加以实验。把十数个蝎子放在一个实验杯内，不给食物。经过十数日，这些蝎子只是静悄悄地伏在杯子里，绝对没有同类相残的举动。又过数日，放入一些蝇子，这些蝎子一阵抢夺吞得精光，然后又静悄悄地伏在瓶里。再过几日，一个较弱的蝎子实在挨不过饿，死了。这时，其他的

---

① 原文如此，应为衍字。

蝎子方才分食了死尸。如此看来，蝎子在本能上有一种同种族相助以集体延续的倾向。但是回头看来号称万物之灵的人类，究竟如何呢？在人类间有战争的年代比和平时间长，残酷、报复、流血、斗争、屠杀是人类惯用的手法。挥着武器去杀戮同形态的生物，毫不怜惜的，甚至鼓励、宣传、驱策的达成残杀同类的目的。比起蝎子来，又如何？我们不能随便地承认人类本性上有残害同类的卑劣的根性，因为人类的潜伏着伦理方面的爱好和平、遍爱同类、求全体同发展的那种博爱的精神及其表现出来时的伟大的力量，在在都可以使我们有自信地说，人类在这方面也是高于其他生物的。

红十字会首先无尽藏的忠实坦白地发挥了这博爱的真义，阐明了博爱的真谛，为人类文明史上写下一篇辉煌灿烂的记载。人类值得夸耀、值得发扬、值得自尊的性格，在这里面已经毫无遗憾地发挥得尽致了。谁又说人类不聪明呢？

基督教被认是人类和平博爱的摇篮，基督教的真精神只在属于爱的创造生命这一点上。如此讲来，红十字会完全忠实地践履了基督教的真精神，切实地发挥了耶稣基督的伟大性格，因红十字会首先实践了爱仇敌的圣洁的行为。红十字会在战场上为硝烟飞布炮火弥漫时，忘记了自己，忘记了他人，忘记了仇敌或朋友，一视同仁地牺牲自己的一切，即或是生命，拼死力完成那属于爱的生命之创造。这是多么伟大的行为。记好，他是把敌人也一齐看待照顾的。这是如何值得提倡、鼓励和赞美的，圣洁的，美善的，发挥人类至高无上的美德呢！红十字会是这样完善地做到了"爱仇敌"的德性。凡是上帝的儿女，地球上的兄弟，我们人民谁能不敬仰爱戴，尊之为至高无上属于爱的伟大的人类组织呢？惟其能如此，红十字会发挥了伟大的博爱精神。所以不论世界上任何角落，任何国家，即或是残酷的法西斯主义者，也不能不尊崇他为神圣的团体，设法继续那神圣的职务。这就是伟人的，不可侵犯地启发了每一个善良人民的博爱的表现，证明了博爱的力量，证明了博爱的雄厚基础，证明了广大民众热烈的支持，证明了博爱本身圣洁无比的崇高性。红十字会就是建筑在这样一个基础上面的。

红十字会是积极的。红十字会是时刻在求进步中。他不是仅只消极地使人类的损毁减少或修补，而且它还充满了热情与奋斗，想去建设那和平幸福的人间。他们设立医院以外，设立学校，设立各种慈善教育团体，去启发人类的爱心，实际地使人民体验到、接触到爱的力量，更指使人如何再去爱人。他不停止地在那里专等着战争的降临，好使他们有工作？他们宁愿没有战争时期的工作。记好，绝不是畏惧或不愿牺牲，而想在和平期内用各种的手法，设法消除战争、饥馑、灾荒、疾病对人类的大侵袭。平时他们经常去工作，没有畏缩，没有休息，没有犹豫，只有抱定惟一的博爱的信念，去尽到他们所有的力量，去争取那人类的和平、幸福与健康。懒惰、懈怠、不负责任、事务上的过失，对于他们是没有用的字眼。他们每个人充满着爱的生命，创造之力，时刻在那里为了生命创造、为了爱的生命创造去努力，不休息地去干，直干到他们呼出了最后一口气时为止。但是，这种积极勇敢的精神，早已深刻地打动了接触他们的每个人的心弦，激动了每个人的爱的潜伏力，勇敢的、无止的、此朴［伏］彼起地为了人类最崇高的目的去奋斗了。

红十字会是勇敢的。爱人不是一件容易的事，因为很难找到一个正确的道路去爱人。譬如说，当敌人打你左脸时，你把右脸给他打。这件事听着容易，实际做起来时，恐怕除非真诚的、有操守及修养的基督徒才能如此，因为他还没有认识这是最好的途径。因此，他没有自信，于是他没有勇气去实行。所以，认识一条正确的道路是很难的，而切实地依着这方针去做，那非有坚定的判断力与勇敢的魄力不可。红十字会在这方面是没有欠缺的，完全表现出勇敢的精神与其相伴的力量来了。献身于红十字会的人们，早抓住了这个途径的整个曲折，自起始就认清了他将来定会收到的结果。因为认识得如此清楚，了解得如此透彻，所以他们的思想清晰了，意志明决了，力量充沛了，勇气蓬勃了，忘了自己的一切，步武堂堂地走上自己的道路。记好，不是自己，这里有成千成万的男女老幼们，结着心，拉着手，并着臂，胸膛挺着一齐向那伟大的、神圣的目标走去。他们没有苦恼，只有快乐。他们没有恐惧，只有舒泰。他们没有悲哀，只有怜悯。他们没有享受，只有安慰。他们没有退后，只有进步。他们没有畏缩，只有勇敢。是这样，他们勇敢地踏上了他们的道路，虽然曲折起伏，但是目标愈来愈近，远景更清楚了。这样，他们勇气倍增，更无畏地将要完成他们那余留下的伟大神圣的崇高使命。惟有红十字会的工作人员，是世界上最富有真实意义的人们。他们的勇敢感动了多少怯懦的人们，唤醒了多少自私畏缩的人们，也随在他们身后一齐奔向那圣洁的大道。红十字会是时代前头的，红十字会永远不会落伍，因为红十字会抓住了前进着的时代之轮的轴心。随着时间之前进，红十字会也不停地变化着，运动者。这个时代之轮的轴心是什么呢？我们可以坦白地承认，那就是属于爱的生命创造之力。红十字会天赋了这个伟大艰巨的使命，秉承了这爱的生命创造之力，继续去爱人，继续去创造生命。当然他会站在时代的突端的，因为这个世界，无论如何是个生命的世界，无论如何是生命创造生命的世界，无论如何是爱的生命创造生命的世界。于是红十字会自然的、缩［宿］命的、毫无犹豫地把握这爱的真义，生命创造的真谛，永远走在前头去开创那未曾启示的生命。所以红十字会永远不会落伍，永远站在时代的前头。

红十字会是社会的。红十字会绝不属于某一个人，或某几个人，或某几个团体，红十字会是属于全世界所有爱好和平、安定、幸福的一切善良人民的。也就是说，红十字会是属于社会的，是属于整个社会各阶级的。他不曾替任何单独的人争过权利，他也不曾专为少数几个人去服务，又不曾为一个或几个集团去单独做事。他为每一个人服务，但不专对于某一个人去效力；他为每一个集团去工作，但他不专为某一个集团去工作；他为社会每一个阶层去奋斗，但他不专对某一社会阶层去献身手。红十字会他着眼于整个社会，整个阶层，每个团体，每个人民。他为了全社会去奋斗，他为了全社会去牺牲，他为了全社会去献身，这样他才得到每个人，每个团体，每个阶层，整个社会的支持，这样他才能发挥他那天赋的伟大能力，完成他那神圣崇高的使命，这样才建筑了红十字会社会化的基础。

红十字会无可怀疑的是建筑在整个社会的基础之上，但是我们不能不承认红十字会对于其中较弱的、较小的、较贫穷的、较无力的、较幼稚的及衰老的一群，特别加以照顾。因为他们这一群更特别需要爱，特别需要生命之创造，特别需要红十字会秉承属于爱的生命创造之力去启发他们，去援助他们，去爱他们，去创造他们自己的生命。这理由说明了红十字办理所有慈善事业，社会教育事业、保育事业的特殊性格。这个理由是红十字会本身更得到无量数弱的、小的、贫穷的、愚笨的、可怜的、衰老的、幼小的人们的拥戴。这种理由使红十字会本身更坚固地挺立在社会的下层的基础之上。这个理由使红十字会永远不会为改革的社会制度所打倒，永远的为所有的社会阶层所需要。这样红十字会有了永远与社会共同生活的伟大的颠扑不破的力量。

尤其我们应当特别加以注意，虽然红十字会特别照顾社会上较弱小的一群，但是像我们才说过的一样，红十字会不是专为社会某一阶层或集团所工作的，所以，红十字会的工作对象，除此而外，仍然着眼到社会的各角落、各阶层。他们启发那些高居社会上层的人民，他们劝说那些较有富强有力的人群，使他们对红十字会有一个相当清晰的认识，有一个正确的了解。对于红十字会所做的事业，有一番经过考虑的反应。

对于红十字会工作的对象，有一个深刻的由衷心的同情。对于人类互爱的精神，有一个觉醒与实地践行的决心。这样使较强的社会阶层，贡献了人类至高无上的力量，同情之后紧跟着全力救援的力量，一齐协力发挥得淋漓尽致。这样做到了建筑在全社会之上的目的，这样固结了整个的社会。使每个阶层对每个阶层，使每个集团对每个集团，使每个人民对每个人民，互相交流着相爱之血，互相灌溉着同情之心，互相支援着伟大的爱力。于是全社会阶层如同兄弟姊妹亲族一般，坚固地友爱地团结在一起，为着整个社会的前进向上而共同奋斗着。没有怨言，没有仇恨，没有嫉妒［妒］，没有不平，没有争吵，没有虚伪；只有相忍，只有相助，只有同情，只有安慰，只有友好，只有协力，只有诚实，只有勉励。归根来说，只有爱充沛在这个社会里，在红十字会领导之下，走向社会爱的光明美丽的大路去了。

红十字会是国际的。红十字会是没有国界的，红十字会是世界大同的，红十字会是国际一元的。它从来没有过分敌我，它从来没有因为种族、国际、肤色的巨别而施以不同的待遇，它从来没有因为文化水准的高下而加以歧视。红十字会把整个世界看成一家，看成一个国际社会，同（时）应用了对于在一个国家内的整个社会的服务工作的态度，去放在这个庞大的地球国际社会上。强国、弱国，大国、小国，欧洲、非洲，寒带、热带，黑色、白色，卷发、直发，全部无差别的一律待遇。恰巧也像社会中的各种阶层和集团一样，由于各民族、各国家内在的实力与对于外力需求的差别，红十字会同样对于较小、较弱、较不开化、较贫瘠的地方的人民加以更大的注意与援助。同样的，较强、较大、较文明、较富饶的国家，因为受了红十字会博爱的、积极的、勇敢的、社会化的努力的感动与启发，也能向在同一社会范围里较富强的阶层一样，用他们最大的努力支援这个伟大的国际组织，使这个国际组织能深刻地、无遗憾地发动。他那超越的力量，去援助那弱小的一群，去共同走向世界一家、和平幸福、繁荣安定的道路上去。

红十字会是非战的，这是非常容易被人们所理解的事实。红十字会在其基本性格上来讲，是反对一切类似残伤同类的任何行为，所以红十字会毫不疑惑坚决反对战争，坚决反对任何战争。不论他是一国对一国的也好，不论一国对数国、一集团国家对另一集团国家也好，不论他是侵略的或仇恨的也好，不论他是弱国对弱国，或强国对强国，或弱国对强国也好。总之，只要这是一个战争，一个简单的战斗，红十字会是坚决反对的。战争给人类带来了大不幸，战争给人类带来了未来的不可解的怨仇，战争给人类带来了自己创造的文化的毁灭，战争给人类带来了生活的痛苦，战争给人类带来了各形各色的社会罪恶，战争给人类带来了疾病，战争给人类带来了所有的厌倦，这整个的人生厌倦这生命。战争是如此可怖的一个怪魔。所以，红十字会绝对反对一切战争及类似战争的行为。因为红十字会是秉承了爱的生命创造力去爱人类，去创造生命的原故，所以他不能看着世界的人类这样自相残杀地把所有属于人类的抽象或具体的事务趋于毁灭之途。自己否定了自己，生命否定了生命。红十字会有着这样一种坚定的、基本的反对战争的性格，才奠定了他在过去、现在，尤其未来世界中的中心地位。

（未完）①

（原载于《红十字月刊》1947 年第 13 期）

博　爱

北大·化四　桂立刚

　　"博爱"这两个字多好，多美，它使人想见一片阳关，一池清泉，一副慈母的笑容，使人忆起了"同情""互助""友爱""忠诚"，忆起了世界一切美好的事物，甚至想到了天堂。它曾蕴藏了天地间多少可歌可泣的故事，启发了古今中外多少人士对明天这世界的一份幻想，一份向前猛进的勇气。

　　耶稣基督被钉在十字架上，却还含着笑容，为的是博爱在他的心里。他明白，"它"也已经活在万千信徒的心里了，决不会随他的身体同归腐朽。释迦牟尼为了想消灭人类生、老、病、死的痛苦，想着救众生，毅然抛弃了他的王子生涯，跑到菩提树下从默坐静思中领悟人类遭劫的因缘。"博爱"终于通过了他的内心，化为一条巨流，流注到千万人们的心里。孔子、孟子几千年来，所以能够在读书人的脑子中成为典型的圣哲，他们的学说所以能成为我国学术思想的正宗，也就是为了他们的言行参透了"博爱"二个字。忠恕之道，谁不愿身体力行？"老吾老以及人之老，幼吾幼以及人之幼"的境界，谁不盼望实现？凡举世界上一切能够在人们心中成为经典，历千百年而不能磨灭的宗教，它的内

---

① 原文如此，以下无内容。

容，莫不参透了"博爱"的光，"博爱"的热，"博爱"所内蕴的一切力量。

科学家观察、实验、推理、论断，日继以夜、孜孜不倦地研究，为的是想在大自然中发现一些秘蕴，攫取一分力量，好让人类的生活更美满一点的，更充实一点，更具体地接近于天堂。艺术（家）不遗余力，孜孜于一幅画，一件雕刻品。一个乐曲家，为是想捉住自己心中对宇宙的一点美感、一点梦幻，用色彩、用声音、用符号，用各种方法把它们保留下来，使它们传到别人目中、耳中，时唤起共鸣，回荡于整个心灵。文学家则更所谓是"一把辛酸泪"，挂着泪痕，把自身所感受的、所体会的，用文字处理、安排，组织成一个剧本、一部小说、一首诗，或一个断片，展览到人们眼前。让人们在文字中看清了自己的脸谱，唤回了人们对生命重新评估的意识。世间一切能通过时代中各种代谢作用，而仍得保存下来的任何艺术品，莫不染遍了作者对生命的真诚与热爱，也莫不或多或少流露了作者的一份"博爱"意识。此所以文艺运动，每每能在大战浩劫之后造成光耀万丈的局面，就为了那时期人们丧失了"博爱"，丧失了生命的泉源。大家都渴望他归来，从各种场合中归来。而文艺恰恰是表现它最贴切，也最容易使它流传的一种工具。

如今人类更严重的遭逢了那种时代，人们把科学家苦心孤诣所发现的宇宙的神秘力量，竟应用到屠杀人类上面。人们今日所受的浩劫，该说是亘古未有。人们已经到了不敢仰视天日，不敢幻想明天的情况。尤其是我们中国人，在饱尝了长期外祸的惨痛之余，重又面逢了内战的纷扰。人们的物质生活，已经是千孔百疮，心灵与感情又被"劫收""惨胜"的景象弄到苦闷不堪，大家已快落入心如死灰、形如槁木的境地。任你有多少悲苦诉说出来，已无法得到援助。因为类似的情形太多了，助也不胜其助。任你有多少哀怨、呼喊、咆哮，也激不起几多回响，因为别人的情形也正与你相仿佛。仅仅呼噪叫嚣，又有什么用处呢？至于那些"谈判有望""和平在即"的种种名目、种种标题，更不敢寄托[托]多少希望。一切刺激仿佛都已失了效验。咳！人心的频于绝望，恐怕自古以来没有像今日的严重吧！

人们已不再盼望什么"允诺"，什么"期诺"，所需要的是切实的行动，是事实的表现。中国红十字会北平市分会，用"博爱"二字做征文题目，我觉得太好了。红十字会是一个能够行动的机构，它的本质就该是"博爱"的化身。我盼望它能够用行动来表现世界上一切文字、声音、色彩所不能表现的博爱精神。让它如春雨，如清泉，细声的、轻盈的，流入人们深闭的心里，让他们从麻痹中苏醒过来，让人们对人生重新唤起一份留恋、一份爱好和一份憧憬。

（原载于《红十字月刊》1947 年第 13 期）

天人秒［妙］品

苏渊雷

缘　起

希腊哲人苏格拉底教人，只说"你要知道你自己"，中国先儒却为下一转语，"不知天，无以知人"。二者互用，不可偏废。所以中国学者，要穷究"天人之际"，而西洋哲学诸派的主题，举不外"思维与存在"，其人生观与宇宙论，尤丝丝入扣，息息相通。古今中外一切学问的总归趋，一言以蔽之，无非助理我们：

对于世界获得更深切的认识；

对于思想获得更严密的训练；

对于人生获得更合理的态度。

因而利用厚生，裁天弘道，脱离"动物的世界"，进入"自由的王国"，一方创造人类的历史，同时，改变世界的现状。使□于天地的微躯，得鸟瞰八方之乐，而兴俯仰无穷之志，打叠起人生向上的勇气，鼓荡着灵魂的远征。

中国儒家哲学尝标"智、仁、勇"为天下三道德，希腊人则以"真、善、美"为人生的胜境，印度哲学家尤着重"戒、定、慧"三学的潜修。求真证理，实在是文化生活的第一义。然而风云月露，无非教本；观生观变，亦足澄心，要在我们善于体会出发而已。至于如何采办精神的资粮，运用巧妙的手法，求如采花酿蜜而发异香，醍醐灌顶迥乎常食，那是我们首当注意的。

过去一切科学、哲学、文艺的形式三分法，固须打破，就是那些教科书的零星知识和概论大纲式的板滞理论，亦要屏［摒］弃。要有这样的一本书：抽绎古今圣哲的绪论，融会文史科学的精华，用轻快的笔调，揭发深湛的情理，触及宇宙与人生的全貌，而出以缩压或袖珍的方式。

世界关照，情想开发，人生依持，自少年男女以至老僧退宦，壹是以为自课课天下的读本。

佛说"居一芥子，转大法轮"，又说"四大海水入于毛孔"。我们要运用善巧方便，荟萃群书。试为诸君说法，愿一切善良的人们，入于如来妙庄严海，同澄时代的慧业。

宇宙一瞥

世界已进至原子能时代，中国亦快到黎明时期，今天首先要一瞥宇宙的奇观，作为我们人生向上的借镜［鉴］。沙罗门说："阳光之下无奇事"，这只道出了真理的半面；席勒补充了一句，"世界老去复青春"。推陈出新，生生不已，这才是大块文章的义法哩。

人类以渺小之心，作宇宙的深探，其目的在考察万物蕃化的现象，于其变迁无定中推见其本体，求得永远不动的原理，而思以一御万，以简御繁。他们身罗六合之内，神游六合之外，秉着独特的灵气，开始智慧的旅行。三千年来，经过了孔德所说"神学的、玄学的、实证科学的"三大时期，现在还未见其止境。我们把他历史地综合起来，钩玄提要，可得如次几项基本的观点：

（一）变动不居

万物流转不息的观念，实为东西人宇宙观基本观点之一，尤奇的是，他们都取证于水。希腊哲人希拉克利特有"濯足长流，抽足复入，已非前水"之名言。孔子川上之叹，亦称"逝者如斯夫，不舍昼夜！"多智的梅列笛斯说："你任何源源的井泉，全是简明万物的天堂。"赫胥黎亦尝以水中的漩涡，层出不穷，喻万物的迁流。至大《易》："为道也屡迁，变动不居，周流六虚，上下无常，刚柔相易，不可为典要，惟变所适。"《首楞严经》"若复令人微细思维，其变宁惟一纪、二纪，实为年变；岂惟年变，亦兼月化；何直月化，兼又日迁。沉思谛观，刹那刹那；念念之间，不得停住"诸说，尤精湛绝伦。谭嗣同尝谓："庄曰：'藏舟于壑，自谓已固，有大力者夜半负之而走。'吾谓将并壑而负之走也。又曰：'鸿鹄已翔于万仞，而罗者犹视乎薮泽。'吾谓并薮泽亦一已翔者也。又曰：'日夜相代乎前。'吾谓代则无日夜者。又曰：'方生方死，方死方生。'吾谓方则无生死也。王船山曰：'已生之天地，今日是也；未生之天地，今日是也。'吾谓今日者即无今日也。"其说明生息不灭之理，更突过前修了。

我们近取诸身，如血液之循环，细胞之代谢，固刻刻在生灭代谢之中；即远取诸物，如雨水降落，泉源增加，河川暴涨而流注入海，雾起于海，升结为云，于是又倾注于山腰。植物吸收气与水与盐，借日光之助，由生机的炼丹术，把吸收物化炼成生命之营养品，溶［融］合植物的自体。动物吃了植物，于是新的生肉作用开始，一切肉就是青草。动物又变为其他动物身体之一部分，于是生肉作用，再继续演变。最后，假如说束缚生命之银线松了，则泥土又复归于大地，腐烂菌分解尸体，则鲜肉又复归为气、水、盐了。宇宙间变易的例证，真是仰观俯察，到处都是。

（二）体一分殊

在森罗万象中，有根本的东西；在对立的状态中，有一致的倾向；在纷扰的现象中，有一贯的法则。这种感觉，大概是人类理性之曙明期的产物。本来，人类的心智是具有分析与综合二性，外物虽是浑然一体，不可分离，人类的智慧确能探究其异同。但存在决定思维，所谓种种法则，虽是思维的产物，实为自然本有的东西，并非外铄，吾人不过发现它吧［罢］了。你看天体的运行，月亮与潮汐的关系，四季的循环，乃至草木的生长，无不循一定的法则。白云与流水，虽有天渊之隔，安知白云不是流水的尘影，流水不是白云的前身？自其本言之，则黄金与黑土齐观，荆棘与蔷薇竞秀。糖类、淀粉、纤维素、木素，乃至酒精、脂肪等，虽体态万千，刚柔异状，要不过分子组织与排列的不同，其为碳水化合物则初无二致。庄生所谓"举莛与楹，厉与西施，恢诡谲怪，道通为一"是也。

德哲狄慈根尝谓："一切现象均为皆为宇宙之属性与宾词，每一部分都含有整个的性质，而整个亦惟有在部分之综合中始得觇之。"又云："永远的宇宙实由暂时的片段的现象组合而成，因而一切永远的是暂时的，而一切暂时的是永远的"，更说明整体与部分，一般与万殊的关系了。至于说明行星关系的波的（Bode）定律，及说明化学元素之原子量关系的孟德雷夫的周期律，以及物理、化学上的能刀［量］不灭律、物质不火律、电子论、原子论、生物学上细胞论、原形质说诸发明，无一不以科学实据证明一元世界与万象一如的真理。

（三）错综的纲

世界是一幅相互关系的纲，自然就是一大连索的系统。自然界有机体的相互关系，正好和我们身体器官之相互关系比论。这生命之绸［纲］的解释，达尔文有过极好的例证。

达尔文曾以纱布袋包封一百紫云英的花球，空气与日光仍得由袋口而出入，昆虫则无由以入花。以纱布袋包封之花，无一成熟之种子可得，而花球之无纱布袋者，则得二万七千粒优良种子，盖因有土蜂作媒介以行受精也。所以，土蜂愈多，则次年紫云英的收获愈佳。但田鼠嗜食土蜂白色的幼虫，故田鼠愈多，土蜂愈少，而次年紫云英的收获亦愈劣。然在村落附近，田鼠较旷野为少。盖猫虽不食田鼠之肉，然多捕杀之。故猫愈多，田鼠愈少；田鼠愈少，则土蜂愈多，而次年之紫云英之收获亦愈佳。推而论之，紫云英愈多，则牧牛之草场愈富，而英人所嗜之燔炙牛肉不可胜用矣。乡村老妇愈慈爱，则猫亦愈多，此又有利于紫云英之生长。故猫、紫云英与牛，实有相互之关系存在。

至鸟足、蚁与种子的传布，鼠与瘟疫，蚯蚓与我们食料的供给，春天的阳光与鲭鱼都有关系。自然的外表正如静流的河面，无数的漩涡，互相抵触，互相排挤，其动作与反动作之庞杂混乱，错综到不可分说，非深思明察，往往不得其真相的。

（四）力大之律

我们想到宇宙的大力，能推动我们全太阳系，穿过空间，向不可知的目标行去；能支配地球环绕太阳；能指挥潮汐，管理风云；能雕塑露珠，铸造晶体；能装饰百合花，更能施给我们各种运动与思想的能力。无怪庄生要发"天其运乎，地其处乎，日月其争于所乎，孰生张是，孰维纲是，孰居无事推而行是，意者其有机械［缄］而不得已耶［邪］，意者其运转而不能自止耶［邪］"的疑问了。总而言之，它力能支配万有的动向而创造不同的形式。我们若能用近代考察含镭的石岩之眼光看来，即觉力好像禁锢在土质中的妖精一样。我们看到生活着的人，立即感觉生命力是那样的丰富、活跃而善于创造。正如诗人惠特曼（Whitman）所咏：

> 一片草叶不逊于星辰的工程，
> 蚂蚁同样是完美，沙粒和雀蛋
> 甚至蛤蚧都是无尚的杰作，
> 成球的乌梅莜子能装饰天庭，
> 我手上紧密的关节揶揄汽机，
> 俯首啮草的牛比雕像还要好，
> 小鼠能眩惑千万无信仰的人。

一只萤火虫是一位比弧光灯还要经济的发光者，一条鱼比推进汽船的引擎更灵敏，小不可见的微生物，能在几个钟头以内杀尽人类。这些都是世界权力的表现。

（五）无限之感

正如法国一诗人所咏，"人是大自然中的一根芦苇"，但他虽是一株弱草，寸心却妙能通灵。他能以渺小的眼，看那无尽的苍穹，而发现宇宙之无限的感觉。我们登高远眺，先见群山，重重叠叠，起伏无穷，山谷之外，则见大海汪洋，我们的心灵便深深地印上自然之"伟大"的感觉。大海是无边无涯，高峰峻岭，深入云霄，苍穹又如此渺茫而辽阔。我们即用近代极严格科学充当舵工，加以精细的审查，还觉得我们是泛棹于现实无涯之大海中呢。因为航出万里，仍觉前程茫茫，而大海终是层出无穷，真是"登高山复有高山，出瀛海复有瀛海"了。

我们若在高朗的秋夜，仰望繁星灿烂的碧落，看银河里无数的星星，天上不知道还有多少的太阳系呢。无数的世界体，在宇宙大海里漫游，在这里冷却、毁灭，在那里又聚集、形成，每一天里又不知有多少的世界体在创造与毁灭之中呢？读王阳明先生十一岁时所作的诗，"山近月远觉月小，便道此山大于月。若有人眼大如天，当见山高月更阔"与近人狄平子先生"嚣世微尘作么生，山驰水涌尚难平。繁星如豆人如蚁，独倚危楼看月明"一绝，真不胜"无限"与"伟大"之感了。

（六）富饶与奇异

宇宙间物类的富饶与奇异，真不可思议。星辰的光辉各有不同，数目不可胜计，山水各有个性，化学元素有九十多种，矿物的数量不计。小小的英国，全岛竟有四百四十二种的鸟。动物的类属很多，每类的种数，要比我们清夜所见的星辰数目还要多。说到物类的内容，更极错综神异之致。约但（Jordan）总统说："我们知道最简单的有机体，会远过美国宪法的复杂。"蚂蚁的身体，看来似乎要比蒸汽机繁杂百倍。达尔文说过，蚂蚁的脑简直是宇宙间最神妙的一点物质。在原子中最重而居第九十二位的铀原子，竟被比作一个星座，外有九十二个阴电子环绕一颗轴心流动或颤动，轴心内部又包含一百六十四个阴电子，更有二百三十八个阳电子构成中心。这真使得我们不可思议了。

在海上更有生命富饶与奇异的显著例子。横渡大西洋的旅行家，可以看见海上落日的奇景。太阳好像一个平放在水平线上的火球，延搁一二分之久，即全不见了，天地全留给无边黑暗了。此时只有星辰和燐〔磷〕光，上有许多灿烂的小太阳，下有无数闪耀的微光。船头前有火花泻〔泻〕流，水面上有火花飘荡，船丛中有火花旋覆，就是破浪中亦有火光起伏。行程渐远，时间增多，此微光闪烁的针尖大小的动物，仍是无穷，虽合伦敦、纽约两城的人口，亦不及其一杓之多哩。

（七）反抗与和谐

宇宙间一切事物都在反抗与和谐中存在生长。行星的运动，互相对抗，互相吸引，终于纳入轨道中，构成丝毫不忒的宇宙体系。一切海陆、寒暑、云雨、风水、动植、矿物，都互相对抗、补充、消长，以构成严[完]整和谐的自然界。假使世界诸力的均衡，突起变化，则大地的气候乃至生物，将起极大的变化吧。人类一方面与自然对立，同时想种种方法去抵抗他、利用他，乃至驾驭他。人类的劳动过程，便是改变自然物以满足人类欲望的一种过程。劳动便是人与自然之对立的交涉，是人类历史之一贯的动力。人类种种努力，其目的无不在求人与自然的和谐。

就是微小的动物，对那不可抗的自然，也表现其可惊的反抗性。在阿尔卑斯山终年着雪荒凉不毛的石崖间，不独有美丽的花卉，冒寒招展于积雪的边缘，更有富于生命的昆虫和无数鸟类。有一种硕大白腹的褐雨燕，这种燕在鸟类中许是飞行最快的了，他们在寒空中迴[回]翔，发出一种凯旋的呼声，十足表现反抗的生命。胆小的土拨鼠在石崖中轻声吹嘘，奇异的白蛾成群结队在雾中浮游，活像山谷动物死去的游魂。这儿的一切都很残忍，但生命总觉丰饶的，其反抗物质的求生冲动，表现得非常有力。我们看那鲑鱼跳跃瀑布，或小鳗逆流入河，看那飞归巢永不着地的飞翔波面的海燕，处处都觉得生命反抗性的热烈。一切生物，虽则一方面与种种天然环境斗争，但一方面又使自身改变，以求适应环境，与自然和谐。推而至一切能力的消散、转换、潜发，一切物质的分离、聚集、吸引，无不表示反抗与和谐之永远的前进。

对宇宙有正确的认识，对人生才有合理的态度。获得理解自然的□□，则人类的幸福，始有增进的可能。最后引旷世诗人歌德的名句，作为曲终的奏雅吧：

"万汇本如一，彼此相钩带，
相依惟性命，如何可分开！
盈虚消息有真宰，神钧转斡言诠外！
天香弥宇宙，天乐徧寰垓！
生潮中，业浪里，
淘上复淘下，浮来又浮去，
生而死，死而葬，
一个永恒的大洋，
一个连续的波浪，
一个有光辉的生长。
我架起时辰的机杼，替神性创制生动的衣裳。"——（郭译《浮士德》）

（原载于《红十字月刊》1947 年第 14 期）

谈红十字青年会员的组织

孙以琴

　　根据红十字会国际联合会红十字青年部一九四六年的报告，现在各国红十字会中，已有红十字青年会员组织的共有五十一个，拥有青年会员三千二百万人，足见许多国家都在积极发动红十字青年组织。并且红十字会国际联合会理事会决议，今后必须普遍地展开世界各国的红十字青年运动。为什么红十字会要特别发动青年会员的运动呢？大家当然不难想到，就是因为红十字会的使命，是在根绝战争，巩固和平；红十字会的事业，是在灌输世界合作之思想，增强国际情谊之发展，救济灾难与不幸。而青年是未来世界的主任翁，青年具有热情、极富同情心，而且青年的力量是极伟大的，所以我们要用青年的力量完成红十字会的使命。因而在一九四五年十月十五日在日内瓦各国红十字会代表举行咨询会议时，与会各国代表几乎一致认为，推行红十字青年会员运动，是灌输红十字会的博爱人道思想和根绝战争、保障和平的最彻底、最有效的方法。

　　我们中国红十字会已具者［有］四十余年的历史，工作的表现，向为社会人仕［士］所称道。因为战祸仍频，忙于灾难救济和医药服务，因而没有注意到发动青年推行社会服务的工作。红十字会青年会员虽有无限力量，可是在中国，向来是被埋没了。民国三十年的时候，中国红十字会本有一度想把红十字青年会员组织起来，只因对日抗战，战区继续扩大，为了积极推行战地服务，便无暇顾及到这种工作了。所以，过去中国红十字会虽已拥有很多的青年会员，可是他除了缴纳会费以外，会中和大家毫尢联络。因此，一般青年会员每每以为缴会费就算尽了义务，哪里谈得上什么工作推进呢？可是现在时代不同了，抗战已经胜利结束了，中国已经是胜利的大国，这种有理想、有意义的红十字会社会工作，再不能长此落伍下去了，我们现在要加紧地推动青年工作。我们相信，中国的青年是富于同情的，是很勇敢的，是有光有热的，一定可能在中山先生的"人生以服务为目的"的号召之下，大家组织起来，大家工作起来。

　　我们看见别的国家红十字青年组织的严密，青年会员工作开展，我们应该迎头赶上。但是，我们如何去展开工作和严密的组织呢？我想，最重要的当（然）还要靠着社会热心人士以及青年的领导者——学校教师们——的帮忙和推动。在这里，我提出两种办法：

第一，在较大的城市，我们希望有两个组织，一个是"红十字青年委员会"，另一个是"红十字青年会员联谊会"。首先各地的红十字会分会，要和所在地的各级学校以及地方教育行政机关取得密切的联络，筹组一个"××分会红十字青年委员会"。在这个委员会里，要请当地学校校长、教育行政长官以及热心的教师们共同参加。利用这个组织，再来组织"红十字青年会员联谊会"。如果该分会所在地有中小学十个以上，则可以首先成立若干个，分期组织，逐渐推广，最后希望能够达到每一个学校，便有一个"联谊会"的组织。我们有了以上两个组织，可以说就是我们青年工作的骨榦〔干〕，一切工作的设计和推行，便由这里来发动。这种办法比较适合于较大城市的分会。

第二，在较小城市的红十字会分，我们只希望有"红十字青年会员联谊会"的组织，而不必组织"青年委员会"。便由分会社会服务工作人员和当地学校取得密切联系，请学校教师们特别帮忙，领导青年会员来组织"红十字青年联谊会"，分会可以派专任人员去协助推行。我们希望先就分会附近学校开始，然后逐渐推广，最后还是希望每个学校里的青年会员都能组织起来，工作起来。

以上两种办法，各地分会可酌量本身力量选择推行。但是，无论采用何种方式推行红十字青年会员组织，我们都希望和学校当局以及青年导师们有个密切友善的联系，希望他们赞助工作。总之，"红十字青年联谊会"的组织，应该成为今后红十字青年会员工作的骨榦〔干〕，应该成为一个工作的有效"单位"。我们应该对红十字青年运动加紧工作，希望有一个灿烂的明天！

（原载于《红十字月刊》1947 年第 14 期）

红十字会与世界安全（续）
——北平市分会应选征文之一

林大成

红十字会与世界和平

红十字会是世界和平的倡导。红十字会的起源是在战场上，当时红十字会有形无形的力量均不足以阻止战争的爆发，只能尽可能地在残酷的战斗中间担负起和平使者的任务，尽可能地减少战争所引起的直接或间接的损伤与破坏。于是，他感动了世界的人们。战争中的将士，使世人知道红十字会的伟大与红十字会对于反对战争、维持和平所付的努力。同时，更深刻地印入人民的头脑，那就是战争是需要避免的，那就是和平是需要人去追求的，那就是人类有希望发现阻止战争、维持和平的手段和方法。是如此，红十字会给予世界人类一个和平有希望获致的实际行动的印证，使世界知道和平是人类应该争取的目标，使人类知道和平应该以和平的手段及方法去谋得。这样，红十字会成了世界和平最有力的倡导者。红十字会是世界和平的实际行动者，理论必须配合实践，否则理论毫无存在之价值。"世界和平"常常呼号在世人的耳旁，时时发自政治家的口中，时常写在政治学家的笔下，但是谁是把她实际表现在行动中的主动者呢？是政治家吗？是政治学家吗？不，都不是，只有红十字会的工作人员才配作和平的实践家，惟有他们才配说是理论与实践配合的伟大的社会运动者。他们是世界和平的开路先锋，他们把和平的光辉带到这昏暗的大地上。是他们这一群从自我的表现上显示给世人和平的可获致性，是他们这一群表现出和平的可能获取的途径，那就是实践与理论配合才能发生高妙理论的真效果。否则天天谈和平，而日夜在那里制造凶残的杀人武器，制造导引入战争的荒谬理论与宣传，究竟能博得谁的相信？谁的拥护？谁的跟随呢？和平是有希望的，但是抱着牺牲的精神，自我实现方可，否则理论与实践脱节，理论空空地高悬在那里，和平永远在云层之外。

红十字会与联合国组织

史无其比的世界第二次大战在原子弹的威力下结束了，结束后的问题是如何保持这艰难获得的和平。伟大的故美国罗斯福总统早看到了这点，在战争未结束前，就奠下了联合国组织的基础。直到现在联合国还是获取和平、维持和平的惟一组织与力量。我们不由得想起了红十字会与联合国目的的一致，他们全都是为了世界的和平与安定而努力的组织。我们希望红十字会有联合国那样的伟大和辉煌，究竟我们是为了世界和平与安全的惟一不变至高神圣的目标啊！

红十字会与世界安全

我们综合地看起来，红十字会是博爱的，红十字会是积极的，红十字会是勇敢的，红十字会是社会的，红十字会是国际的，红十字会是非战的。红十字会是世界和平的倡导者，红十字会是世界和平的实际行动者，红十字会与联合国的组织又有着目的上、性质上双重的、密切的关系，所以，我们敢断言，红十字会是世界安全的福音，红十字会是世界安全的象征。除去红十字会的伟大的、坚定的精神以外，我们不能找出其他的力量可以维持世界和平。根本上说，除掉了这种精神，我们就不能获取和平。

红十字会的工作人员们，记好！你们是一批最勇敢的战士，你们为着人类最崇高伟大的目的而奋斗，你们是世界和平与安全的象征。伟大的红十字会！伟大的工作人员们！为了人类共同的意识与目的，我们切望你们无尽藏地发挥你们的努力，我们祝福你们在遭逢困难时得到伟大的启示与强有力的鼓励，百折不回完成你们最神圣的使命。世界安全的道路，是需要你们一滴血、一滴汗地去铺上那平坦而负重的基石的，你们每个人的努力是象征世界和平与安全的奋斗吧！朋友，世界上每个角落的人会真诚地拥护你们，跟随你们，援助你们的！前进吧！朋友！上帝赐福你们！

（原载于《红十字月刊》1947 年第 14 期）

理想的红十字会青年会员

南京明德女子中学　王煦仁

"红十字青年会员"这一名词，在一般人的理想中是相当陌生的，至少只是很肤浅的概念而已。你们认为"红十字会"是带有慈祥性质的、有关保健的机关。那么，其中的会员当然的了，除了含有整个的特性而外，大不了是个所谓"外勤"罢了。同时，他们的工作，总不外于习常种种一般人概念中的工作，如护士的看法相同（也许他们连护士的工作也没有一个好好的认识哩！）。

以上的种种，我们不能说是绝对的错误，因为"红十字会"以往的工作，昭示给人这样的一个概念。我记得我参加"红十字南京分会青年会员"的第一天，吴总干事向众会员发问，对本会会员未参加前的观念，而所得到的回答也只是很肤浅的言语，"想学得有些卫生常识""相对红十字会的工作有所认识"等等，无非是学习、认识等语而已。这当然是不能责怪，因为我们正和一般人士，同样的没有将红十字会多多的认识。在我们做会员的人，不能认识清楚，何况社会一般人士。既有一先入为主的概念，又不肯对这些他们认识为无关紧要的小事而烦心、而思考，那么请想，他们怎么会关心到这名词的宏旨呢？

最先我该指出，为什么一般人士所以对本会作前述之肤浅说法的蒂结所在。

当我们人类沦于炮火烟雾之下、急须拯救的当儿，红十字会便出人头地地诞生了。他的动机，是为救护战争中的受伤者、病者。因此，为政府承认以后，便积极的负起他精神的使命，从事起伤者、病者的救护。

同时，他的地位，亦为任何国家所关切，不可侵犯。其本身则严守红十字精神，为国际性质，而兼有各国独立性质的团体，无政治、宗教、种族、阶级之区别。

以上这些，便造成了不算错误的概念。然而，时代改变了，战争停止了（虽然协约、商讨，掩饰不了内战的火药味儿）。世界虽未大同，而"红十字"已不屑为内战的勾当，而抛头露面在自相残杀的战场上吃辛历苦了。纯洁的旗帜由大战场而飘扬至这粉饰太平的社会，他一改以往的态度作风，将他的服务范围扩而大之，施之于人群，以博爱；施之于社会，以服务。而战地工作人员，便在固定的地点，如诊所、医疗站，从事其岗位上的劳力。正如同前面听过的，慈善性，而以保健（即特别注意于平日的保养，而非疾病的治疗）为中心的团体。

这里仅可以说是承继了战时红十字会的工作，而代之以社会红十字会，并没有措施其范围的扩充。

因此红十字总会便拔选个分会当局、区的青年（现以学校青年为对象），以作基本的青年会员。这首先要提到的是对青年会员的观念如何。如果你对于红十字会的认识仅仅是和前面的概念相同，你就有个观念，如同拔选童子军露营的思想相同，那些拔选出来的一定是个身强如狮、力壮如牛的雄赳赳的使人见而生畏的武夫了。如果你抱着这种思想的挂念，那你便错了。本来身体强壮乃立人之根本，可是你单顾到体的方面，而忽略了心灵的休养，也只如同绣花枕头般的无用了。所以我们必须身心兼顾，德、智、体、群、美，五育并进，为青年会员的休养范围，为青年会员的标准项目。

五育以"德"列为第一项，可见"德"之影响于人之深，逾乎于寻常。应该切实注意个人之言行动作，做别人之模范，做到品行端正，不妨害群的秩序，不破坏群的声誉。

其次以"智"。这字的意义提示人以知识、见识，做到"真知力行"的地步。此次青年会员，以初中二、三年级为标准，以免程度之高低不齐。我们以大自然的课本，以康乐活动，以服务精神、服务经验，去代替刻板的教育方式，以达到"智"的地步。

其三谈到"体"。我们固然不必体如蠢牛，但也必须身体健康免于疾病，而日常生活正当，态度活泼，以保养个人、服务公共为目的。

"群"是吾人所离不了的东西，试问你在何时何刻离得了人？做会员的更离不了"群"，会是必须由二个以上的人组成的。如果疏忽了"群育"，非但不能处于群众而融洽，则个人生活亦无乐趣可言。这是不可忘却的信条。

美育是美满的人生必须修养的信条。这抽象的名词，我们不能给他一个什么定义，什么标准。我们青年会员所指的"美"，不是舶来品的，"美"不是市街脂粉之"美"，乃是以内在的发扬红十字的精神的"美"。我们的服装整齐洁净是"美"，我们的外表表现的优秀是"美"，我们资质的优良是"美"。

德、智、体、群、美五育，非但是我们红十字会青年会员理想的表格，亦是任何人所应修的部门。而我们更应推诚相见，互相合作，以博爱人群、服务社会为宗旨，使红十字精神发扬光大，使红十字旗帜飘扬在祖国的每一个角落，照亮每一个角落的污秽。这样做来，红十字会将是全国全世界最高尚、最纯洁的团体，红十字旗帜将是全国乃至全世界最令人关敬瞻仰的标竿。

（原载于《红十字月刊》1947 年第 14 期）

"博爱"与"自私"（童话）

群

很多世纪以前，地球上完全是给两个神统制着——那就是"博爱"和"自私"。

"博爱"是一个美丽而高贵的女神，她头上戴着一顶嵌着金星的冠，压住了他长长的金发，金丝星上发出的光辉照耀着她经过的地方。身上穿着一件银白色的礼服，上面还披着一身淡青色的轻纱，脸上永远带着纯洁的微笑。手中拿着"爱"的种子，随时随地地在向人间散播。

至于"自私"，他确是一个讨厌而又可笑的老人。身体黑矮得离地只有三尺高，但却总是戴着一顶长可二尺半的尖帽子和穿着一件短到膝头的衣裳。冷冷的从不轻易地笑一下，即是笑起来，那也只是冷笑和狞笑。一条皮鞭和一把长刀是他刻不离手的东西，他走到东，鞭痕、刀影跟他到东；他走到西，鞭痕、刀影跟他到西。

当然，性情使他俩变成一对冰炭不相投的仇敌，好在他们俩各有各的统制区域，所以不容易发生摩擦。同时，一方面为了①"和平之神"是"博爱"的姐姐，一方面"博爱"又是个不喜欢战争的人，所以他们从没有正面对敌过一次。

也是凑巧，那一天"博爱"从人间散布种子后回来，顺便到和平宫里去瞧瞧他的姐姐。那时，"和平之神"正在宫里闲坐，姊妹俩见了，自然高兴得不得了，谈了一些别后的境况，也谈了一些人间的事和她们的工作情形。后来两人都有些疲乏了，便都忘神地、甜甜地睡着了。

这一睡睡得时间好长啊！没有醒，没有醒，可是……

可是让"自私"得到了这个消息。他好欢喜，偷偷地走进了她的地界里来，到处撒满了自私的种子，又到处投下了他的刀和鞭。

人间立刻被骚乱了起来，战争，战争，每一个角落里都充满了喊"杀"的声音，每一个角落里都在流着鲜血，人们简直疯狂了。

"自私"却在摸着长须，悠悠地对着地下人类冷笑，他的朋友"战神"更高兴得不住地叫"好"。

终于，杂乱的声音将"和平之神"及"博爱"吵醒了……忙忙地走到宫外一看，不好了，人间已闹得一塌糊涂，没有一块清白的地方。

"博爱"又急又气又悲，急忙拿起"爱"的种子，提起长剑，"和平之神"则高举着熊熊的火把，同时飞到了人间。

然而种子已不能再播撒下了，因为人们的心地都给自私整个地占住了。偶而［尔］也有几个纯洁无暇［瑕］的，但比起以前来，可真少得可怜。

"和平之神"火把的光亮，也突然地微弱了。

这时"自私"和"战神"都双双地来到了，他们望着她们骄傲的笑着。

"你们！这是什么意思呢？""博爱"气白脸，气愤的朝着"自私"

青年红友

---

① 原文如此。

责问。"没有什么，姑娘！""自私"挥动着他的鞭子，"只不过人类需要我罢了。"

"什么，人类需要你？呸！别不要脸，像你这种偷窃的行为。"

"好吧！随你怎样骂好了，但胜利已经是我们的。"当"自私"说完了这句话后，就不再理睬，拉着"战神"一块儿又飞走了。

"博爱"和"和平之神"也没奈何，只好干瞪着眼……此后"自私"和"战神"的种子就这么一直流传了下来。其中也曾经"博爱"和"和平之神"的努力，有着一点成绩，那也不过是昙花一现罢了。

于是自私和战争就一直传到现在，使人类不能再过和平博爱的日子。

（原载于《红十字月刊》1947 年第 15 期）

我知道你是一个好孩子

Fulton Cursler 作　董广英　译

多少人呼喊你拯救儿童，爱护儿童，但如何拯救儿童和如何爱护儿童，则知者甚少。兹篇之作，或将予吾人以甚大之启发。特趁儿童节，译之以志庆祝。

——译者注

在一个冬季的夜晚，一向以少年村著称于世的 Nebrask 尼勃斯卡村，接到一个长途电话。

"是佛来纳金神父吗？我是雪莱夫·霍赛，从屋尔基尼亚给你电话。请给一个孩子预备下一个房间，可以立刻办到吗？"

"他现在在什么地方？"

"在监狱中，他是个凶恶的家伙，曾抢劫过银行，并且曾经用手枪拦路抢夺过三家商店。"

"这孩子有多大？"

"八岁半。"

清癯而蓝眼的神父立刻忙着在电话机旁，"什么？"

"不要让他的年纪欺骗了你，我不曾说一个谎话，他甚至比我所告诉你的更坏，愿意将他从我们这领去吗？"

爱德华·爵塞夫·佛来纳金神父，经年从下流社会中召聚一般被人遗弃的孩子们，各种年龄、种族和信仰的年轻人。

"如果我没有本领驯服这么一个八岁半的孩子，便没有资格继续从事我现在的事业"，他说，"将他带到我这里来。"

三日后，雪莱夫·霍赛和其夫人释放了他们的小囚犯，将他带到佛来纳金神父的办公室前。那孩子脸色呈现一种不自然的苍白色，腋下夹一个包里。他并不比桌子高，棕褐的头发蓬乱地垂伏在紧缩痛苦的脸上，迟钝的棕色眼睛一半掩蔽于长而黑的睫毛下。口角的一边，衔着一支雪茄，斜成一种演戏的角度。"不要管他的吸烟"，雪莱夫声明着，"我们必须用雪茄去贿赂他呢！"

雪莱夫太太放下一个很大的信封在桌上。"这是一个完整的记录，"她愤愤地说，"但还不足以记载他恶行的一半。这个坏透了的罪犯，不配受人的帮助。如果依我个人的意见，他简直不算是人类！再见，祝你幸福。你也必须有很好的运气去对付他。"

佛来纳金神父的心被他对上帝与人类的爱情，尤其是对青年人的爱所温暖。对着这个被创的孩子的灵魂，神父觉得他从不曾见过如此一个由滑稽、悲惨与极端污秽造成的混合体。

佛来纳金神父以手示意，叫这位新来的客人坐下，然后开始阅读记录书。人们已经遗忘了这个孩子最后的名字，大家只叫他作爱迪。他生在纽浦纽码头附近的一个贫民窟内，在他还不到四岁时，他的父母便因染受感冒而双双逝世。于是，他便像一个凶暴的野兽似的被码头上的人们所弃避着。

艰难、困苦，将他磨炼得极其狡猾，意志极其锐利。八岁时，便作了某一儿童队的领袖，队员中甚至有年龄大他两倍的人。但他因接受邻近一年事较长恶徒的指教，竟能很自如地指挥他们依照他自己所定的详细计划去干各种罪恶的勾当。

大约在他未被法律逮捕前六个月时，有一个新入会的会员向他提出诘难：

"你自己从来不曾做过一件事情，你不配做领袖。"

"好，让我做给你们看。我要做一件你们都不敢做的事，我打算去抢劫一家银行。"

这家银行开设在一栋旧式楼房内。当行内职员大都在进午餐时，爱迪便趁人不见，悄悄潜入。轻轻爬到一个不被人注意的司库保险箱前，努力蜷缩身体，将一只肮脏的手伸入箱内，抓起一扎支票藏在自己的短外衣下，然后走出银行，将偷窃所得以二〇〇元分给同伴。但是他自命得意的功绩，却忽然起了突变，银行欺骗了他，支票上全没有印证签署。

"你只会空自夸口"，同伴们一致讥讽他。

爱迪却以隐居数日来作为他对同伴们讥嘲的答复。他从别人买得一支连发手枪后，便走到镇市以外的郊野去，在那儿练习射击的技术。此时，当地的报纸充满了关于他的动作记录。在一个寂静的时际，他踽踽地走进一家酒馆，向惊慌失措的账房瞄准了手枪，因而从现款登记员手上得到了他们一日的进益款钱。第二次，他从一个颤慄〔栗〕的裁缝身上搜出一卷支票。他第三次的光顾，是临到一个开糖果店的老太太。

"放下你的家伙"，这个老祖母喊道，"不要先杀伤了你自己。"

她一手将手枪从他手中打落，一面捉住了他的头发，他野蛮地挣扎着。其时他很可以将她杀死，但是她的尖声锐叫已惊动了警察。现在他是被软禁在少年村了。

佛来纳金神父将记录放在一旁，然后凝神注视着这个恶徒。在暗淡的灯光下，爱迪一动也不动地坐着，低垂了头，使得别人极难看清楚他的悲哀阴郁的面孔。当神父仔细注视他时，爱迪却拿出雪茄纸和一包烟丝，然后像牧童似的从容不迫地用一只手卷起雪茄，且燃上火。拇指拿着火柴，嘘出一口烟，缭绕于书桌四周。

长睫毛忽地眨了一下，察看神父将如何对付他。

"爱迪！"神父开始说，"我们非常欢迎你。这里，整个村镇全属少年的。你知道我们有少年的村长，少年村镇会议，还有少年警长。"

"监狱在什么地方？"爱迪低低地问。

"我们没有监狱。你先去洗澡，再去吃晚饭，明天就可以到学校去上课。我和你可以成为真诚的好朋友，这全在乎你愿意与否。我希望有一天，我可以使心悦诚服。我知道你是一个好孩子。"

爱迪发出一种感激的短语以为回答。

约在次晨十点钟光景，佛来纳金神父办公室的门开启处，这刚来的新学生，昂然而入。他的头发业经剪短，而且梳得很整齐，全身显得异常情〔清〕洁。用一种漠然不在乎的神情，将一本取之于教师的笔记掷在书桌上。"亲爱的佛来纳金神父，我们曾经听你千万次地说过，世界上根本没有一个坏孩子。对于这一个孩子，你应当如何称呼他呢？"

佛来纳金神父回到教室时，立刻感到这里紧张的空气。教师开始描述如何爱迪很安静地坐在位子上约一小时之久，其后突然在坐位中间的道路上来回踱步，如同一个码头工人。抛掷一些易动的物件在地板上，最后且投出一个墨水瓶，以致其下落时，恰巧打在 Ceceis 的石膏半身上。

佛来纳金神父叫爱迪重新坐在位子上，然后向众人道歉："这是我的过失，我不曾告诉过他，不可以投掷墨水瓶。当然，他应当和你们一样，遵守少年村规则，但是我们必须先给他一个学习的机会。我们永远不要忘记爱迪是个好孩子。"

"我活像地狱"，爱迪尖声喊出。

爱迪在所有的同学与师长中没有得到一个朋友，至于佛来纳金神父，爱迪永远对他发出最大的侮辱——"该死的假基督徒！"一有空暇，他便用来暗暗地到处徘徊，以便乘机寻得一个逃跑的机会。

他远远地立在健身房、垒球场或是足球场的一角。"骗子"，他怨愤地自语。歌咏团与乐队，都不能使他感到兴奋，这个群童集合都深深地恼着他。在最先的六个月中，他不曾笑过一次，也从未落过眼泪，致使全少年村的人都怀疑佛来纳金神父究竟是否遇到敌手。

"这小家伙学习到了一些东西吗？"他问修女们。

"无论如何，他总算学会了 ABC。"她们回答，"实在他学得很快，只是随着愤恨吞食了下去。"

但是，还不是佛来纳金神父所应付过第一遭棘手的事情呢。一次，一个虐妻的青年人杀死了他的父亲，而且这件杀人案的发生并不是这位青年爱上了他的母亲。但当佛来纳金神父了解他后，便能设法改革他的恶性。现在，他相信爱迪必是具有某种特性，而他可以将其彻底改革的。

"我一定要抛开法律书"，神父喃喃而言，"一定要用爱去感化这个小罪人。"

全村的少年和教师们都注意观察着这一个新战略，如同观看一场运动竞赛，而他们的出席选手是佛来纳金神父。在依计划处理一切的几个月中，神父用一种追忆的恐惧心理回顾着，现在他们已经看清第二幕开始了。Hot dogs、Bamfurgeis、Candy bais、冰淇淋和各种软饮料，都被爱迪尽量填塞在他孱弱的身体内，但是他却从不会表示过对任何东西发生兴趣。在松树和苜蓿放香的春晨，他毫无感觉地独自走到湖边，但即使当他捉到一条鲟鱼时，也仍是毫无一点兴奋的情绪。无情和冷淡占据了他整个身心，他变得比以前更加沉默了。

只一次，当这个不愉快的试验快终了时，有一个机会使得神父和爱迪曾一度接近。在穿过霍哈玛街时，爱迪只顾看别的地方，没有注意到一辆货车向他冲来，佛来纳金神父急忙将他拉出危险地，才得以脱险。只一瞬间，一种感激的目光，闪烁在爱迪惊惶的褐色眼睛中，但立刻黑睫毛垂下了，他一句话也不曾说。

　　即使像神父这样忠厚的人，也开始感到这是一种根深蒂固的劣根性，非他的能力所能改除或转移。而尤其当一个和煦的春晨，爱迪走进神父的办公室，直率地说出他要离去时，佛来纳金神父已完全对他失望。此时爱迪褐色的眼睛中，发射着愤怒的光。

　　"你总想愚弄我"，他说，"但是我还很聪明。如果你也和我一样的聪明，或许我已近上钩。我几乎被你的谎言所骗，上你的当。昨夜我再三思索，便完全揭穿了你整个的骗局。"

　　他显出一种可怕的认真与刚勇的精神，不但是傲慢无礼，而且是绝望。神父一向满怀希望的心，猛然受了大击。他嘴唇颤抖，用一种战栗〔栗〕的神情注视着爱迪。

　　"佛来纳金神父，你是个骗子！"

　　"你最好能加以证明，爱迪！不然，你应当止口！"

　　"好，我刚才踢了一位修女的胫骨，那么你应该怎样说呢？"

　　"我仍然说你是个好孩子。"

　　"你听清楚了我方才的话没有？你还要说谎？你自己也明明晓得你在说谎，你绝对不会真实的，这还不足以证明你是一个大骗子吗？"

　　亲爱神圣的神父，这是他忠厚善良的论理学，我该怎样回答他呢？我怎么说才可以对他、对你们保守着我的诚实呢？我现在若不能对他保住诚实，便永远不能保有了。愿上帝赐思，使我能取出正确恰当的话。

　　佛来纳金神父清爽了他的喉音：

　　"爱迪，你狠伶俐，晓得一切已经真正证实了的事情。我问你，你怎样才算是一个好孩子？好孩子就是一个肯服从的孩子，对吗？"

　　"对的。"

　　"永远遵照老师的话做事？"

　　"对的。"

　　"啊，那就是你过去的行动了！爱迪，惟一的不幸，只是因为有了不良老师——码头暴徒和巷尾流氓，但是你却好好地服从了他们，确实听从了他们的话，去做各种错误堕落的事情。如果在这里，你能照样服从各位善良老师的话，你也正可做得很善良呢！"

这几句简单却无可辩驳的真理的言语，如同一贴伏魔剂，驱除了室内的恶魔，而且清净了室内的空气。最初，这个小小的不可解的人儿，像是惊呆了，哑然不发一言，接着一种绝对纯然的慰藉的目光闪烁在褐色的眼睛中。他徐徐地围绕着浴满阳光的书桌行进，以同样的藉慰①。佛来纳金神父的灵魂轻轻地祈祷，他伸出双臂让这孩子投入其中。孩子的充满泪水的脸，贴在他的胸口。

那时很久以前的事了，爱迪一直在少年村留了十年，并且在同级中占很优秀的地位。最后他虽（离）开少年村，而去加入美合众国的航海队，在红光普照的海港，他一连晋升了三级。

"他的胸前"，佛来纳金神父夸耀地说，"配满了各式勋章。这原不足为奇，他原是十分勇敢的，但是我们仍当赞美上帝，在他一切安排中，都有对人群的爱——他将整个人类，视若兄弟。他有崇高伟大的基督精神，也是我所曾认识的，最倔强的小山羊。"

（原载于《红十字月刊》1947 年第 15 期）

我的希望
——红十字青年会员的心声

中华女中　李明珂

一次，一个朋友告诉我说，她准备加入红十字会，原因是听人讲，红会会员每人可以领一大包巧克力糖吃。

还有一次，碰到一位从前的同学，我偶然提到红十字会，她很惊异地问："怎么？战争早结束了，那儿来的伤兵医院给红十字会活动？"

是的，社会上对红十字会的了解太不够了。受过教育的人犹如此，其他一般人就更不必说。他们只晓得红会有一辆辆漂亮的白色卡车，红会有一只只不花钱的游艇摆在玄武湖，红会有一罐罐喝不完的牛奶，有一包包吃不完的巧克力糖……当然，他们也模模糊糊知道红会是做好事的，但到底做些什么好事？为何做？他们却大半茫然不知！

因之，我首先深深希望红会应该先设法使大家认识它，然后才可进

---

① 原文如此，似应为"慰藉"。

一步使他们爱护它，而得到更大的发展。所以，红会必须和社会联成一气，使它成为人民自己的红会。

增强认识的最好方法是推动教育工作。这就是说，红会应该将它服务的领域扩张，不但要医治人类的病体，而且应看护人类的灵魂；不但要营养儿童的身躯，而且应滋育儿童的智慧。从教育里让人们去懂得博爱，懂得善良，懂得互助，懂得爱群，懂得人类一切高尚的美德，最后再让大家去恍然了悟。这所有的美德，正都是红十字的性质和目标。

第二步，我更希望红会能充实它本身的组织，使其中每一个份子都能充分发挥他的智慧和能力。会员之所以为会员，并不在胸襟上那枚美丽的徽章，而是那枚徽章所象征的庄严意义和它所暗示的伟大责任。会员不应该以享权利为目的，也不应该以尽了份内的责任为满足，而应该在红十字的纯洁的旗帜下，自动地向前迈进，竭尽一切力量为人群服务，来为不幸者帮忙。所以，我希望红十字会能够经常鼓励会员的服务精神，提高会员的责任感，加强会员和红会之间的联系，使每个会员都时时自觉自己属于红会的一份子，而不去放弃每一个帮助别人的机会。这样的机会是随处可遇的，看一看世界各国红十字会的日常工作，就会明白其服务范围之广泛，其辅导工作之繁多。诸如保持家庭卫生，布置学院环境，组织学校图书馆，为贫民解决医药问题，选择贫苦儿童之学校赠送礼物，协助公民安全，公共卫生等等事项，都是值得做的。如果红十字会能将此类小事都列为平日辅导工作，我相信将会赢得社会更大的尊敬。

工作应该从那里着手呢？乡村吗？城市吗？工厂吗？学校吗？当然，各人有各人的理由，但我站在学生立场，我诚实地希望，一切工作应该先自学校开始。

青年学生都是国家的栋梁，是民族的精华，他们有理由要求社会对他们特别关切，特别爱护。

然而可悲的是，今日中国的青年学生都处于一个空前未有的苦境地。他们不复享有水平线的生活，甚至有时受着饥饿、寒冷的威胁。健康不能维持，生命没有保障，更哪里能谈到娱乐和其他精神活动？这样下去，中国的下一代将变得如何，是不难想象的。

谁肯为下一代着想？谁肯关心这一群可怜的学生？环顾四周，低头想想，我只有将此希望寄托到红十字会身上。我并希望红会能从学校着手，去推动它的工作！

就目前情形来看，红会在学校里的保健工作还是做得太少。每晨能分得牛奶一杯的人，已自认幸运，但大多数的人，连这一点最低的营养都无份享受。病了呢？很少人会想到红会的诊疗所，因为"红十字会"对于大多数的人们，仍是一个颇为陌生的名字。

所以我要大声呼吁，请求红十字会能迅速地在每一个学校里建筑一个坚固的阵地。希望在红会的努力下，每个青年学生在不久的将来都会有一个健康的身体，一副健康的笑容和一个健康的灵魂。

奢望吗？我相信红十字会未来的成就定将超过这一切，我今天这一些小小的希望，也许是多余的。

—完—

（原载于《红十字月刊》1947年第15期）

我的学校生活

中华女中　欧阳玉兰

在这物价飞涨，经济困难下，多少青年因之失学，而我却能在这所私立学校求学，这是多么幸运的事啊！我认为这是一所很好的学校，现在我把它介绍一下：

我们学校的校址在本市鼓楼保泰街，地位适中，环境也很好。我们的课室是一座三层的楼房，高、初中课室在一起的，每个教室都有明亮的玻璃窗，所以光线充足。从后面的楼窗望下去，可以看见一个平坦的运动场。若从前面窗子望去，所看的是一块美丽的草坪。现在已是初春，小草已渐渐地苏醒，在不久的将来，我们又可以在草地上打滚、做游戏了。这草地的尽端，有一个小池，澄清的碧水反映着一切：蔚蓝的是美丽的天空，白色的是变幻莫测的云儿，嫩绿的是刚抽芽的柳条，飞翔的是快乐的小鸟儿。以课室大楼为中心，通到宿舍、操场、健身房都有平坦的水门汀的甬路，路的两旁种着各色的花。现在有的花儿已经开了，那么娇艳，使校园生色不少。

当一线青光隐隐地从树叶中透过射进窗子的时候，清脆的起身铃响了，划破了一夜的沉寂。在宿舍内酣睡的我们，经过一夜的休息，精神已非常饱满，一听见铃声，立刻翻身下了床。我们以最敏捷的双手，把衣服、床铺、整理寝室、漱口、洗脸、吃饭等工作，在短时间内完成。

那迟缓的大钟响了，我们聚集在操场，举行升旗典礼。大家恭敬而严肃地立正着，双目注视那美丽的国旗缓缓上升。随后就开始了早操，我们展开两臂，挥动双腿。一二三四，五六七八，响亮的吼声由我们嘴里呼出来。当那沉重的钟声再度响着的时候，同学们敛起激动的心绪，回到课室内预备接受新的知识。老师那么和蔼，谆谆善诱，同学们那么认真，孜孜不倦，教室内充满了融洽的空气。

一天过去，课程完了，图书室内坐满了研究学业的同学，互相切磋。但是，运动场上，健身房内，有着更多的同学。因为他们知道将来想做一番伟大的事业必须有强健的体格，所以我们都很注重身体的。但我校并不只是看重体育，对于德育和智育，也同样注意。德育方面由训育处规定每周中心德目，如守时、敬师等，要我们遵守实行。智育方面更不消说，一切课程都很认真。此外，又常举行文艺会、读书会、学术演讲会等等及其他各种比赛，各设奖状增加同学们的上进心。这一切都使我们得到不少益处哩！

我校的各种设备虽不能算尽善尽美，但是在现在这种时候也算不错的了。各寝室内，每天都有整理工作，每周有一次大扫除，所以大体上都很清洁的。洗脸房有放脸盆的架子，洗衣房有晾衣服的绳子，所以不致凌乱。每天烧两次开水，以供解渴，可以用热水瓶储藏起来。饭堂内有纱罩遮盖碗筷，饭菜虽不丰富，但养料尚多，也很干净，因为学校方面是非常注重卫生的。

我校因复校未久，不足之处当然还很多。我们知道，红十（字）会对青年的学生有辅助的工作，我深切地希望它来辅助我们、指导我们，使我们能够得到更多的幸福！

（原载于《红十字月刊》1947 年第 15 期）

沙法立诺回忆录

杨宝煌　译

《沙法立诺回忆录》是人道主义运动的圣钟，是红十字会的基石。为了认识红十字会，为了揭发人性，愿它能广播人间。本文是一九三九年美国红十字会英译本序，今后还愿将全文转译，分期登载。惟译者所识谫［简］陋，谬误良多，还请明［名］家指正。

当《日内瓦条约》签订七十五周（年）纪念的今天，美国红十字会将亨利·杜南（J. Herry Dunant）之伟大著作《沙法立诺回忆录》①（*Un Souvenir de Solftino*）原本译为英文，非常欣乐。

本书自一八六二年问世后，法文、德文及其他文字的译本早已出版。美国一般读者所能阅读的英译，只有一种节译，采用于一九一一年《红十字会起源》一书中，但此书早已绝版。

本书为启发人类之工具，足使人类日臻完善。世上甚少其他著作能与本书等量齐观。当本书初版的时候，在广泛的读者的心田上开始耕耘。这颗可以实现的理想的种子终于一八六三、一八六四在日内瓦萌芽，在文明的世界里很快地、普遍地生根成长。不论在战争、灾难、贫穷和痛苦中，它实实在在地发生了同情和救护的果实。

在杜南氏的擘划［画］努力下，无数人获得了救助，然而这广大的受惠群中，对于本书以及作者的名字，至今并不知道。

作者生前，正是红十字运动风起云涌的时候，杜南氏却为人漠视，而且传说他已经死亡。他过着贫苦的生活，后来又被人们重新发现，受到的是过时的称颂和崇敬。

作者于一八二九年五月八日诞生于日内瓦的望族。他的家庭素负热心公益，乐善好施的声誉，他在这种境遇下生活了卅年。他是个成功的青年银行家，在社会上异常活跃，并且热心于贫病的救助。

护士的始祖南丁格尔（Florence Nightgales），报道了克里玛（Crima）军队伤病之惨状。三年以后，杜南氏卅一岁的那年，他经过意大利北部，那里正是爱麦虞限（Victor Emmanual）部下萨地那（Sardinia）与同盟军法皇拿破仑三世（Napleon Ⅲ）的大军为排脱奥大利的统治而决斗的战场。

他以中立者的资格，经过历史最惨烈战场中一个战场——沙法立诺。一八五九年六月廿四日，那是一个炙热的炎暑，在长达十英里的火线上，十万大军展开了十五小时以上的鏖战。

这场撕杀的结果，死伤了四万多人。可是在这种惨痛场合里，却并没有任何救死扶伤的设备。

作者以生动的笔法把战场上的即景予以描述，不论作战的情况以及战争过后的情形。杜南氏曾在战事过去的时候，完成了一件很重要的工作（杜南氏曾发动居民及过路商旅救护伤病，掩埋死亡——译者按）。

---

① 今译为《索尔费里诺回忆录》。

这一些材料都包括在他的这本小书《沙法立诺回忆录》里。

原著初版，由作者自为印行，计一千六百本。杜南氏分赠于他广大的有权位的相识友人的圈子里，这些友人们却可以产生有力的赞助。本书为人们一再阅读、摘引，传诵一时，成为当时的专题。二版、三版接连印行出售，其数量远胜于初版，很快地被译成各种文字。

日内瓦公共福利局主席孟〔莫〕尼尔（Gustave Moynier）医师，首先响应合作。他乐于促成日内瓦会议之召开，以奠定红十字运动之基础。莫氏成为以实际行动支持杜南氏建议的第一人。

后来，莫尼尔曾说："本书作者使瞎子也张开了眼，使人类对世人漠不相关心里能变为热烈，鼓动吾人促使智慧与道德的改革得到实际的效果。一当人所获得这力量以后，没有豫疑地对这位循循善诱的史学家的概念，只有使之具体实现。"

当雨果（Victor Hugo）看到本书初版后，致函作者谓："你武装了人道主义，满足了人类的自由。"

法国名记者龚古尔（Goncourt）兄弟，在他们主编的《新闻》杂志中评价："读罢了瑞士医师杜南氏《沙法立诺回忆录》，每字每句激起我深深的感触，予人以崇高奥秘的启示。它完善可爱，它的价值千百倍于荷马的史诗，千百倍于《万人大退却》（Retreat of The Ten Thousand），千百倍于其他一切名著。只有萨果（Segur）所著《从俄罗斯撤退》（Retreat From Russia）一书差可比拟。它是人类原始生活下为暴力摧残的真理的呼声，它是有史以来生动有力的著作。谁读过这本书谁就会诅骂战争。"

耶路撒冷圣约翰教主，普鲁士人查利士（Frederick Charles）尤其支持本书的建议。萨克逊王（King of Saxon）在赞助运动中签注他的意见，"任何国家如果不接受此种人道运动，必将遭全欧洲舆论最重之谴责。"参战的拿破仑三世，直接地体味沙法立诺战争的惨痛，更慨然合作。

这个前奏号引起了普遍深入的力量，一致拥护杜南氏的伟大计划，使国际会议之召开，得以实现。这会议通过了"每个文明国家组织一个志愿的永久机构，在战争的时候，无分国别地从事救护工作"。

当第三版的时候，本书的意义也有所增进，那是说"当疾病流行，或者遭受水灾、火灾等灾害的时候，这种集团也就可以展开广泛的诊疗和救济"。

由于孟〔莫〕尼尔氏和日内瓦公共福利事业局的赞助和采纳，指定了五个人组织了一个"五人委员会"（A Committee Five），杜南氏也是被邀之一，共同研究作者的建议，讨论实现的方法。杜南氏计划提出以后，很快地得到了发展。由于五人委员会的赞同以及日内瓦的一致合作，通过了在日内瓦举行国际会议的提案。这些都是杜南氏所一手促成的。

杜南氏乐观机智、纯洁高尚的涵养，坦白率直的风格以及使人折服的流利的口才，表现在各〔个〕别的或小集团里，使他得到广交的欧洲的权贵友人们一致支持。在上述工作展开的过程中，获得良好的功效。

在日内瓦会议的前几个月里，杜南氏将全部精神、财力和时间，游说欧洲各国朝廷和帝室，解释"人道主义"运动的真义以后〔及〕详细的有条理的计划，而且劝请赞助。他觉得他本身的行为，使这种计划得到很大的顺利。他曾到处碰壁，然而也终因他的苦劝而感化，技巧地赢得了各国朝廷的书面或口头的赞成合作。

一八六三年十月廿六至廿九日，日内瓦会议终于召开了，杜南氏奔走的成绩获得了证实。该会议有十四个国家的代表卅六人。这些代表们固然没有力量约束他们的政府履行任何条约，然而他们都潜心研讨如何使杜南氏的建议作一番有力的先导工作，如何使杜南氏的理想更为具体，如何使杜南氏之计划得以实践以及如何建立一个永久性的（后来举世闻名的）国际红十字委员会。同时，这些代表们热烈地保证，他们愿献身于所崇敬的"人道主义"运动。

经过杜南氏和国际红十字委员会的共同努力，由于法国当局以及瑞士联邦政府的协助，使第二次国际会议（日内瓦会议）在一八六四年八月八日至廿二日顺利地举行。有十六国的政府代表廿六人与会，订立了十条《红十字公约》。红十字国际组织由此诞生、确立，而更趋具体。

杜南氏牺牲了他应有的享受，无限制地为这"人道主义"运动努力。他废弃了其他一切事业，为红十字运动苦斗，终使在一八六七年的五月因之破产。

在他的朋友以及同事看来——杜南氏本人也有此感觉——这是一个不可或忘的厄运。在他以后整整四十三年漫长的岁月中，为了必须背起他的十字架（人道主义运动，红十字运动——译者），他遭受了无穷的苦痛与凌辱。朋友们深信，他的暴贫的重大的损失，实实在在使他的红十字架更加重了困难。

在日内瓦杜南氏曾为一般人所崇敬，当他流浪在巴黎的贫民区里，他只是一个无名的寄生者，依赖救济来渡［度］过他的岁月。直到普法战争，因为战事关系，需要红十字会担起重大的任务，杜南氏因之得以东山再起。

有些城市对于杜南氏的建议并未接受，因之杜南百折不畏地将国际公约第五条再度提出："各国政府对国民从事救护伤兵之工作应予绝对之自由与尊重。"

杜南氏四十七岁以后的十五年的继续努力，为人们所忽视，以致淹无所闻，六十二岁为赫敦（Heiden）地方之一教员桑团干（Wilhelm Sonderegger）所发现。杜南氏寄居在老人院里正遭受一般人之误会以致教会之压迫，桑氏乃邀于赫敦同住，一八九一年又随桑氏卜居林敦堡（Lindenbeehl），彼等相处甚得。杜南氏因此得过其优逸安定之生活，并被举为赫敦红十（字）会主席，同时依然不倦地计划如何能参加一八九二年将在罗马召开之国际红十字会议。但他力量不足，桑氏乃详述杜南氏史实推荐于该会。此消息如死体之复活，惊奇地传扬，而事实上他仍在离群独居的现实中生活。

一八九二年，健康衰退，乃移入赫敦之"贫病寄宿舍"，奥扫（Dr. H. Althar）医师照顾着他。他平静地渡［度］过了十八（个）年头，住在第十二号病室。那是一间设备简单、整洁而光亮的小屋。对他是一个很合适的避难所，可以无忧地写作和思索。

一八九五年，瑞士新闻记者彭盘干（Georges Baumberget）探得了杜南氏的行踪，彭氏对于这一位银髯飘垂的红十字创始人予以生动的描写。"他虽受尽了贫困和凌辱，可是依然毫不沮丧，孑然兀立。"他写了一篇《无取于世的人》（*Demanding Nothing of The World for Himself*）登载在当时销路最广的《大陆与海洋》（*Uber Land and Mer*）杂志。由于杜南氏令誉重涨，无数礼物以及致敬的函件接踵而来，其实这些已是事后的颂扬了。他的经济生活不再窘迫，因为俄罗斯有一位寡居皇后的支助。以后国际医师协会给予五千法郎的奖金，解除了经济破产的威胁。事后他伟大的功绩渐渐为人们所了解，一八九六年，他六十八岁生日的一天，非但举世权贵伟人殷殷致贺，而且各地报章登载特刊以歌颂他的荣誉。

一九○一年，诺贝尔和平奖第一次颁发，杜南氏和另一位裴赛（Frederic Pasay）先生平分了这次荣誉，而杜南氏便将他获得的奖金转赠于慈善事业。

杜南氏安静地在赫敦的小屋里渡［度］过他的暮年，这也足以作为他昔日奔波放逐过渡［度］劳苦生活的一点补偿。他一仍其旧过他自奉菲薄的简朴生活，直到一九一〇年十月廿四日他离开这世界的一天，享年八十有二。

杜南氏的坟墓在瑞士叙立支（Zuyjch）地方，然而他最好的墓碑——红十字会，却广布在世界每一个角落。这一本《沙法立诺回忆录》，便是那墓碑的最初的基石。

一九三九年八月廿二日序于华盛顿
（载于《红十字月刊》1947 年第 16 期）

内外大事

中国红十字会新闻（十三）

一、会务

（一）分会组织工作。本月经调整组织者，分志如次：

（1）福建省连城。

（2）山东省昌邑复员以来，截至本年一月底止，各地分会经调整或新设者共一百三十四处。

（二）本会原设在上海、北平、汉口、广州、重庆五区办事处，以复员工作已经完成，爰于上年十二月底撤销，但上海方面因国际联络工作甚多，经将上海区办事处改设为上海办事处，以事联系。

（三）复员以来，征求会员工作，各地分会，时在进行。截至上年十二月底止，各地分会征募运动，共已征得各种会员二三〇，〇三七人。兹将本月各地分会所征会员人数，分志如次：

（1）南京市分会征得团体会员一个，名誉会员一六人，特别会员七五人，普通会员三，九三七人，青年会员八二二人，共收会费五，九九八，〇〇〇元。

（2）杞县分会征得普通会员一二〇人。

（3）武清县分会得特别征会员七人，普通会员五〇人，青年会员五一人。

（4）砀山县分会征得特别会员三七人，普通会员三一人，青年会员三八人。

（5）江都县分会征得名誉会员六人，特别会员五七人，普通会员一五四人，青年会员二九人。

（6）亳县分会征得团体会员二个，名誉会员二人，特别会员一八人，普通会员九六人，青年会员五二人。

（7）荥阳县分会征得普通会员二〇四人。

（8）永城县分会征得普通会员二四人，青年会员四一人。

（9）汲县征得特别会员一〇人。

（10）郾城县分会征得特别会员六人，普通会员一人。

（11）苍梧县分会征得团体会员一个，名誉会员八人，特别会员一二三人，普通会员二五八人，青年会员三人。

（12）当涂县分会征得名誉会员一人，特别会员二六人，青年会员四〇人。

（13）丰顺县分会征得特别会员一一人。

（14）即墨县分会征得名誉会员二人，特别会员一四人。

（15）太和县分会征得特别会员一〇〇人。

（16）鄞县分会征得名誉会员八人，特别会员二〇人。

（17）永城县分会本月下半月征得团体会员一个，普通会员六八人，青年会员七五人。

总计本月征得团体会员五个，名誉会员四三人，特别会员四八八人，普通会员四，九六三人，青年会员一，二一一人，合计六，七一〇人。

（四）邕宁县分会于本年元旦起举行扩大征募运动，组织征募总队四个，征募队二百个，聘请该省第四、五、六、七四（个）行政督察区专员为总队长，各区内学校团体首长为队长。预定征求普通会员一万五千人，青年会员一万五千人，特别会员三千人，名誉会员一千人，团体会员五个。

二、服务

（一）本会各地分会儿童营养站工作，举办以来，颇具成效，深受一般人民爱戴及外人好感。兹志其动态如次：

（1）南京市分会第一营养站一月份上半月饮奶人数六，五六五人，供应牛奶四，八三八听，奶粉六〇磅。一月份下半月饮奶人数四，二八二人，供应牛奶四，四〇二听，奶粉六七磅。其中婴儿占全人数十分之五，幼儿估占十分之四。

（2）武进县分会上年十二月五个儿童营养站共有饮奶儿童一，八九二人，消耗淡奶三九〇听，奶粉三，七一〇磅。患肺结核者五三人消耗奶粉二一六磅，又分发各校汤粉二，九三一磅。

（3）最近联总苏宁分署汉尼夫人（Mrs，Madge Hanly）视察本会江都分会儿童营养站，颇称满意。并以该站除苏宁分署供给五百个饮用之牛奶及联总美国顾问委员会供给每月燃料费国币二十万月外，设备方面，尚亟待补充，因于日前趋［去］美国红会驻华代表马迪氏，代为洽妥，准予设法补助。

马氏闻本会各地分会年来社会服务工作，日渐开展，而设备费用，来源困难。尤以儿童营养站工作，于服务意义外，复具有教育价值，应加强办理，特自动向本会建议，愿对本会其他分会办理实际工作类似营养站之有成绩者，亦酌予补助，借以扩充各地营养站设备，增加服务成绩。俾当地社会人士对于此项事业逐渐认识其需要性，而渐起自动办理。

又马氏认为行总之缝纫服务，推行颇有成效，本会如需缝纫器材时，美红会亦予协助。

对于马氏意见，本会除致最大之谢意外，甚希各地分会对于是项工作，努力推进，以达社会服务之最高效能。

（二）救济工作，本会一向视为主要工作之一，过去本会及各地分会都曾尽最大之努力。兹将最近办理情形，择志如次：

（1）本月二十日，本会应社会部之请，召集世界红卍字会、新运妇女指导委员会、新运总会及中国商联会等四个社团，合组"中国社会团体救济日本中南部地震灾民委员会"，并于本月二十七日，在本会阅览室召集以上四社团及社会部、外交部、行总之代表举行会议，决议以药品、食盐、款项三者救济日本灾民。药品由本会拨给，食盐由世界红十字会等四社团共出五千万元购买，款项由行总等设法筹拨。

（2）南京市分会本月份发难民棉花及布料共三〇三份（每份制棉衣一套），该项材料系向行总苏宁分署领来。又分发南京棉鞋营贫民及儿童健康站贫苦儿童棉衣八〇件，棉衣系总会拨发。

（3）邕宁分会因上年十二月二十九日该城发生大火灾，仍施粥赈济，共赈灾民一百五十二人，用米二，四六四市斤。

（4）丰顺县分会以该县遭受水灾，饥民甚多，发动捐米施粥，由暹罗华侨余作舟先生于曼谷捐得米三十大包。该分会即于上年十二月十日起，开始施粥，计受赈者达二七，一二七人。

（三）本会图书阅览室本月上半月阅览人数一，〇四三人，新购杂志期刊三二册；下半月阅览人数一，二三五人，新购杂志期刊三四册，书报五册，收到捐赠图书十册。现因内部设做周到，炭火熊熊，不虏寒冷，晚间阅览人数尤见拥挤。

（四）上海市分会为联络国际红十字青年感情，前经发动青年会员赠送美国红十字会青年会员礼物。本会顷得美红会驻华代表马迪一月二十九日来函称："上海市分会赠送本会之礼物，业已完整收到。礼物精美，本会青年部尤感无限之珍视与感慰。除即分送各区办事处转发给各学校外，一部分并以摄录照片，以广宣传。请向上海市分会青年会员及杜铺、王正廷两先生，及诸位领导人表示谢意"云云。

三、医务

（一）各地分会诊疗所暨医院诊疗统计，以分散辽远不能依时收集齐全，兹就本月已报会者，登列如次：

区分	日期	初诊人数	复诊人数
南京市分会诊疗所	一月一日至十日	一，〇四八	一二九七
上海市分会诊疗所	同上	三八二	六〇二
汉口市分会诊疗所	同上	二〇八	一九九
武进县分会诊疗所	同上	九三	六五
江都县分会诊疗所	同上	一七	五七
西京市分会医院	同上	五七五	七四八
汉口市分会医院	同上	二六八	二五三
内江县分会医院	同上	二一五	四〇〇
章丘县分会医院	同上	一三二	一一五
安阳县分会医院	同上	三二	六七
砀山县救护队	同上	一三〇	五二
合计		三，一〇〇	三，八五五

（二）本月份本会分发各地分会药品，统计如次：
（1）新购牛痘苗一千五百打，分发五十八各分会应用。
（2）发南京市分会鱼肝油四百磅。
（3）发重庆市分会药品二六种，绷带布三〇匹。
（4）发上海市分会药品三六种。

四、总务

复员以来，各地分会经整设完成之重要人员名单，分志如次（以后每期陆续发表）：

1. 福州市分会

会长：黄震

副会长：陈淳、谢朝恩

2. 安庆市分会

会长：马伯瑶

副会长：胡子穆、孙国玺

总干事：芮仲平

（原载于《红十字月刊》1947 年第 13 期）

国际红十字会动态（十三）

联合国大会决议赞助红十字会

红十字会国际联合会牛津会议曾决议，请联合国大会赞助各国红十字会。上月十一月十九日，该大会决议下列三项通知各会员国特别注意实行：

（1）联合国会员国应鼓励并促进合法组织之国家红十字会或红新月会之设立，并与之合作。

（2）在任何环境、任何时期，红十字会及红新月会之独立及志愿性质服务须予以尊重，若其组织成立业经政府认可，推行工作系根据日内瓦及海牙条约之原则及红十字之博爱精神者。

（3）各会员国务须采取各种必需步骤，保障在任何环境（不）使各国之红十字会或红新月会维持经常接触，俾使人道主义之工作得以实现。

美国红十字会的崭新改革

一九四五年九月，美国红十字会中央委员会通过顾问委员会所建议的改革。美国红十字会的民主化，又获大大进展。兹节录其重要之点如次：

（1）理事会现有理事十八人，应增至五十人，其中三十人规定由各地分会选举，十二人代表全国利益。

（2）总会及分会行政职务应建立轮流担任之制度。

（3）一九〇五年设立之法定创立人会应予停止存在。

（4）分会处理不当，得由任何会员廿五人具呈总会控诉。

（5）每一州内之各分会得推举代表组织各种委员会，以与本州之救济、卫生及社会机关联系。

（6）现行会员以缴费多少分类之办法应予取消。

荷兰红十字会的捐血服务

荷兰红十字会捐血服务处，现已征得愿意捐血者二八，〇〇〇人，以备病者输血之用。据荷兰医界之消息，输血之病者百分之八十均能恢复健康，可见捐血服务之重要。荷兰每年输血约三二，〇〇〇次，由红十字捐血服务处供给者达一八，〇〇〇次云。

印度红十字会

一九二〇年印度红十字会法第十五条对于红十字会经费之用途，有明确之规定，除为伤病兵服务外，肺病患者之服务以兵士及水手为第一对象。儿童福利及护理卫生，及一般福利事业各方面的协助，均为红十字会工作之范围。印度红十字会根据此项广泛性服务之规定，其历年主要工作除宣传出版、设立公路急救站、捐血服务及慰劳军人外，并设立福利机构。如祝福乔治国王恢复健康之防痨基金，系由印度红十字会保管运用，一九三九年印度防痨协会成立，此项基金始由红十字会移交与防痨协会。又如普及全印度之半官性组织妇孺福利局（Maternity And Child Welfare Bureau），其经费系由政府补助、特别基金及印度红十字会三方面所津贴，红十字会各地分会亦供给各种经费及办理学校。

英国战时第一个病人家属招待所

一九四二年十一月间，英国红十字会与圣约翰教友会合组之战时联合会，设立第一个红十字会招待所于杜萨特（Duset），以便附近军事医院病人之家属得以栖宿探视。招待所系在医院附近，当地民众致送用具极多。除普通客房外，又有童床，以便携有儿童之妇女应用。所内供给公共伙食，并有社交室、育童室。客人需要招待所协助之工作，至为繁多，其中且有甚多特殊之请求。例如其中一人，其右腿假肢已行折断，需要绞发用之橡皮线为之扎捆，后因招待所予以必需的修理，始复行走之自由。又因客人均系匆匆奉召赶来，故个人行李，常不完备，招待所因需为之供给。此一招待所成立一年后，已经住过客人七〇〇人。

莫斯科救护车之迅速

莫斯科市内救护车服务，多年来已卓有成就。市内有一规模甚大之中心医院及六个附属医院，均有极完备之电讯设备。医院与救护站均有极详细的街名索引，逢病家请求救护车时，即以索引数字按动电键，其悬于对面墙壁之一幅大型地图上遂即出现小方形光线一送，此即为病家所在之街市，由此可以查知其距某救护站为最近。其通知救护站亦系按动电钮。救护站利用电光报告，第一次亮光一闪，即表示救护车业已准备；第二次亮光，表示护士已经准备就绪；第三次亮光，表示医生已上救护车；第四次亮光，则表示车已开出。曾有人目击三次叫车，平均每次自叫车至开车为时仅一分钟又四十秒云。

本会被推为国际儿童保护联合会理事会理事

国际儿童保护联合会改组成立之消息，已志十二期本刊。上年改组会议时，本会曾派王冷稚君代表出席。经大会推举，本会为改组后之理事会理事。闻第二次理事会定订于二月二十五日至二十七日开会，该会预算定为二十万法郎，并拟于一九四八年八月在斯笃柯姆召开第一次大会云。

新西兰红十字会

新西兰红十字会在一九一四年成立时，为英国红十字会之一部分，其后经红十字会国际委员会承认为独立的红十字会，并已加入红十字会国际联合会为会员。该会站在卫生及军医两方面辅助服务之立场，开展多方面的工作，训练家庭护理、急救及卫生暨空袭防卫人员。据一九四四年之报告，已在公立医院受过六十六小时的特殊训练之志愿协助者一万二千人，其他服务人员五百余人。该会运输队有队员五千人。该会有分会三十三处，支会八千个，成年会员一五〇，〇〇〇人，青年会员四〇，〇〇〇人。该会理事由每一分会代表二人暨政府、卫生、军医及其也〔他〕社团推选之代表组成之，设会长一人，副会长一人，综持会务。

（原载于《红十字月刊》1947 年第 13 期）

中国红十字会新闻（十四）

一、会务

（一）复员期间，本会第二次理事会于本年二月十二日上午九时假南京交通银行二楼会议室举行。出席理事蒋梦麟、钱大钧（胡兰生代）、杜月笙（郭兰馨代）、谷正纲（张鸣钧代）、徐寄顾（史惠康代）、杭立武、王云五（叶梗生代）、金宝善、刘鸣生（金宝善代）、刘瑞恒（金宝善代）、徐国懋（王文山代）、吴有训、张蔼真、马超俊、关颂声等十四人，本会高级人员列席者有胡兰生、曾大钧、汤蠡舟、赵凤洲、马玉汝、陈蕙君、江声鏕、江晦鸣等八人，会长蒋梦麟主席。首由蒋氏与秘书长胡兰生、副秘书长曾大钧报告工作概况及出席国际红十字会议情形后，即讨论各理事提案。将决定事项，分载如次：

1. 奖励优良分会。（民国）三十五年度各地分会工作成绩业经考核评定，分为甲、乙两等。

（1）凡业务能依照既定计划推行，并征募成绩优良者，列为甲等。合于此项规定者有南京、上海、武进、广州、西安、北平、重庆、汉口等八个分会。

（2）凡业务能依照既定计划推行，而征募成绩较次者，列为乙等。合于此项规定者有江都、长春、昆明、郧城、砀山、丰顺、南昌、邕宁、灌兴［县］、内江、永嘉等十一个分会。

以上十九个分会经理事会决议，由总会分别颁发奖状。

2. 设立城镇分会。凡国内各大城镇，因其所隶之县未设立分会，而其人口、经济、文化各项优越条件都还胜其所隶之县，倘能征募会员在一千人以上，合于本会所定之丙级分会标准者，准设立分会。

3. 改订会费标准。本会近因物价高涨，币值低落，为提高服务效能，经理事会决议，改订为青年会员每年缴纳会费国币二千元，普通会员每年缴纳会费五千元，特别会员一次缴纳会费四万元，名誉会员一次缴纳会费二十万元以上，团体会员一次缴纳会费四十万元以上。是项标准自本年三月一日起施行。

4. 增聘理事及名誉副会长，加强会务。本会因规定理事名额中尚有余额，经理事会决议，增聘许世英先生为本会名誉副会长，增聘周贻春、于斌两先生为本会理事。

5. 决定募集基金，稳定本会财源，由理事会提名组织筹募基金委员会办理。

6. 决定筹建会所，奠定本会的基础，由马超俊、关颂声两常务理事负责计划。

（二）分会组织工作。近一月来，经调整组织新设者，分志如次：

1. 山东省：平度、寿光、高密、历城

2. 河南省：汤阴

3. 江苏省：长泾

4. 浙江省：吴兴

5. 辽宁省：北镇

复员以来，截至本年二月底止，各地分会经调整或新设者，共一百四十二处。

（三）征募会员。二月份各地分会征得会员，分志如次：

1. 南京市分会征得各种会员共二八四人。

2. 邻水县分会征得各种会员共八五人。

3. 汲县分会征得特别会员二〇人。

4. 商丘县分会征得各种会员共二〇〇人。

5. □县分会征得各种会员一九〇人。

6. 砀山县分会征得各种会员共八六人。

7. 胶县分会征得各种会员五二人。

8. 丰顺县分会征得各种会员一二人。

9. 永嘉县分会征得各种会员八人。

以上共计征得会员九三七人。

二、服务

（一）儿童营养站工作，为积极的保健，各地分会举办以来，大有供不应求之势。兹将最近动态，分志如次：

1. 南京市分会第一营养站二月份上半月人数五，〇五五人，供应牛奶三，七六四听，奶粉一四一磅；下半月饮奶人数五，八七四人，供应牛奶三，二〇六听，奶粉一八五磅。第二营养站设于玄武门国民小学内，定自三月一日起开始供应，现登记饮奶儿童已七百余人。

2. 上海分会儿童营养站，自（民国）三十五年九月十一日起开始供应牛奶，至年底止，领奶儿童共二三，〇一一人，发出牛奶五，三六八听。又自三十五年六月一日起至年底止，肺病会员领奶者五一八人，发出牛奶五，九〇三听。

（二）救灾赈济，至今仍为本会各地分会致力最多之一门工作，是项报告，同有数起。兹志各项情形如次：

1. 中国社会团体救济日本中南部地震灾民委员会，于二月三日在本会举行第三次会议，本会决定拨增药品二十五箱（药品二十七种），一俟新运总会等四社团五千万元赈济凑齐，即可送出。

2. 江都县分会因城内砖角发生火灾，代向各银行募得救济款六十万元，由会长杨佳如亲自散发十五灾户，每户各得四万元。

3. 怀远县分会因去冬大雪，贫苦人民，生计受迫，于一月十八日发动募捐，先由分会各理事共捐三十一万元购米赈济。

4. 灌县分会办理（民国）三十五年冬赈，募得赈米一〇，四二二市斤，分会捐出赈米一，五〇三市斤，赈济贫民一，五五八人，平均每人领得赈米九斤余。

5. 章丘县分会自三十五年七月复员以后，组织救护队随同国军出发救护，先后救护负伤官兵四百余人。该分会以救护成绩优异，曾获山东省政府颁电嘉奖。

6. 亳县分会于二月一日该县城关被共军攻占时，即派救护队、担架队、掩埋队出发工作，并设难民收容所三处，计收容难民三千余名，收容伤兵二百一十名，掩埋尸体一千〇五十余具。

7. 南京市分会二月份办理社会服务工作有如左［下］数项：

（1）发给贫苦儿童棉衣一百件，发给清道夫子弟棉衣一百件，发中山陵附近贫民儿童棉衣五十四件。

（2）代善后救济总总署散发贫苦人民衣服布料七一套，棉花一四三斤半，面粉袋四二二个。

（3）二月二十一日新生活运动十三周年纪念，由会长沈慧莲亲自出席慰劳荣军，赠送白衣短袖一百套，肉类罐头三十个，牛油二十罐。

（三）本会阅览室二月上半月阅览人数一，四二六人，新收杂志图书四十二册；下半月阅览人数一，三六二人，新收杂志书报六十七册。

三、医务

（一）各地分会诊所暨医院诊疗统计。兹将已收到者，分志如次：

区分	日期	初诊人数	复诊人数
南京市分会诊疗所	一月十一日 至三十日	一，九六一	二，七三九
上海市分会诊疗所	同上	九七四	一，六六一
北平分会诊疗所	同上	七一	七三
广州市分会 第一诊疗所	同上	五四二	八八九
长春市分会诊疗所	同上	三九	七四
长春市分会 第二诊疗所	同上	一七七	五六三
武进县分会诊疗所	同上	一一八	一二五
江都县分会诊疗所	同上	四五	二七四
遂宁县分会诊疗所	同上	一八六	二六六
南昌市分会诊疗所	同上	一四八	四六四
即墨县分会诊疗所	同上	七八	一七二
西京市分会医院	同上	九七五	一，四五七
汉口市分会医院	同上	四二九	四八〇
长春市分会医院	同上	九一四	一，〇一六

（二）各地分会诊疗所成立情形：

1. 武清县分会诊疗所二月八日成立施行。

2. 济源县分会救护训练班二月七日成立。

3. 宣化县分会救护队二月九日成立，共有队员三十二名。

4. 北平市分会成立救护训练班，订四个月一期，第一期参加者七十八人。

（三）本会召集砂眼防治会议，决定在京组织砂眼诊疗所二处，并与卫生实验院、健康教育委员会及国民健康实验院联络，就指定之学校及学生家属做起。

（四）本月份本会发各分会药品统计：

1. 发给南京市分会药品、器械等五十九种，绷带等五种。

2. 发给砀山分会疟涤平等二十七种。

3. 发给遂宁分会奎宁丸等六十种。

4. 发给重庆分会可待因等九种。

5. 发给江陵分会药品卅七种。

6. 发给郧城分会药品廿七种。

7. 发给内江分会药品廿九种。

8. 发给安仁分会药品五十种。

9. 发给宣化分会药品七十四种。

10. 发给上海市分会药品四十一种。

四、总务

复员以来，各地分会经整设完成之重要人员名单，分志如次（以后每期陆续发表）：

1. 昆明市分会

会长：卢鸣章

副会长：刘锦堂、张福彭

2. 吴县分会

会长：钱鼎

副会长：范广宪、宋铭勋

（原载于《红十字月刊》1947 年第 14 期）

国际红十字会动态（十四）

意大利红十字会的福利工作

意大利红十字会于 Guasso Ae Monte 所设之红十字疗养院，位处八百米高原以上，环境十分优美，可以收容病人三百个。内部设置，颇称新颖，计有放射设备、研究实验室、牙科会商室、电影院、弹子房、阅览室及荫园等。故不仅设备周全，且病人颐养于斯，亦至得其乐。意红会最近又成立病后调适部，对于休养期中之病人，协助其重复正常之生活。因意国惨遭战祸，儿童之遭［遗］弃及孤苦者，问题特见严重。故自战争结束，意红会即以大部分力量办理此辈儿童之救济。该会除办理寄母制（Foster Mother Or Madrinto）外，并有儿童协助会之组设。凡孤儿、战争受伤者之子女及遭［遗］弃儿童均受该会之协助。又该会米兰分会自一九四五年十一月至一九四六年三月办理冬令救济，受助者数千家。该分会为工作方便起见，曾将米兰城划分数区，各区均由该分会之妇女部担任调查工作，分发救济达一千万里拉以上。

智利红会一九四六年红十字周

智利红十字会于一九四六年十一月十日至十六日举办红十字周，以扑灭贪〔贫〕穷为本届红十字周之主要目标。其每日节目，系分配如次：

（1）星期日——贪〔贫〕穷为主要社会疾病之原因及结果。说明房荒、教育不普及、饥饿、不卫生、娼妓、乞丐、犯罪与贫穷之因果关系。

（2）星期一——儿童问题。说明儿童之需要，膳食、学校、游戏、童工、遗弃、说谎、乞儿与儿童幸福之关系及因果，并在公立小学举行调查。

（3）星期二——发育时期。说明身体及道德训练、不适当之操作和职业、不正常之生活等问题，假大学、中学、师范晚间补习学校举行之。

（4）星期三——青年人。说明青年人问题，转变、职业、体格及道德之危机、流浪及歧途等问题，在军营及工厂内举行之。

（5）星期四——女青年及其母亲。说明少女之社会影响，贫穷、家庭破裂、不充分的工作、冶游、母亲为家庭之基础、家庭完整之需要、怀孕时期母亲健康之需要等问题，利用牛奶站、中学师范、有女工之工厂及妇女联络会举行之。

（6）星期五——成年人。说明成年人在家庭之重要，失业、流浪、酗酒、乞食、失业疾病及老年的预防措施，在工厂及其他工作场所举行。

（7）星期六——红十字日，募捐。

卢森堡红十字会工作

卢森堡红十字会拟于各地普设婴儿健康咨询服务处多所，均系免费为婴儿健康有关问题备民众咨询之用，现已成立者二十五处。在开普林地方，又成立虚弱儿童颐养院一所，可一次收容儿童五十人。此外该会又设立防癌联合会一所，并推行经常癌病咨询服务。前者对于癌病可以贷予款项，俾其从速治疗。

巴西红十字会之盲人服务

巴西红十字会与盲者图书基金会合作起见，特假该会之演讲厅开设两个月（一九四六年七、八两月）之盲人服务课程一种，并有大批红十字会所隶之护士、助理护士、志愿协助人员，前往聆听盲者图书基金会所设立各种课程。巴西红十字会鉴于此种训练之意义重大，结果圆满，拟接办此项训练，并于受训毕业学生颁给证书云。

各国红十字会救济及医药服务汇闻

布加利亚红十字会组织之乡村服务队，于一九四六年六、八两个月内，由一，三七〇人服务一四，二三八次，遍历各乡村，有时且为农民修理农具。医疗服务队自成立以讫一九四六年年底止，经历乡村三十二处。

丹麦红十字会为犹哥斯拉夫之有肺病倾向者设立门诊所一所，由丹麦籍医师两人主持，其他工作人员均系丹籍。丹麦红十字会又于哥本汉姆五十公里以外之村堡内设立颐养院一所，专为上次反抗纳粹战争之退伍兵之用。病人在疗养院得住二个月至三个月，接受调适处理。现在住院之八九十人中，除丹麦人外，包括法国、比利时、英国、荷兰、挪威、波兰等国之人。

爱尔兰红十字会鉴于一九四六年夏季淫雨为灾，行将影响秋收，特发起志愿服务运动，协助农民。该会于各地组织设炊煮站，协助农妇供应田间农人之餐食，并分送红十字包，内有三明治、茶、糖，有时并有水果、巧克力及纸烟等。

南非红十字会开普（敦）分会为促进医院中之康乐治疗起见，特派遣专家一人，前往该地一医院推进□项服务，并供给创办时应用之材料。据云此种治疗专家须有四年之训练，其训练包括心理学、解剖学及心理分析等等科目。

伊朗红狮及太阳会概况

一九三四年十二月，伊朗国王诒令伊朗一切慈善机关均须受红狮及日会之指导，因之该会地位之重要为之增加。国王萨氏并以农田若干处捐赠该会，该项产业价值一千万利尔（Rials），每年收益达一百二十万利尔。该会于德黑兰所设之孤儿院，可容儿童五十名。创办于一九四二年，拟自一九四五年起予以扩充。一九二二年于德黑兰所设之诊所，已渐在开展。一九四四年上半年前往请求医药咨询者四四，〇九九人，其中四，六四三人曾得免费药品之供与。一九四五年计划中，设立流动诊所，于德黑兰设立医院，创立输血服务，举办护士学校一所、育婴员一所，又增设妇女部及青年部，开展妇女暨青年工作。

西班牙红十字会的医疗机构

一九四四—（一九）四五年的西班牙红十字会之医院部工作，特见活跃。该年内，该会所建医院及诊疗所有维哥、伊龙、凯赛尔、爱尔其西拉等五个，在建筑中又有马拉加、娄立达尔两个。截至一九四五年，该会共有主要医院、诊所十五个，其他小规模单位尚未计在内云。

（原载于《红十字月刊》1947 年第 14 期）

国际红十字会动态（十五）

芬兰红十字会近讯

芬兰红十字会对于因战争而失明者及头颅受伤者特为注意，芬京之红十字会外科治疗所专门治疗头颅伤害及脊骨神经伤害。两年前在芬京附近创设二百个病床之医院，亦为头颅伤害者治疗之用。另有一医院则治疗脊骨受伤者，过去六年来共计治疗伤兵一万二千人。

加拿大红十字会研究学校儿童供膳制

加拿大红十字会近设计一种学校儿童供膳制度的研究计划，在加拿大首府脱郎多四个学校内选择儿童二百人，供膳两年，以察其结果是否极佳。又该会本年度预算为五百万元，将用于输血服务、建立医院（在边境新设及维持原设之医院）、协助退伍军人及其他工作（如红十字青年、营养服务、急救、公路急救及灾难救济）。该会之输血服务，无论病人在医院或不在医院，均有利用之便利。输血服务所用人员及设备，均极审慎选择，并于各冲要地点设立捐血站，对于捐血者之征集，尤多致力。

英国红十字会的社会服务

英国红十字会对于社会协助，推行不遗余力，设立社会福利部，训练大批人才。年来对于断肢者、退伍军人、残废人、残废及断肢儿童、老年等服务，尤有可观之成绩。一九四四年十一月，有一批盖马根人（Gamaicana）自印度赴英，途中感受极猛烈之恶伤风。因口岸医院无法容纳，英国红十字会特于十二月五日决定，增设四十个病床之医院一所，工作五日，病人痊复后结束。希腊解放后，难民返乡者络绎于道，成一极长之行列，萨龙尼加成为必经之中心。英国红十字会利用在希剩余物资，设立服务站一所，除供应卫生用品外，并供给二千卡路里热量之食物。另外又自英国及俘虏救济包中提出一部分，以供难民食用。一九四六年春，英国红十字会应邀参加协助输送美军眷属工作，设立招待所三所，每所可一次容纳四千人。红十字会职员与美国医生合作，共同担任治疗、注射、体格检查及防疫诸工作。

荷兰红十字会在东印度的工作

一九四五年，荷兰红十字会已悉东印度问题之严重，故有荷属东印度分会之组织，从事于救济及社会协助工作。一九四五年十月，该分会组织各种特殊服务医师队，一队负责食物卫生问题，一队负责输血服务，另一队为医药社会服务。荷兰红十字会并于遣送平民及战俘等工作，予以协助。一九四六年十月一日，已有医药社会服务队二十队，每队包括医师一人，护士二人，助力药剂师一人，检验助手一人，事务服务秘书及助理员各一人。同时，当地并已有一，〇九〇人征集，愿为红十字会工作。

考斯立加红十字会近讯

考斯立加政府为纪念该国红十字会成立六十周年纪念，发行航空邮票一种，凡四〇，〇〇〇张，每张计考币一"可仑（Colon）"。本年十月，该会拟再度举行输血周。又该国已定九月九日为儿童节，考红会拨款五百可仑，救济残废儿童。

菲列宾红十字会正式组成

据马尼拉三月二十二日联合社讯，菲列宾红十字会于本日正式成立，总统罗克萨斯氏（Manuel Roxas）在马拉砍南宫（Malacanann Palace）批准国会最近通过设立之红十字法案。菲岛三十年来虽已有红十字会，但系附属于美国红十字会，自本日起，独立的菲列滨[①]红十字

---

① 原文如此。

会方告成立。闻该会即将请求国际红十字委员会承认云。

（原载于《红十字月刊》1947 年第 15 期）

中国红十字会新闻（十六）

一、会务

（一）复员期间，本会第二次常务理事会议于四月二十四日上午九时在南京交通银行会议室举行，到有常务理事蒋梦麟、马超俊、金善宝、关颂声、吴有训、徐国懋（王文山代）等六人，总会秘书长胡兰生、副秘书长曾大钧及高级职员均列席。除讨论筹募本会基金及筹建会所两提案外，并通过重新修订会费、支会组织办法、发给奖状暂行办法等三提案。

（二）分会组织工作。近一月来呈报新设者有江苏省南汇县分会一处。

查自上年一月办理复员以来，迄至本月底止，业已复员及新设立之分会共一百五十处，其中一十八个分会为新设者。现此一五〇个分会中已经遵照分会组织规程组织完全者有一〇五个分会，其余四十五分会尚未完成改组程序。

（三）长春市分会呈报，于三月份征得特别会员五九人，普通会员一一六人，青年会员八五人。

（四）北平市分会呈报，自本年一月起至本年三月十八日止，共征得各种会员七，四三六人。

（五）四月份本会息县分会等二十九个分会征得会员人数总计如左：

1. 团体会员：五个；

2. 名誉会员：四六人；

3. 特别会员：一，二八〇人；

4. 普通会员：八九七人；

5. 青年会员：二〇二人；

以上共计会员二，四三〇人。

（六）重庆市分会（民国）三十六年度征募运动定于四月十二日起举行，并请重庆市政府张市长笃伦为征募总队长。去年该分会征募运动征得会员四万四千余人，本年度期能破此纪录。

（七）青岛市分会（民国）三十六年度征募定于四月十五日开始，预定征求会员三万人，募集基金一亿至二亿元，并计划分两期办理。第一期定于六月底结束，第二期定于十二月底结束。

二、服务

（一）疾病为人类生活之最大缺陷，吾人如须弥补此一缺陷，固应加强保健，从事预防，但对已病之人们，尤应给以精神上之安慰与营养。以此，本会特选定本市中央医院及鼓楼医院，开始试办流动图书供应站，暂以住院之外科病人为对象，供应之书籍有小说、杂志、画报、刊物。定每两周调换一次，由本会派人直接送往。现此项工作，业已于四月十五日开始。计送中央医院画报、书刊共五十一本，鼓楼医院二〇本。统计阅览人数自开始至四月底止，中央医院九〇人，鼓楼医院二三人。

（二）本会图书阅览室四月份共有阅览人数二，八九二人，新购书籍二十二册，刊物九十二册，画报六本。

（三）四月二十日本会参加儿童福利研究社召开之社会安全国策座谈会，讨论世界各国社会安全政策之订定及实施情形；将来各国社会安全政策之趋势；中国社会安全国策内容及其实施应有之机构。讨论结果，决定由中国社会学社、儿童福利研究社及各大学社会学系教授筹组座谈会，继续讨论。

（四）儿童节在中国已有十六年之历史，但这些为国家新生命之儿童，在频年兵乱灾荒之社会中，是度着极暗淡之生活。他们身心之健康，很少有人关心。本会为提醒国家及社会对儿童之警觉，特通令各地分会于儿童节举办一次儿童健康竞赛。兹将各地分会办理情形分志如次：

1. 西京市分会于是日举行儿童健康检查、防疫注射、卫生讲话及儿童同乐会，并备有糖果分赠儿童。

2. 泸县分会于是日举行失学儿童同乐会，并成立儿童阅览室一所（以上二分会均未呈报详细数字，以后请注意）。

3. 砀山县分会于是日举行失学儿童同乐会，到有失学儿童一〇〇人。办理儿童健康检查，选出健康儿童二七人。各机关送有奖品二七一件，凡参加同乐会之儿童均领得奖品。

4. 武进县分会于是日举行儿童同乐会及玩具展览会，儿童健康检查共参加儿童一，一〇〇人。

5. 内江县分会于是日举行儿童健康检查，共检查儿童一三五人。录取体格健康儿童一〇人，分别发给奖品并拍影纪念。

6. 临汝县分会于是日举行儿童健康检查，计参加检查儿童三七〇人。检查后每人发给糖果一包，以资鼓励。

7. 丰顺县分会于是日举行失学儿童及在学儿童同乐会，内有赛跑、乒乓球赛、健康比赛等活动。到会者，失学儿童一，一三二人，各小学校学生二，二一九人，合计三，三五一人。该分会并特制大批饼干（饼干中印有红十字）分赠到会儿童。

8. 长春市分会于是日举行儿童健〔检〕查，由分会医院办理，共检查儿童一二六人。

9. 南京市分会于是日在大华电影院分发儿童礼物，计分三项：

（1）健康儿童三五四人，每人发给礼品一盒。这些儿童系本市各小学校就卫生局平日之健康检查记录每百人中选出二名的。

（2）优秀儿童一二五人，每人发给礼品一盒。这些儿童均系各小学校学业、品行、身体，均列甲等的学生。

（3）社会儿童二三八人，每人发给礼品一盒。这些儿童系贫苦之一群，由儿童福利站等社会团体所教养者。

综据以上各分会儿童节工作情形，最使人感慰者是各分会对社会儿童（失学与贫苦者），均予以康乐的机会。这对社会不仅是鼓励，亦是教育。

（五）儿童营养站工作情形：

1. 江都县分会儿童营养站于三月三日起开始供应，迄至三月三十一日止，共有饮奶儿童二九四人，婴儿一三四人，孕妇九人，乳母七人，产妇四人，病弱者三人，共计四五一人，供应淡奶三，三六〇听。

2. 南京市分会：

甲、第五儿童营养站四月份共有饮淡奶者八，六七〇人，供应淡奶七，七二三听半；饮奶粉者二，二二二人，供应奶粉一九九磅。

乙、第二十七营养站四月份共有饮淡奶者六，一六九人，供应淡奶三，八八以听；饮奶粉者八，三五八人，供应奶粉四一六磅半。

3. 郾城县分会受国际救济委员会漯河分会之委托，办理儿童营养站，自三月十三日起开始供应牛奶。计有领奶者一三四人，每人发淡奶一磅。

（六）兵乱不已，灾情愈重，目前的社会整个限于贫困之危境。本会对于社会人群之救济，随兵乱之扩大而日益加重责任。故各分会在经费极度困难之下，对救济工作，均竭尽所能。兹将本月份所得情况分志如下：

1. 西京市分会协助西安市政府调查河北省籍逃陕难民，发放赈款。自上月二十日至三月二十日，共登记难民七，九二〇人。三月二十九日发款，每大口发四千元，小口发二千元。

2. 洛阳县分会协助洛阳救济协会调查逃亡至洛阳难民，共登记难民三，五五〇人，现正办理赈济。

（七）南京市分会为筹募基金及提倡市民正当娱乐，于四月二十日在玄武湖举行园游大会，计到游客一万余人，收入票款三千余万元（详情本刊已有专文写述）。

三、医务

（一）沙眼在中国系一极普遍之疾病，为害人民健康至深且大。本会沙眼防治工作举办以来，除检查沙眼外，并检查一般体格，备受欢迎。兹将本月份工作情形志左：

1. 检查三牌楼小学学生体格一，五四四人，沙眼病例八九九人，种痘者一，四七三人。

2. 检查琅琊路小学学生沙眼五九〇人。

3. 检查北阴阳营国民小学学生体格三六六人，内代为灭虱者一二七人，代种牛痘者三一三人。

4. 补行检查南京国民教育实验区所辖之七个国民学校学生体格一，三二〇人，代种牛痘者一，四〇一人。

（二）本会为求保健工作与卫生教育配合进行，特于本月内协助南京市国民教育实验区举办卫生教育座谈会七次，由本会派医师及护士巡回在各学校主讲"急救""止血"与"普通药品应用"等医药常识。参加者七校，教师共二一七人。

（三）南京市分会诊疗所本月内受托办理财务考试人员等体格检查共有三次，计共检查七一一人。

（四）配发卫生材料及药品统计：

1. 发南京市分会童衣二百件，中央卫生实验院江宁县卫生教导区童衣八〇件，下关儿童福利站童衣一百件。

2. 发上海市参议会药品四〇种，本市儿童福利实验区急救箱二只，赣县新赣南医院药品（此系各该机关来函要求拨发共所需用者）。

3. 发南京市分会药品四种，泸县分会药品三〇种，重庆市分会药品二四种，仙游县分会药品三八种，永嘉县分会药品二七种，宣化县分会药品九种。

（五）本月份本会收到各地分会诊疗所及医院二月二十一日至三月十日诊疗人数统计表者，计有南京市分会等二十八个分会，总计诊疗人数，初诊一七，一三六人，复诊二六，四〇二人。

四、总务

复员以来，各地分会经整设完成之重要人员名单，分志如次（每期陆续发表）：

1. 叶县分会

会长：李步谦

副会长：王功甫、张统一

总干事：张变增

2. 广德县分会

会长：陈宏图

副会长：姜祖荫

（载于《红十字月刊》1947 年第 16 期）

国际红十字会动态（十六）

红十字会大家庭

据最近红十字会国际联合会报告，全世界红十字会及红新月会共六十一个，正待承认者四个。会员八千七百五十万人，内成年会员五千六百万人，青年会员三千一百五十万人。各国中以美国红十字会人数为最多，计有成年会员二千二百万人，青年会员一千九百五十万人（换言之，美红会成年会员几占全世界成年会员百分之四十，青年会员占百分之六十）。又红十字标志第一次应用（于）一八六四年普鲁士和丹麦之战地，当年爱比亚（Dr. U. P. Amede Appia）所佩之臂章，至今仍为瑞士国际红十字委员会所保存云。

汤副秘书长出席日内瓦会议

国际红十字委员会召集之"修改一九二九年日内瓦公约政府专家委员会"于四月十四日上午十时在日内瓦前国联大会堂开幕，到各国代表百余人。中红会会员代表政府出席者较少，十分之九为外交家，法律家、军医及管理战俘之军官。临时主席马克斯·休伯致辞后，被推为大会主席。休伯氏为国际红十字委员会名誉会长，曾任海牙国际法庭议长。其余各国首席代表为副主席。专家委员会分为三小组：第一组从事修正保护军事伤病者之日内瓦公约，由比利时红十字会会长杜龙萨任主席；第二组研究修改保护战争俘虏之日内瓦公约，由英国首席代表哈拉特·萨顿爵士任主席；最后第三组由加拿大驻巴西大使达维任主席，研究改进国际公法对战争贫民之保护问题。我国此次出席者，有本会汤副秘书长蠡舟及国防部代表王参事及王武官三人。王参事参加第一组，王武官参加第二组，汤副秘书长参加第三组。大会中发言多用法文，再译成英文，用英语者极少。十四日下午起，开始进入小组会议，情绪甚为紧张。英、美、法各国代表所携参考文件极丰富，每条均提草案，附有说明，印成备忘录以供参考。因各国之处境及经验之不同，当因一字之差而争论半日。态度认真，毫不苟且。除此外尚有审议会与起草会等，每日开会皆极紧张云。

奥大利红十字会复苏新生

一九三九年，奥大利被德军占领后，奥大利红十字会即被解散，其产业及机构均为德国红十字会接收。一九四五年四月，奥国解放后，德国红十字会随亦退出。五月八日，奥国临时政府宣布，德红会所颁布之条例作废，若干省区即开始复员工作。因美、英、法红十字会及红联之帮助，奥红会总会乃于一九四六年七月廿一日改组完成。新任会长沙兹博士（Dr. Seitz），在德军占领时代，原为维也纳市市长，因为爱护祖国屡被德军危害。改组后之执行委员会主席、副主席均为前奥红会之旧人，对于公共卫生及福利事业，均卓著经验云。

红十字简讯一束

根据意大利政府一九四六年十一月十五日所颁布的法案，意红会已成立执行委员会（Managing Committee）。凡前颁组织法中关于执行会（Director Council）之职权，暂时均移交执行委员会办理。同时一九四四年所设之秘书长一职，亦已取消，改以执行长（Director General）担任云。

菲列宾红十字会拟于四月中旬举行庆祝独立盛典。该国上议院业已批准一九二七年之《日内瓦条约》，并草拟菲列宾红十字会法。菲红会欢迎各国红十字会派遣代表参与此项盛典。

埃及红十字会之妇女委员会近组设托儿所一处，专门收容被遗弃之儿童。所内对于儿童之保育及健康，予以特别之注意。

新西兰红十字会盲人识字服务，十五年前即在威灵吞分会开始，至今仍为该分会经常工作之一。现在每周上课一次，参加者约有四十人。红会工作人员亦学习瞽目字，故普遍书籍均由彼等译成瞽目字以供盲者阅读云。

暹罗红十字会鉴于首都尚无麻风院，故于一九二一年开始募捐。数日之内，募集十万暹币，遂得设立贫民麻风住宅区一处。政府除以土地捐赠外，并为建造医院一所。此一医院，于一九二三年完成。现在该院疗养者，计有麻风病人一二五名。

多明尼加红十字会之两大主要工作为救护队及护士学校。护士学校设于总会会址，但实习则利用城内之各处医院。该会救护车原有五辆，计划中再增五辆，现已购得三辆，均已交经募之各分会施行。

法国红十字会之尤琴麦纽医药社会中心，其楼上设一产科医院，病床六十张。自一九四六年二月十七日至十二月六日，在该院生产者三二八人。又该会马赛分会亦于一九四二年二月成立三十二个病床之产科医院一所，成立六个月以来，接生婴孩二五〇人。

一九四三年初，布加利亚政府以全国矿水售卖权给予该国红十字会。现在该会出售矿水计有五处，每处均设出售店一家。

瑞典红十字会公布以享利·杜南生日五月八日为该会之红十字日。

（载于《红十字月刊》1947 年第 16 期）

杂　俎

时代赋予红十字会的使命
——为世界永久和平而努力

奥康纳

红十字会国际联合会主席奥康纳氏，于本年元旦向六十一国红十字会呼吁，全力促成永久和平。词极笃真。愿我红十字会会员，共起努力。

今日欣逢元旦，大地回春，吾人所处之时期，虽安乐协调与重蹈战祸之机会仍属并存，但永保和平之希望，已与新年俱来矣。值此各国人民犹怀隐忧，战祸憧影未全绝迹之际，吾红十字会亟应负起神圣责任，使任何国族之人民坚信，其必能竭尽全力，以公正、坚强而超然之精神，为和平而努力！

吾人宣誓此种宏愿，曾未稍背红十字会创立先进之理想。就中一创立者曾于五十年前曰："每当吾人致力于阻止作战者之疯狂行动时，即系对战争本身之公开反抗"。吾信一旦群众了然此点开始改革现状时，揭出战争为所有罪恶中之尤者，并要求全世界人民予以遏止之行动，当为事所必须理又必全者矣。

余以红十字会国际联合会理事会主席之地位，愿向世界申告，各国红十字会在其每次国际会议之中，时时温习且始终不懈，促进永保世界和平之神圣誓言。

去年牛津会议时，通过鼓励及举办各种促进和平活动之原则，认为战争系人类最大灾难。凡足以永保和平之活动，各国红十字会一息不容稍懈，应予继续推进。最近联合会执行委员会开会于巴黎，且促请各国红十字会应于最近期内，对于减少或阻止战争再起之种种活动，努力推进。

红十字会自须不断努力，冀自持为一种积极性的和平制造者。各国红十字会在此杌陧不安之时，对于彼等当务之急，不仅已有确切不移之认识，且受红十字会责任所系之坚强信仰所激发，乃有彻底解除战争发生之最后原因之宏愿也。

各国红十字会，特别红十字青年部及红十字会国际联合会，均已确切明了其自身之责任。余兹谨向全世界善男、女呼吁，迅尽一切力量，推进此种神圣工作，不计代价，务求贯彻实施。如红十字会不能实现此一任务，人类和平之一最大可能，恐即消失无踪矣！

编者按：红十字会本为国际性服务团体，其精神为超越政治、经济、种族、宗教之限界，而为博爱人群之事业。故如灌输世界合作之思想、增强国际情谊之发扬、救济外国灾难与不幸、协助姊妹红十字会诸端，无不与根绝战争巩固和平有间接之影响。红十字国际联合会于去年七月召开第十九届理事会于牛津，除以上各端有新检讨与新决议外，并通过直接与永保和平及阻止战争愈趋残酷之有关建议如下文。理事会议决，红十字会国际联合会及各国红十字会应在平时以人道主义及博爱精神灌输人民。为救助上次战争中之受难人民，并有感于战争之摧毁性实已无法补偿，故以红十字会国际联合会及各国红十字会最主要之一项任务，厥为永固和平不可或懈，集合种种之力量及方法防制世界战争之重临。理事会对于波兰红十字会代表团提出之战争人道化建议，颇为重视，并于上次战争所得之惨痛经验及今后战器之进步亦已十分警觉。为贯彻人道主义计，提请下届国际红十字大会于讨论一九二五年关于毒气及空袭战争规则时，将管制大规模残杀人类文化及战士之原子弹及其他新武器一并加入。理事会并接受数国代表团及一般舆论之意见，建议国际红十字大会注意讨论有关人质、集中营、集体放逐及集中营内有计划的残杀。至对于红十字青年会员组织之决议，本期胡秘书长专文中已述及，兹不再赘。

最近执行委员会在巴黎开会（十一月廿九至卅日），通过援助战争罹难者及对于建立和平及与其他为和平而努力之机关合作两案，均有决议通过。

（原载于《红十字月刊》1947 年第 13 期）

编余（十三）

江晦鸣

"迈迈时运，穆穆良朝。袭我春服，薄言东郊。山涤余霭，宇暖微霄。有风自南，翼彼新苗。"

这是陶潜的咏"时运"诗。际此一元复始，万象春回，重读此诗，深觉得最能代表我关［国］文化上民胞物与、自得其乐的精神。因为也并非有意邂世，而是以仁爱的心情注视着世界。

近人论尼采的哲学，归结于"创以为予，予而非怜"八个字，意思就是说，以创造为给予，而给予则非怜悯。然而，陶咏的一派穆穆无所不乐的田境，而归结于"翼彼新苗"，恰都似为今日红十字会的精神写照。

"昔我往矣"，今日本刊，要有肩负时代赋予红十字会的使命，所以特开辟了"青年红友"一栏。希望何在？想饱经世乱的读者，再咏一遍"翼彼新苗"，从境拟人，必然会悟得庄子所言"直写焉耳"。

本刊所载诸篇，大小不以文章为胜，要以泛览流观，借此俯仰宇宙。

今日，遍世界的人，憭慄兮烽火方销，有的还是枯形阅世，战鼓频惊。尤其是生为中国人，身心没得个安放处了。如何不再"今我来思"，寻寻觅觅，找出一点希望？

"创以为予，予而非怜"，好个"八字"，就此排订红十字会的终身吧！她对于人类的贡献，是无穷尽和无穷期的。本刊即是肩负时代赋予红十字会的使命，"翼彼新苗"，就需要时时有新的表现。这表现的本质，是要有益于人，而非取胜于文。且看本期的内容和今后的内容，是怎样有益于人和是否有益于人？归根对于现在争斗杀伐的世界，总该是有意义的。

（原载于《红十字月刊》1947 年第 13 期）

中华民国红十字会复原期间最新设施（十三）

内政部登记证京警国字第一一一号

名誉会长：蒋中正

名誉副会长：王正廷、宋子文、蒋宋美龄、戴季陶、孔祥熙、吴铁城

会长：蒋梦麟

副会长：杜月笙、刘鸿生

常务理事：徐国懋、马超俊、蒋廷黻、蒋梦麟、金宝善、吴有训、关颂声

理事：刘瑞恒、徐寄颐、刘鸿生、杭立武、谷正纲、王晓籁、杜月笙、钱大钧、王云五、张蔼真

秘书长：胡兰生

副秘书长：曾大钧、汤蠡舟

一、分会

江苏省：南京、上海、吴县、武进、砀山、青浦、泰县、江都、宝应、东台、铜山、嘉定

浙江省：永嘉、鄞县、海盐、于潜

安徽省：安庆、亳县、当涂、广德、涡阳、太和、蚌埠、寿县、宿松、怀远

江西省：南昌、九江、赣县

湖北省：汉口、光化、河口、孝感、襄阳、钟祥、黄陂、江陵、武昌、大冶

湖南省：安仁、零陵、临湘、会同、岳阳

广东省：广州、新会、汕头、江门、丰顺、揭阳、饶平

广西省：柳江、苍梧、贵县、邕宁

福建省：福州、莆田、仙游、连城

四川省：重庆、泸县、广安、遂宁、安岳、永川、内江、射洪、梁山、南川、灌县、邛崃、大竹、万县、荣昌、邻水

贵州省：镇远

云南省：昆明、保山、大理

河南省：洛阳、南阳、邓县、固始、郾城、渑池、汝南、光山、舞阳、泌阳、商丘、叶县、临汝、永城、襄城、修武、罗山、安阳、息县、汲县、新野、荥阳、尉氏、嵩县、沁阳、济源、杞县、新蔡、通许、郏县、密县

河北省：北平、天津、清苑、正定、清武

陕西省：西京

甘肃省：定西、平凉

山东省：青岛、济南、即墨、章丘、莒县、益都、胶县、昌邑

东九省：长春、铁岭、绥中、山海关、沈阳

绥远省：归绥

察哈尔：宣化、张家口

二、医院

上海、重庆、西京、北平、广州、汉口、灌县、长春、万县、内江、丰顺、章丘

三、诊疗所

上海、南京、汉口、广州、重庆、北平、长春、南昌、武进、江都、荣昌、邛崃、永城、临汝、平凉、遂宁、梁山、安阳、亳县、江陵、鄞县、即墨、孝感、嵩县

四、其他

服务站：南京

儿童营养站：南京、上海、广州、武进、安阳、郾城

图书阅（览）室：南京、北平

护士学校：上海、西京、重庆

助产士学校：长春、汉口

盲哑学校：长春

（原载于《红十字月刊》1947 年第 13 期）

杂俎

编余（十四）

江晦鸣

春寒未尽的日子，常看到灰暗沉甸的天穹，全身的活力都懒了。谁不希望看一点儿明媚的春光，加添一点儿精神？可是，谁又不是"心之尤危，若蹈虎尾，涉于春冰"呢？

不是么？本刊的内容和发行，好容易随着日子一天一天地增进。然而，要想再跨大一步罢，却受不了物价的腾踊，又将他拉回来了。我们既不忍增加读者的负担，也不许减低内容的比重，我们又临到一次重大的考验！

因此，本刊的编辑方针，又要重新估计一下了。我们想，"专题论综"一栏，仍要保持以往的作风，特别对于"专号"，当加倍努力，使能建立研究红十字会之发展问题的一个完整的体系。除此之外，我们对"康乐文勺"与"青年红友"两栏，我们想多少有些改变。从本期起，"康乐文勺"所采取的几篇文稿，已经放弃纯医学的理论作品，而是着重轻松有趣，给任何人读而任何人容易接受的康乐小品了。看"青年红友"，我们愿意郑重推荐"天人妙品"，她将每期和读者相见。她为红十字青年找到一条新的线索，串缀了无数智慧之珠，不论对她如何远瞩近睇，她那情感的节度和深藏，只要运注到学习和工作上去，就像智珠在握，豁然开放了远大理想之宫。所以，我们说要变，要变到逃出笼罩着气息浓厚的说教氛围，步入宁静的浓阴，将会使人从一种轻松情怀落入一种深湛的沉思中，使人心神清明，像拂去尘埃的镜子，照出自己灵魂的丑妍。

我们要变了！至于"分会园地"如何样的变，已有专文说明，不再复赘。

（原载于《红十字月刊》1947 年第 14 期）

中华民国红十字会复原期间最新设施（十四）

内政部登记证京警国字第一一一号

名誉会长：蒋中正

名誉副会长：许世英、王正廷、宋子文、蒋宋美龄、戴季陶、孔祥

熙、吴铁城

会长：蒋梦麟

副会长：杜月笙、刘鸿生

常务理事：徐国懋、马超俊、蒋廷黻、蒋梦麟、金宝善、吴有训、关颂声

理事：刘瑞恒、徐寄颐、刘鸿生、杭立武、谷正纲、王晓籁、杜月笙、钱大钧、王云五、张蔼真、周贻春、于斌

秘书长：胡兰生

副秘书长：曾大钧、汤蠡舟

一、分会

江苏省：南京、上海、吴县、武进、砀山、青浦、泰县、江都、宝应、东台、铜山、嘉定

浙江省：永嘉、鄞县、海盐、于潜

安徽省：安庆、亳县、当涂、广德、涡阳、太和、蚌埠、寿县、宿松、怀远

江西省：南昌、九江、赣县

湖北省：汉口、光化、河口、孝感、襄阳、钟祥、黄陂、江陵、武昌、大冶

湖南省：安仁、零陵、临湘、会同、岳阳

广东省：广州、新会、汕头、江门、丰顺、揭阳、饶平

广西省：柳江、苍梧、贵县、邕宁

福建省：福州、莆田、仙游、连城

四川省：重庆、泸县、广安、遂宁、安岳、永川、内江、射洪、梁山、南川、灌县、邛崃、大竹、万县、荣昌、邻水

贵州省：镇远

云南省：昆明、保山、大理

河南省：洛阳、南阳、邓县、固始、郾城、渑池、汝南、光山、舞阳、泌阳、商丘、叶县、临汝、永城、襄城、修武、罗山、安阳、息县、汲县、新野、荥阳、尉氏、嵩县、沁阳、济源、杞县、新蔡、通许、郏县、密县

河北省：北平、天津、清苑、正定、清武

陕西省：西京

甘肃省：定西、平凉

山东省：青岛、济南、即墨、章丘、莒县、益都、胶县、昌邑

东九省：长春、铁岭、绥中、山海关、沈阳

绥远省：归绥

察哈尔：宣化、张家口

二、医院

上海、重庆、西京、北平、广州、汉口、灌县、长春、万县、内江、丰顺、章丘

三、诊疗所

上海、南京、汉口、广州、重庆、北平、长春、南昌、武进、江都、荣昌、邛崃、永城、临汝、平凉、遂宁、梁山、安阳、亳县、江陵、鄞县、即墨、孝感、嵩县

四、其他

服务站：南京

儿童营养站：南京、上海、广州、武进、安阳、郾城

图书阅览室：南京、北平

护士学校：上海、西京、重庆

助产士学校：长春、汉口

盲哑学校：长春

（原载于《红十字月刊》1947 年第 14 期）

英美的学校供膳制

据一九四五年十一月之估计，英国全国所有学校儿童中，百分之三十五已享到免费中膳一顿之利益。英国政府估计一九四六年底，此种比例可增至百分之七十五。英政府并以为，第二次世界大战时期，英国儿童体力不但未曾减损，而且实际上渐见改进，其主要力量之一，即为学校供膳制之普遍开展。一九四六年，美国学校供膳经费达八千万美元。

（原载于《红十字月刊》1947 年第 15 期）

法国红十字会的最近报告

据最近所得法国红十字会的报告，该会现在维持设立中者，有产妇医院五所，母亲留养院六所，均具新式设备。婴儿诊疗所一九四六年有二十万婴儿应诊，社会协助人员随时作家庭访问。该会设牛乳供应站多处，又日间讬［托］儿所多起，现有三岁以下之儿童三〇〇名。幼儿自十八个月至三岁者，另设有同样托儿所多处。此外设有健康栖留院十四个（儿童八〇〇名）。于十六省内设立预防院，收容三至十五岁儿童一，八〇〇名。该会收容儿童分为私人家庭、机关及国外留养三种，国外留养则在挪威、爱尔兰、比利时、瑞士、丹麦及瑞典诸国。私生子之保护工作，六十五个私生子中，二十二个已查出其生父送回，八个死亡，二十个已为私人认领收养，其他十五人则请私人家庭留养云。

（原载于《红十字月刊》1947 年第 15 期）

英国红十字会圣·约翰协会战时联合会成绩简报

英国红十字会与约翰协会合组之战时联合会，在第二次世界大战期间，发出战俘救济包一千九百万个（一九，三三六，〇〇〇），设立医院及疗养院二三五所，四个完全的救护火车，一千二百辆救护车，募集经费五千三百五十万英镑。

（原载于《红十字月刊》1947 年第 15 期）

比利时的红十字双周

比利时红十字会因纪念比利时之解放，特将一九四五年之红十字周改为红十字双周，旨将此红会在五年战争期中之艰巨工作，晓示民众。其宣传用招贴，均有简单的一字"忆"字是也。在双周中之星期日，举行捐募运动，并售卖信纸、铅笔、臂章、照片及牙刷等物。该会一九四五年已有会员三五〇，〇〇〇人，占全国人口八百万人中之百分之四点四。其会费本自十法郎至三十法郎，及今后拟各递增至五十及一百法郎。本次暂定会费为普通会员十法郎，赞助会员一千法郎，支持会员五千法郎，并将永久会员取消。

（原载于《红十字月刊》1947 年第 15 期）

希腊红十字会医院服务

一九四四年，希腊红十字会所办各医院共有床位一七三〇个。雅典红十字会医院有病床三五〇个，各科齐全，且有实验室设备。最近设立之紧急医院，有永久床位五〇个，预备床位一〇〇个。该院并有输血服务。伏拉（Vonla）离雅典二十五公里，有骨痨医院一所，从前只有病床四百个，现因战时肺痨病人增加，而希腊又只此一骨痨医院，故病床增至七百个。该院设备及分科均甚齐全，且极新颖进步。萨龙尼加之西含琴尼医院（Theageneion Hospital）系一普通医院，有五百个床位，且有儿科。希红会又在雅典设有虚弱儿童诊疗所七个，将来拟设至十个。此等儿童诊疗所，系由旅法、比希腊侨胞捐资及法、比两国红十字会捐赠物品始行组成。雅典附近并有一基发沙预防院，床位二二〇个，专为虚弱及营养不良之儿童以防肺病侵染之用。此外在其他三处尚有小规模医院三个。

（原载于《红十字月刊》1947 年第 15 期）

考斯立加红会一九四五年工作

考斯立加红十字会之运输服务队部，一九四五年度共计行程一六，〇三五公里，运送病人二三〇人。该会中央诊疗所治疗病人四，三二一人，注射一，二九六人，紫外光治疗一，三三二人。

（原载于《红十字月刊》1947 年第 15 期）

比利时红会的一项新工作

比利时政府近颁布命令，强制各工厂厂主均须设置工厂急救人员，选任工人中已受急救训练者充任之。劳工部以此项训练卑予红十字会办理。因此，比利时红十字会已在各地分会举办急救训练班。凡在该班结业者，均予以毕业证书，即可充任工厂急救员云。

（原载于《红十字月刊》1947 年第 15 期）

伊拉克红新月会近讯

伊拉克各地分会已在九省内普设，主要城市均已有积极工作展开。其财源除会费、各种基金之利息收入、股票及债〔债〕券、捐款、财政收益、售邮展览会及宴会外，并由政府每年补助九〇〇磅，市政府及其他社团酌予补助。分会除偶然接受总会津贴外，大部分均系自筹经费。该会工作以儿童福利及救济为主，为一般青年母亲设有卫生训练班，特别注意予婴儿以卫生之环境。儿童福利中心有护士五人，志愿协助者多人。其中一分会已设急救站，其他分会及妇女委员会积极从事于儿童及贫困救济。该会现有会员三百五十人，妇女委员会之会员超过半数以上。会员分为永久会员及普通会员两种。最近该会又拟从事输血服务，并设立一百个病床之近代医院一所及儿童医院一所。

（原载于《红十字月刊》1947 年第 15 期）

各国红十字会消息汇志

暹罗（秦国）医科大学近与暹罗红十字会合作设立四年制医学校一所，本年六月将有一百名学生入学。

上次战争期间，比利时红十字会图书馆服务特见发展，现已开始此项服务之医院三十个。国防部并为此津贴一百万法郎，该会并向社会捐募一百五十万法郎。

比利时红十字会一九四六年一月向青年会员呼吁"青年会友救助青年人"运动，结果获得二百万法郎。在此运动以前，比利时曾将荷兰三个特殊受害区域作为扶助对象，业已送出者有食物、营养品、药物、卫生用品及学校用品六大卡车，其后又有十吨卡车一辆满载物资前往波兰。

印度红十字会拨款一八四，〇〇〇卢布为新设护士学校学生作为奖学金，该会并设立社会卫生训练班。

丹麦红十字会利用警察分向住户捐集金钱，救济欧洲各国之用。

南非红十字会一分会组织买菜服务团，参加二三〇人。该团置有货车一部，入团者须月费半克朗，每星期三即分送新鲜蔬菜一次。此次服务因系直接向农户趸购，故价格较为低廉，贫苦家庭受惠不浅。

（原载于《红十字月刊》1947 年第 15 期）

友　　声

本会曾副秘书长大钧，去年赴欧洲出席红十字会国际联合会执行委员会后，曾顺道访问英美两国红十字会。本年一月十五日经过芝加哥时，并访问美红会芝加哥分会。承该分会热烈招待，曾副秘书长除报告本会工作现状外，并将美红会在华平民救济，暨以人才及材料协助本会情形相告。左图①即为该会《红十字标志月刊》（*The Emblem*）二月号所刊曾副秘书长玉照及其简单介绍。惟文内（Mr. Tseng）误为（Dr. Tseng），兹一并更正。

DR. TSENG VISITS CHICAGO CHAPTER

The need for social agency work in China is greater now than ever, according to Dr. Ta-Chun Tseng, vice-secretary general of the Chinese Red Cross. Dr. Tseng, who recently toured Red Cross societies thru out the world, visited the Chicago Chapter on January 15.

"The American Red Cross has helped Chinese civilians, in addition to serving the American Army in China," Dr. Tseng said.

---

① 图略。

The Chinese Red Cross official pointed out that the relief work of the American Red Cross and the Chinese Red Cross are separate except in contacts for advice and assistance. The American Red Cross is helping to rehabilitate the Chinese Red Cross thrupersonnel and supplies.

（原载于《红十字月刊》1947 年第 15 期）

编余（十五）

江晦鸣

毫无两样的岁月，但人人有不同的遭遇，孩子们的遭遇却更难说了，就是不信命运的人，看到孩子们的苦乐之分，总不能不信孩子们在娘胎之中，便注定了是苦是乐的份儿。

这一期出版的日子，离儿童节尚差四天，我们为迎接儿童节，特别出个"儿童福利专辑"。其中每一篇所指陈的并不是为儿童节讴歌，也不是应时点缀的作品，是想为"儿童福利工作"介绍一点进行的方法，为大众儿童的幸福设想一点问题和为愁苦儿童的父母多少出点珍视他们自己孩子的主意。

我们有意想嘲弄一下儿童的命运，快乐的儿童，在我们的眼睛里看得却要小一点。我们想，我们一直在想如何去吹动愁苦儿童的笑颜。因此，这个专辑所收的论文，百分之九十是为愁苦儿童打算的。如果一直揭穿我们的目的，那就是说，我们不但重视这几篇论文的影响，而且要从红十字会的本身去努力推行儿童福利工作。

红十字会的工作观，是基于"人生就是爱"。我们可以说，生命是爱的寄托所，爱是生命的灵魂。生命终久〔究〕随岁月流转而逝去，爱却巍然而永存。世间一旦没有了爱，人生将变成无意义的无活力的止水。惟有爱，方能创造人生，充实人生。所以，红十字会的目前和将来的工作，是离不了、搬不动那已经筑好的"博爱"的基础。今天我们特别重视儿童的福利，正似春风带着鹞子上天，线儿越放越长。不必说什么"儿童是未来的主人翁"，然而儿童却是人类继往开来的一条线。如果世界上个个儿童是幸福的，那可就毫无疑义地说，人人将也是个个幸福的了。

（原载于《红十字月刊》1947 年第 15 期）

中华民国红十字会复原期间最新设施（十五）

江苏邮政管理局登记执照第一〇八号

中华邮□□为第一类新闻纸□□□□□

名誉会长：蒋中正

名誉副会长：王正廷、宋子文、蒋宋美龄、戴传贤、孔祥熙、吴铁城、许世英

会长：蒋梦麟

副会长：杜月笙、刘鸿生

常务理事：徐国懋、马超俊、蒋廷黻、蒋梦麟、金宝善、吴有训、关颂声

理事：刘瑞恒、徐寄颐、刘鸿生、杭立武、谷正纲、王晓籁、杜月笙、钱大钧、王云五、张蔼真、周贻春、于斌

秘书长：胡兰生

副秘书长：曾大钧、汤蠡舟

一、分会

江苏省：南京、上海、吴县、武进、砀山、青浦、泰县、江都、宝应、东台、徐州、嘉定、长泾

浙江省：永嘉、鄞县、海盐、于潜、吴兴、德清、临海

安徽省：安庆、亳县、当涂、广德、涡阳、太和、蚌埠、寿县、宿松、怀远

江西省：南昌、九江、赣县

湖北省：汉口、光化、河口、孝感、襄阳、钟祥、黄陂、江陵、武昌、大冶

湖南省：安仁、零陵、临湘、会同、岳阳

广东省：广州、新会、汕头、江门、丰顺、揭阳、饶平

广西省：柳江、苍梧、贵县、邕宁

福建省：福州、莆田、仙游、连城

四川省：重庆、泸县、广安、遂宁、安岳、永川、内江、射洪、梁山、南川、灌县、邛崃、大竹、万县、荣昌、邻水

贵州省：镇远

云南省：昆明、保山、大理

河南省：洛阳、南阳、邓县、固始、郾城、渑池、汝南、光山、舞阳、泌阳、商丘、叶县、临汝、永城、襄城、修武、罗山、安阳、息县、汲县、新野、荥阳、尉氏、嵩县、沁阳、济源、杞县、新蔡、通许、郏县、密县、汤阴、夏邑

河北省：北平、天津、清苑、正定、清武、唐山、清风

陕西省：西京

甘肃省：定西、平凉

山东省：青岛、济南、即墨、章丘、莒县、益都、胶县、昌邑、平度、寿光、高密、历城、济宁

东九省：长春、铁岭、绥中、山海关、沈阳、北镇

察哈尔：宣化、张家口

二、医院

上海、重庆、西京、北平、广州、汉口、灌县、长春、万县、内江、丰顺、章丘

三、诊疗所

上海、南京、汉口、广州、重庆、北平、长春、南昌、武进、江都、荣昌、邛崃、永城、临汝、平凉、遂宁、梁山、安阳、亳县、江陵、鄞县、即墨、孝感、嵩县

四、其他

服务站：南京

儿童营养站：南京、上海、广州、武进、安阳、郾城

图书阅览室：南京、北平

护士学校：上海、西京、重庆

助产士学校：长春、汉口

盲哑学校：长春

（原载于《红十字月刊》1947年第15期）

红十字会与海上无线电医药咨询

一九二六年，挪威红十字会与红联合作召集海员健康保护会议于奥斯罗，会议中曾讨论到以无线电作海上医药咨询的问题。大会决议，请红联邀集国际劳工局、国际卫生组织及其他有关国际机构组设海员福利常设委员会。大会于此决议案所附之参考文件中，曾将海上无线电医药咨询一点提及。第二次世界大战爆发之前夕，红联、各国红十字会、各国政府之航海部及无线电当局以及国际电讯交通联合会（International[①] Union of Telecommunication），征得五十个国家将近三百个海口站（Coast Station）之合作推进此项工作。各站之无线电波长、开放时间、通用语言、速度等均已搜集，编订一正式目录，应用称便。战争期间，此制被迫停顿，战争结束，始行逐渐恢复。现据国际电讯交通联合会报告，第九次目录业已分送各处应用，其已恢复此项服务者，计有法属南非、澳洲、比利时、加拿大、芬兰、英国及爱尔兰、法属基尼那、洪都拉斯、马达加斯加、挪［挪］威、纽西兰等国，而比利时、美国、阿根廷及葡萄牙诸国，即在战时亦从未停顿云。

（原载于《红十字月刊》1947年第16期）

海上救急——飞机担任传达，病人起死回生

（四月十一日《大公报》讯）联总难民船"鸿翔"号（译音）上月装载华侨难民七百人返归新加坡，途中忽接由澳驶沪之美国货船"台奥罗"之无线电呼救信号，称："本船两名美国水手患血液中毒及盲肠炎，生命危急，本船现在中国海，冒恶劣气候加急行驶。"当晚，联总难民船闻得一英国海军飞机向"台奥罗"电告治疗办法。次晨，"台奥罗"号又电请该英国海军飞机指示更确切之治疗办法，但海军飞机因奉命前往搜寻失事飞机，未能答复。"鸿翔"号获悉此事后，曾离"台奥罗"号有数百英里之遥，立即前往救援。当日下午五时，两船相距仅一英

---

① 原文作"Tnternational"，现已改正。

里，但因海浪无法接近。"鸿翔"号即派联总医官邓医师及船上之医生乘救生船前往"台奥罗"船中，为该船两病人施行急救。下午六时三十分，两船即分道而行。翌日，"鸿翔"号接获"台奥罗"船上之无线电称："病人经过（治疗，恢复）良好，多谢！多谢！"

（原载于《红十字月刊》1947年第16期）

国际防疫情报

国内防疫的条件，为防疫机构要健全，防疫情报要严密。国际防疫，情报的灵活，尤其必要。担任国际情报的，首推巴黎之国际公共卫生局。国联成立后，其卫生组织、远东卫生局暨泛美各国所组织的泛美卫生局，共同努力改进国际防疫情报工作。诸如遍设无线电报告站，定期情报之供给（最主要为每周疫情公告），均于防疫工作，大有裨益。联合国善后救济总署成立后，又发刊疫情公报一种。

（原载于《红十字月刊》1947年第16期）

征 求 会 歌

本会为加强一般人士对本会之认识，特公开征求会歌，内容以含本会之服务宗旨——"服务社会，博爱人群"——为主。词句应力求和平中正，歌词（如能制曲更佳）不宜太长，并应适于中小学生之唱读。歌词请寄南京中山路二七五号本会第二处收。一经采用，即赠本刊一年，以示酬谢。

（载于《红十字月刊》1947年第16期）

身体的奥妙

严立 译

波士顿有一个上了年纪而面色红润的人，走路时一不下心被汽车轧到了，送到医院后，不到一小时就死掉了。他的妻子在被询问时宣称，她丈夫生前从未生过病，他是一个在身心两方面都是活跃的人。

可是在经过诊察以后，发觉他两肺曾有肺病的痕迹；肝脏患硬化症，血液在肝的上下多由新路流通；慢性肾病，两肾都已大部损坏，不过仍有足够的组织在作用着；血管硬化，因为心脏扩大。无疑的，他早就应该有血压过高的症象了。但这一切他都不知道，他患着这四种潜伏着的致命的病症而仍然健好。

一艘船的舵在风暴中损坏时，就另装上一个应急的舵，人的身体也同样充满了"应急"的设备。四种最重要的机构都有这种补偿的防御。因此，他可以照样生活着。

有一个医生说过："当你清楚地了解人的身体和它恢复健康的方法时，你就一定会觉得奇怪，为什么人人都常常生病呢？"每个医生都知道，只要用充分的休息，适当的食物和心理的安静，十分之九以上的病人都可因而痊愈。正像船只遭了风暴侵袭，几将顷覆，而仍能稳定下来一样，我们的身体，当每天的小风暴和有时的大风暴到来以后，也会自己稳定下来的。

人体的一切机构都有应付急需时的准备。一个人生了肺病，一部分的肺坏了，还是有着比他所需要的更多的肺组织。有一个名医，虽然他的肺部坏得只留了一边的一部分，但他就这样工作了差不多四十年。经验告诉我们，一个人可以移去五分之二的肝，其余的五分之三仍然可以一样工作。我们看到医生动手术时，割掉三四十条血管，把它们扎紧。我们未免要怀疑，流过这些血管的血将怎样办？答案是，我们的血管原就比我们所需要的多得很多。我们每人有二十二英尺长的肠，其实少掉三四英尺是毫不防事的。

心脏发生了瓣膜发炎的毛病时，瓣膜就会变形，情形正和房间里的一扇门半开着一样。假使当变形时瓣膜不会逐渐变厚以坚固它自己的肌肉，人就无法活下去。普通只有拳头大小的心脏，因为需要的缘故，常能变大到两倍甚至四倍。

外科医生怎么胆敢割掉一只肾脏的呢？这是因为当一只肾脏割去以后，另一只就会开始长大，大到比从前加倍，工作也就多做一倍。一切部分都是重新建设起来的，而一只肾脏的组织比任何平常的建筑的组织复杂得多，别致得多。这种奇异的能力，就是所谓"身体的巧妙"。

另一种身体上的自然防御是休息。假使你挫伤了手腕的关节，在医生来到之前，"自然"就用使你疼痛不能动弹的方法将它夹住。一个人在体力上或情绪上紧张得超过了疲乏或恐怖的程度时，大自然就说："休息吧！"于是他就晕过去了。

龌龊的碎片刺伤了你的手指，手指就会烂起来，这也是人体上最动人、最奇怪的一件事。这个叫做"脓"的废物是什么呢？这就是白血球在和细菌搏斗后死掉的死尸。这些死尸做成一垛防御的墙，把细菌和流通着的血液分隔开。若是在发炎的突起周围没有这种自然造成的墙，盲肠炎患者是无法治愈的。

大自然的设计给我们一个很伟大的恢复健康的力量，这种巧妙，是医生想模仿并用药物和手术来帮忙的。在疾病的斗争中，总有这么一种不可思议的力量在替我们工作着。你要增加你对生命的勇气么？请珍重这身体的巧妙。

（载于《红十字月刊》1947 年第 16 期）

编余（十六）

江晦鸣

编刊物之难，莫过于编《红十字月刊》。头一件，便是难于决定她的"类型"。除公开报的范围之外，你说她是哪一类呢？是医学一类的性质吗？是社会学一类的性质吗？都不太像。是政治的，还是经济的？更离经太远，说不上来。索性算她是"红十字"的代表作吧。那么，"红十字"又是什么呢？你能一眼看到"红十字"，就能够马上很爽朗，又干脆，又斩截，又恰当，一语道破她的定义吗？恐怕还是未可。

很坦白地说：编者至今只敢说，像是一种比较新型的综合性的刊物。然而，她究竟从些什么部分而综合为一体的呢？尚待研究和发展。

因此，编者常在盘算，不知道读者对这本刊物的认识是什么？曾经有意或无意地征询过读者意见，有的只是表些好感，有的只是表示尚可一读，有的妙在怀疑。这样的刊物，也会有出路？寻根到底，总是描写不出她的正确的类型。

真的没有类型么？"回忆"也可以带点迹象给我们。《红十字月刊》打第一期起到第十六期，期期月出而月不同，并没有摹拟于刻板的陈规，也没有蹐躅于狭隘的故辙。由于变动不居，好像自己在创造自己的历史。从她的发展上，鼓动了现代思潮，启□了现代人生，有意无意之中，却引领而至人类的和平、康乐、幸福的大道。

这是一面表旌！扬旌之处，绝不是盲无目标。"红十字"这个简明的符号，"横""直"皆是"社会安全"的津梁。所以，她的类型，方之专门性质的刊物，有不尽同，而可说的，仍属于社会学的、医学的综合性质。不过，斯刊晚出，博治者寡，始也以二三子从事于此，到今天也还不满两年。天然的后生，等到日长夜大起来，她的一切成长既定，她的类型就可一目了然。我们养育她，培植她，不是标新立异，而是接受了这时代所赋予的天职，可不勉力求之。

（载于《红十字月刊》1947 年第 16 期）

中华民国红十字会复原期间最新设施（十六）

江苏邮政管理局登记执照第一〇八号

中华邮□□为第一类新闻纸□□□□□

名誉会长：蒋中正

名誉副会长：王正廷、宋子文、蒋宋美龄、戴传贤、孔祥熙、吴铁城、许世英

会长：蒋梦麟

副会长：杜月笙、刘鸿生

常务理事：徐国懋、马超俊、蒋廷黻、蒋梦麟、金宝善、吴有训、关颂声

理事：刘瑞恒、徐寄颐、刘鸿生、杭立武、谷正纲、王晓籁、杜月笙、钱大钧、王云五、张蔼真、周贻春、于斌

秘书长：胡兰生

副秘书长：曾大钧、汤蠡舟

一、分会

江苏省：南京、上海、吴县、武进、砀山、青浦、泰县、江都、宝应、东台、徐州、嘉定、长泾、南汇

浙江省：永嘉、鄞县、海盐、于潜、吴兴、德清、临海

安徽省：安庆、亳县、当涂、广德、涡阳、太和、蚌埠、寿县、宿松、怀远

江西省：南昌、九江、赣县

湖北省：汉口、光化、河口、孝感、襄阳、钟祥、黄陂、江陵、武昌、大冶

湖南省：安仁、零陵、临湘、会同、岳阳

广东省：广州、新会、汕头、江门、丰顺、揭阳、饶平

广西省：柳江、苍梧、贵县、邕宁

福建省：福州、莆田、仙游、连城

四川省：重庆、泸县、广安、遂宁、安岳、永川、内江、射洪、梁山、南川、灌县、邛崃、大竹、万县、荣昌、邻水

贵州省：镇远

云南省：昆明、保山、大理

河南省：洛阳、南阳、邓县、固始、郾城、渑池、汝南、光山、舞阳、泌阳、商丘、叶县、临汝、永城、襄城、修武、罗山、安阳、息县、汲县、新野、荥阳、尉氏、嵩县、沁阳、济源、杞县、新蔡、通许、郏县、密县、汤阴、夏邑

河北省：北平、天津、清苑、正定、清武、唐山、清风

陕西省：西京

甘肃省：定西、平凉

山东省：青岛、济南、即墨、章丘、莒县、益都、胶县、昌邑、平度、寿光、高密、历城、济宁

东九省：长春、铁岭、绥中、山海关、沈阳、北镇

察哈尔：宣化、张家口

山西省：太原

二、医院

上海、重庆、西京、北平、广州、汉口、灌县、长春、万县、内江、丰顺、章丘、杭州、昆明、沈阳、锦州、台湾、泸县、赣县、仙游、莆田、南阳、临颍、临汝、汲县、洛阳、大竹

三、诊疗所

上海、南京、汉口、广州、重庆、北平、长春、南昌、武进、江都、荣昌、邛崃、永城、临汝、平凉、遂宁、梁山、安阳、亳县、江陵、鄞县、即墨、孝感、嵩县、武昌、福州、昆明、青岛、万县、垫江、舞阳、永城、武清、平凉、宣化、安仁、广安、绥中、邻水、镇

远、大理、广德、涡阳、安庆、太和、江门、于潜、海盐、永嘉、零
陵、临湘、会同、商丘

四、其他

服务站：南京
儿童营养站：南京、上海、广州、武进、安阳、郾城
图书阅览室：南京、北平
护士学校：上海、西京、重庆
助产士学校：长春、汉口
盲哑学校：长春

（原载于《红十字月刊》1947 年第 16 期）